高速铁路建设运营管理创新成果选编

中国铁路上海局集团有限公司　编

中国铁道出版社有限公司

2019年·北　京

内 容 简 介

近年来,中国铁路上海局集团有限公司围绕高铁建设、运营安全、信息化、智能化、大数据应用、"两网融合"等积极推进管理创新,形成了一大批企业管理现代化创新成果。本书为上海局集团公司高速铁路建设运营管理创新成果的选编,体现了我国高铁运营管理的新特点、新趋势、新模式。

本书可为全路提供学习借鉴的经验,为科研机构进行企业管理、科学研究提供实践案例。

图书在版编目(CIP)数据

高速铁路建设运营管理创新成果选编/中国铁路上海局集团有限公司编.—北京:中国铁道出版社有限公司,2019.11
ISBN 978-7-113-26386-7

Ⅰ.①高… Ⅱ.①中… Ⅲ.①高速铁路-运营管理-中国 Ⅳ.①F532.3

中国版本图书馆 CIP 数据核字(2019)第 244329 号

书　　名: 高速铁路建设运营管理创新成果选编
作　　者: 中国铁路上海局集团有限公司

责任编辑: 秦绪涛　聂宏伟　　**编辑部电话:** 010-51873024
封面设计: 尚明龙
责任校对: 孙　玫
责任印制: 高春晓

出版发行: 中国铁道出版社有限公司(100054,北京市西城区右安门西街 8 号)
网　　址: http://www.tdpress.com
印　　刷: 北京建宏印刷有限公司
版　　次: 2019 年 11 月第 1 版　2019 年 11 月第 1 次印刷
开　　本: 880 mm×1 230 mm　1/32　印张:10.75　字数:237 千
书　　号: ISBN 978-7-113-26386-7
定　　价: 35.00 元

编 委 会

前　言

历经多年来的持续快速发展，中国铁路上海局集团有限公司（以下简称集团公司）呈现出"高铁大局、客运大局、经营大局、建设大局"四大特点。管内高速铁路从无到有、从线到网，营业里程达到 4 171 km，形成了全路最发达完善的高铁网。多年来集团公司围绕高铁建设、运营安全、信息化、智能化、大数据应用、"两网融合"等积极推进管理创新，形成了一大批企业管理现代化创新成果。

《高速铁路建设运营管理创新成果选编》收集了集团公司 2010 年以来高铁建设、运营管理方面的创新成果 20 项，其中：获国家级企业管理现代化创新成果 5 项；获全国铁道企业管理现代化创新成果 4 项；获上海市企业管理现代化创新成果 11 项。

这些成果充分体现了集团公司在高铁建设与运营实践中的技术创新、工作创新和机制创新的典型经验，紧扣高铁建设运营管理中的重点、热点、难点问题。集团公司在高铁建设一体化管理、高铁建设投资控制、安全保障体系、动车组运用检修、高铁调度标准化体系、高铁运营体系、高铁网与互联网融合、智慧客运服务体系、高铁航空联程运输、数字化大数据管理等领域的创新实践，体现了当前我国高铁运营管理的新特点、新趋势、新模式，为全路提供了可学习借鉴的成功经验，为科研机构进行企业管理科学研究提供了实践案例。

我们编辑出版本书，旨在供铁路企业和各级管理者参考与借鉴，以促进成果的应用与转化，期待各位读者提出宝贵意见。

编　者

2019年10月

目　录

基于自主创新的高速铁路智能化精调管理

无砟轨道由于其整体性好，已成为高速铁路的主要轨道结构形式，我国开通运营的高速铁路 70％采用无砟轨道结构。2013 年起，中国铁路总公司决定高速铁路精调工作由铁路局组织实施。上海铁路局秉承“创新实干，精益卓越”的企业精神，探索研究高速铁路无砟轨道智能化精调管理，自主研发轨道测量设备，基于“互联网＋”技术，实现测量数据自动化传输、智能化精调方案定制，并在作业中创新精调模式，提升作业质量和效率，实现高速铁路的高品质运营。

一、成果实施的背景

高速铁路轨道精调是高速铁路建设后期的重要环节，也是高速铁路提高运营平顺性的关键工序。高速铁路在建设过程中，由于施工误差、铺设偏差等因素的影响，其平顺性不能满足运营需求，必须通过轨道精调才能使高速铁路达到设计标准和验收要求。

（一）保障高速铁路项目快速投入运营的需要

2013 年以来，中国高速铁路建设进入了又一个快速发展时期。上海铁路局管内先后建设了宁杭、杭甬、杭长、宁安、合福、郑徐等高速铁路，建设里程达 1 400 km，平均每年投入运营 350 km。由于各个项目建设工期紧，又受制于开通运营节点要求，施工单位留给铁路局的精调时间一般只有 2～3 个月，且精调期间施工单位还要安排其他交叉施工，精调作业时间紧、任务重。

高速铁路无砟轨道精调就是通过精确调整两根钢轨在空间上的绝对和相对位置，实现轨道的高平顺性，主要包括轨道测量、方案制定、扣件调整等环节。原有的精调技术自国外引进，方法落后、管理粗放，尚未形成科学、完善的精调体系。一是效率低下，如轨道测量是精调的第一个环节，但测量设备主要来自于国外，价格高且测量速度慢，每小时仅能测量 90 m，按照每天测量 8 个小时计算，完成 350 km 测量任务，即使投入 10 台仪器也需要近两个月的时间，测量的低效率大大影响了精调后续工序；而在方案制定过程中，依靠的是人工试算调整的方法，效率低且缺乏一致性，大规模推广应用受限。二是体系不健全，如作业质量控制，仅依靠人工抽检，检查项目少且检测范围小，精调质量难以保证。在开通前的调试期间，由于轨道平顺性无法满足提速试验要求，往往出现反复测量、反复调整的情况，影响高速铁路快速投入运营。

鉴于以上不足，上海铁路局积极贯彻创新、开放、共享的发展理念，实施高速铁路智能化精调管理，提升高速铁路精调作业质量和效率，确保高速铁路快速投入运营。

（二）提升高速铁路列车运行平顺性的需要

轮轨关系、弓网关系和流固耦合关系是高速列车运行的三大基础问题。运行平稳性是高速铁路的主要特征，而轮轨关系直接影响列车运行安全、运营品质和运输成本。提升高速铁路轨道的平顺性是改善轮轨关系、提高旅客乘坐舒适度的基础。

2013 年，上海铁路局对前期开通运营的沪宁、沪杭和京沪高速铁路运营平顺性进行了对比，发现运营线路在列车荷载、外部环境等破坏作用和养护维修作业改善作用的共同作用下，线路质量状态在开通时质量基线附近一定范围内小幅度波动，即开通时的线路质量状态很大程度上决定了线路运营后的质量状态，因此，提升高速铁路开通初始的质量状态尤为重要。

对于原有的高速铁路精调工作，上海铁路局发现主要有以下不足：一是对于两根钢轨的相对位置检查仍局限于人工手段，没有充分利用新产品、新技术。二是各类检测及应用数据没能集中管理，衔接不密合，有产生系统错误的风险。三是轨道精调方案的制定主要依靠人工配以辅助软件，劳动强度大且标准难以统一。上述因素导致高速铁路精调后线路平顺性的提升受到限制。

通过以上分析，上海铁路局开始研究高速铁路智能化精调管理，进一步提高高速铁路线路平顺性，减少运营期维修工作量，满足旅客对高速铁路高舒适度的要求。

(三)实现高速铁路精调技术自主创新的需要

近年来，中国铁路技术创新取得了重大进步，在高速铁路建设、车辆制造、通信技术等领域达到了世界先进水平，但在运营维护阶段的自主创新能力及技术管理能力却相对薄弱。以高速铁路精调工作为例，开通前需要进行全线调整，开通后需要根据检测情况重点调整。但目前中国高速铁路应用的轨道测量设备主要来自国外，缺乏自主知识产权，代表性的有瑞士的 AMBERG 和德国的 GEDO 轨道几何状态测量系统。这些测量设备使用、维护等知识产权都掌握外国人手中，不利于高速铁路建设和运营。为此，上海铁路局依靠自身力量，发挥自身科技队伍作用，寻找国内高校和制造商等合作伙伴，采用自主设计、自主制造，研发成套高速铁路精调科技管理体系，形成适应我国高速铁路建设和运营实际需要的智能化精调管理体系，满足高速铁路发展的需要，为高速铁路走出去奠定基础。

二、成果的内涵和主要做法

基于自主创新的高速铁路智能化精调管理就是本着上海铁路局安全优质、集约高效、精益卓越、创新实干的基本理念，创新设计、精益制造，自主研发高速铁路智能化精调测量仪器；以集中数据管理为基础、大数据处理为手段，建立高速铁路智能化精调大数据处理中心，实现高速铁路精调数据智能化传输、高速铁路精调方案智能化定制和高速铁路全寿命精调数据管理；创建高速铁路智能化精调组织体系，优化精调作业流程，实施步步校准闭环管理；创建高速铁路智能化精调后评价及改进机制；打造高速铁路智能化精调专业人才队伍；实现高速铁路智能化精调管理自主创新，全面提升高速铁路建设与运营品质。主要做法如下。

（一）构建高速铁路智能化精调管理总体架构

1. 基本原则

上海铁路局本着安全优质、集约高效、精益卓越、创新实干的基本理念，构建高速铁路智能化精调管理体系。高速铁路智能化精调管理模式坚持系统管理、自主研发、大数据处理、“互联网+”的原则。

(1)系统管理的原则：高速铁路精调是一项系统工程，涉及精调测量、方案设计、作业流程等各个环节，应利用系统管理的思想，补强短板、优化流程，并加强体系建设、机制控制，提升高速铁路精调质量。

(2)自主研发的原则：摒弃技术模仿思路，通过创新实现技术突破，开发具有我国自主知识产权的测量设备和精调方案自动化生成软件系统。

(3)大数据处理的原则：精调测量、方案设计、作业流程等环节均产生海量的数据，具有大数据特征，需要创新模式才能更好地处理精调数据。

(4)"互联网+"的原则：充分发挥互联网在精调资源配置中的优化和集成作用，让互联网的创新成果深度融合于高速铁路建设和运营管理中，实现高速铁路智能化精调。

2. 体系架构

高速铁路智能化精调管理体系包括智能化精调测量仪器、大数据精调方案处理中心、智能化精调组织体系、精调后评价及改进机制、智能化精调队伍建设五大部分，并从技术功能和时间节点两方面保证了智能化精调管理体系的建设。

(1)技术功能保障。一是在确保测量精度不低于进口同类设备的前提下提高测量速度。二是利用大数据集成分析、管理、应用，研制轨道线形平顺性分析软件，通过计算机自动生成满足各项技术指标的精调作业方案。三是建立智能化作业模式，进一步提高作业效率。

(2)时间节点保障。一是精调测量仪器，首先于 2013 年 6 月完成仪器的开发与试用。二是精调方案软件系统，鉴于软件处理的独立性，可与仪器开发同步进行，于 2013 年 6 月完成。三是精调作业流程再造与优化，结合仪器研制与软件开发，已于 2013 年年底前选择试验段进行试验，2014 年正式投入使用。四是精调作业后评价及改进机制，已在 2014 年高速铁路精调实践中形成初步的精调管理体系，并于 2015 年推广应用，逐步优化、完善智能化精调管理体系。

(二)自主研发高速铁路智能化精调测量仪器

2012 年,上海铁路局组织局属工务处、科研所、上海经济开发公司等部门和单位,成立了智能化轨道测量设备研发团队,自主研发了一款智能轨道检测仪,命名为 SIWEI(四维)智能轨道检查仪。SIWEI(四维)智能轨道检查仪是基于轨道控制网(CPⅢ)、轨道维护基准网(GRN)或任意工程控制网的三维坐标为基准,精密测量线路轨道内外几何状态,并采用严密的数据模型计算出轨道的全几何参数,输出平顺性评价报告及轨道精调方案,用以指导铺轨定位、轨道精调及轨道养护维修作业。系统组成包括多功能车、智能轨道检查仪、测控手簿、全站仪、现场数据采集与数据处理软件、数据分析处理软件等。

1. 创新测量设计

在测量效率方面,国外仪器逐枕停顿(轨枕间距 0.65 m)采集数据,即每推行一根轨枕,暂停一下,测量一次。每测量 90 根轨枕左右,全站仪移动一次重新建站,这样,测量一公里大概需要 10 个小时。研发团队通过试制,将测量仪器的三个主要部分(全站仪、轨道检查小车和数据处理系统)中的轨道检查小车和数据处理系统进行了优化,其中轨道检查小车采用动态跟踪模式,通过优化数据接收装置进行大密度数据采集(20 点/m),变"暂停测量"为"持续测量",提高了测量速度,可达 0.7 km/h,是国外同类仪器的 7 倍以上。

在测量精度方面,全站仪是测量的基础工具,目前高精度的全站仪均是国外进口,而在传统测量模式下,进口设备不可能实现测量精度及效率上的突破。为提高精度,研发团队创新设计智能化测量系统,SIWEI 智能轨道检查仪采用全站仪绝对坐标测量与惯导系统测量结合、动态与静态测量模式结合技术,大幅提升测量精度及作业效率;创新设计轨道内几何尺寸测量精度补偿参数自标定系统，每次作业前通过位移传感器测量组装间隙和采用专用标定杆测得轨距测量轮径变化，消除组装产生的间隙差、测量轮磨耗产生的系统差，保证测量数据的高重复性、一致性和准确性；创新设计高密度轨道线形数据扫描及处理系统，使轨道内几何数据采集达 30(点/s)，不同于其他测量设备的问答式数据采集，SIWEI 智能轨道检查仪各测量部件均采用主动式数据采集，小波降噪结合平差计算及独特的测段搭接技术进一步提高了测量精度和效率。

2. 实施精益制造

采用便携式设计，为减轻测量人员劳动强度，研发团队多次征求使用人员的建议和意见，最终选用进口预拉伸航空铝材料，不仅减轻机身重量，也有变形小、结构稳定的优点；通过试制优化，设计了多功能全站仪车，作业时，可方便携带所有箱包及作业工具，减轻作业人员劳动强度。

在其他方面，在吸取国内外仪器优点基础上，开发团队指导路外厂商根据设计图纸，在仪器防水、防电磁干扰、避震、耐久性方面进行了精细加工。

2013 年 2 月，上海铁路局完成了第一台产品试制，2013 年 3 月进行了上线实践，经过多次优化完善后，于 2013 年 6 月开始进行批量生产。截至 2015 年，已生产 30 台，销售 28 台。

3. 建立操作标准

SIWEI 智能轨道检查仪由 4 人协同作业，1 人负责全站仪操作，1 人负责轨道检查小车操作，另外 2 人分别负责 CPⅢ棱镜插拔。作业前，完成全站仪的综合检校和测量小车的标定，根据测量任务在测量起点线路上架设好全站仪。作业中，首先，利用全站仪测量轨道两侧的 CPⅢ棱镜坐标计算得到全站仪三维坐标。其次，轨道检查小车放置在钢轨上距全站仪约

70 m的位置面向全站仪以3～4 km/h速度推行，轨道检查小车的实时三维坐标通过小车测点与全站仪之间的距离与角度换算得到，进而转换成所测线路中心及左右钢轨实时三维坐标。待轨道检查小车运行至全站仪约10 m处暂停固定，之后，移动全站仪远离轨道检查小车约70 m，重复以上程序，完成规定区段的测量任务。作业后，按规定收齐测量设备，及时上传测量数据。

4. 注重知识产权管理

上海铁路局注重科研开发，同时也注重产品保护，目前该产品已获得两项专利：一是智能轨道检查仪实用新型专利，专利号ZL201420379252.5；二是轨道检查仪（智能）外观设计专利，专利号ZL201430231458.9。

（三）建立高速铁路智能化精调大数据处理中心

1. 构建智能化精调数据处理中心

高速铁路测量作业产生大量的数据，这些数据是钢轨在空间中实际位置的客观反映，也是计算钢轨实际位置与设计位置间调整量的基础。2014年，上海铁路局建立了高速铁路智能化精调大数据处理中心。

通过数据处理中心把传输收集的数据及设计的数据转换成人工识别的数据，根据线路平顺性的指标要求设置好边界条件。采用最小二乘法进行精调方案设计，使两根钢轨在空间中的位置不仅满足绝对位置要求（即轨道实际线形与设计线形偏差），而且要满足相对位置要求（即两根钢轨间的相对位置偏差）。

2. 建立智能化精调数据传输流程

利用"互联网＋"，上海铁路局对测量数据和方案下载利用3G/4G/WiFi等方式进行无线传输。另外，为了提高传输数据的准确性，在服务器接收端加装了文件完整性筛选软件，对测量误差超限的文件进行警示，实现对作业数据的有效性检核，并对测站的测量结果进行精度分析。检验合格的计算成果上传至系统服务器直接入库管理，同步上传保存的还有原始作业文件，对检验不合格的作业文件，程序提示详细的出错信息并拒绝接收。例如2014年，在杭长高速铁路精调测量中，由于一台全站仪状态不良，导致当天作业地段测量数据均出现60 m左右的周期性波动，服务器通过无线传输接收数据后及时进行了评定检核，做出重测提示，这样第一时间发现了问题，避免了后续无效作业。通过建立基础数据表，设立专人集中式统一维护和管理，保证基础数据的统一性，有效避免了系统误差、实现了搭接数据的准确性。

3. 定制智能化精调现场操作方案

上海铁路局在高速铁路精调中，首先选用任意一股钢轨作为基准股，将其实测数据与设计线形对比得到横向、垂向偏差，选用超大半径曲线利用最小二乘法进行拟合，得到基本符合调整量最小原则的初始方案。其次根据平顺性指标及扣配件调整量限差对初始方案进行优化，形成该股钢轨的调整方案。另一股钢轨的调整方案则通过内几何参数推算得出。

精调方案自动生成软件可提供每个承轨台的现场里程、设计贯通里程和测点单元号与承轨台号标识，以便现场精确查找；并提供左、右股承轨台的扣配件安装型号，用醒目颜色突出标识需要更换的扣配件。为作业后校核使用，方案还提供实测轨距、水平(超高)数据和设计超高数据。利用上述手段，实现了全过程动态智能化管理。

4. 实现全寿命智能精调数据管理

高速铁路精调大数据一方面是为运营管理阶段提供准确

的基础资料；另一方面从设备状态“记忆性”的角度出发，对外部环境重点地段、与设计线形偏差较大地段、扣件调整极限地点等信息的提前记录和管理为高速铁路线路全寿命周期管理提供了可能。

（四）优化高速铁路智能化精调组织管理模式

1. 调整智能化精调组织体系

为实现精调作业的有序开展、优质高效地完成精调任务，上海铁路局适应性建立三级组织机构：第一级为现场精调指挥部，由业务处室工务处负责。第二级为外几何参数测量组、精调组和材料供应组，其中测量组由路局测量公司负责，精调组由工务段负责，材料供应组主要是提供现场精调所需要的精调扣件，由参与施工的施工单位组成。在各精调组下面设第三级机构，即技术班组、内几何参数测量班组和作业班组。

2. 优化智能化精调作业流程

上海铁路局于 2014 年 4 月组织 5 个工务段在杭长高速铁路（上海铁路局管段）进行了流程试验，通过理念提出、现场试验、理念修改、现场再试验的过程，创造性地提出了“先基准股后非基准股”“先整体后局部”的轨道精调流程，即先把基准股调整到位，再进行非基准股的调整；对于同一股钢轨先调整高低、轨向，再调整轨距、水平，实现精调作业的流程规范化。

3. 实施步步校核的闭环管理

上海铁路局利用 SIWEI 智能轨道检查仪的相对测量系统，并充分发挥其优于道尺、弦线的技术优势，建立步步校核的闭环管理。先利用 SIWEI 轨道检查仪绝对测量方案进行基准股调整后，再利用其相对测量方案对基准股进行修正，SIWEI 智能轨道检查仪的相对检测数据既是对基准股作业质量的回检，同时也为制定非基准股作业方案提供了依据。通过以上作业，最大限度的把基准股调到设计线形或模拟线形，然后利用基准股作为参照系进行非基准股的调整，而不是依靠绝对测量方案作为调整依据，最大限度地降低了内几何尺寸误差。

（五）创建高速铁路智能化精调评价及改进机制

1. 建立轨道精调质量评价指标体系

轨道精调评价体系采用质量评价与经济评价相结合的形式。质量评价方面，传统上，对于轨道平顺性的主要评价指数是轨道质量指数（TQI），上海铁路局在沿用传统轨道质量指数的同时引入工程能力指数，不仅丰富了质量评价指标，而且可对轨道精调前后的轨道几何状态进行评价。经济评价方面，通过计算成本投入与线路质量改善量之间的关系，进行经济评价。

2. 基于工程能力指数评价的质量优化

上海铁路局在高速铁路精调中引入了以六西格玛管理为指导思想的工程能力指数评价方法，该方法能够反映轨道精调过程中的不足并据此进行优化。

引入工程能力指数后，将样本的均值、标准差、上规格极限、下规格极限以及计算统计量考虑在一个计算指标中，通过Minitab软件高效快速地计算精调作业前数据的工程能力指数，对于工程能力指数高的单项指标，参考后续经济性评价分析结果，在确保质量的前提下降低成本；对于工程能力指数低的单项指标，努力提高作业队的精调作业水平。

例如精调过程中的轨距指标，在精调作业中存在调整不到位的情况，均值和标准差偏大，虽然其都满足现有规范要求，但在上规格极限、下规格极限不变的情况下，轨距指标的工程能力指数会有一定比例在六西格玛范围之外。据此，在现场精调作业中通过收紧标准、注重细节等措施进行调整，以满足线路开通及后续运营要求。

杭长(2014年精调)、宁安(2015年精调)、合福(2015年精调)高速铁路的精调作业实践表明,使用工程能力指数评价轨道精调质量,能够发现现有评价标准难以发现的问题,找出影响轨道质量状态的薄弱环节,并在精调作业过程中给予关注和完善。因此,基于工程能力指数的质量分析,是对现有评价标准的有效补充。

3. 基于波士顿矩阵评价的成本改进

为完善轨道精调作业评价体系,引入相应经济评价指标。通过投入产出比评价精调作业效果,将精调作业每公里的人工费和材料费之和视为精调作业投入。其中,每公里人工费由工人工资、人工数量计算得到;每公里精调作业的材料费投入由每公里内各轨枕所需更换的扣配件数量及其单价计算得到。将精调作业后轨道质量指数改善量视为产出,将精调前后的TQI_公里差值定义为线路质量因轨道精调作业而得到的TQI_改善量。利用每公里精调作业经济投入与精调后TQI_改善量计算精调作业的投入产出比,投入产出比值越高,精调效果越差,投入产出比值越低,精调效果越高。

建立波士顿矩阵评价模型,将波士顿矩阵图分析法引入精调作业中,将模型中销售增长率和市场占有率替换为精调作业中的经济投入和TQI改善量,以单公里经济投入平均值及TQI改善量平均值为界可以划分为高投入高产出、高投入低产出、低投入低产出、低投入高产出四个区域。

对于低投入高产出区段较多的精调单位,给予奖励激励,同时做好总结推广,指导其他作业队提高精调作业水平;对于高投入低产出区段较多的精调作业队,进一步加强人员业务培训,重点监管其精调作业流程是否合乎规范,努力提高其精调作业水平。

(六)打造高速铁路智能化精调专业化人才队伍

1. 编制专业化培训教材

通过拍摄《高速铁路无砟轨道测量仪视频教学片》《高速铁路无砟轨道精调作业视频教学片》,编制《高速铁路无砟轨道精调作业指导书》,出版《高速铁路无砟轨道等级管理》(中国铁道出版社出版)等,建立了一套完整的高速铁路智能化精调专业化培训教材体系。

2. 建立多层面培训体系

上海铁路局按精调骨干人员、精调一般技术人员和精调作业班组三个层面,建立精调培训体系。截至 2015 年底,已培养精调骨干 58 名,培训精调人员 800 人以上,创建优秀精调作业班组 17 个,打造了一批高速铁路智能化精调专业化人才队伍。

3. 建立知识共享交流群

建立铁路局、建设单位、施工单位等共同参与的高速铁路轨道精调群,作为信息收集汇总、技术资料共享的交流平台。

三、成果的实施效果

上海铁路局在自主创新的基础上,首创了全国高速铁路智能化精调管理体系,保障了高速铁路项目建设速度,提升了轨道平顺性,并获得了行业认可。

(一)首创了高速铁路智能化精调管理体系

上海铁路局高速铁路智能化精调管理在杭长高速铁路轨道精调中初步形成,并相继在合福、宁安、郑徐高速铁路轨道精调中得到进一步实践和完善,研究成果也在其他铁路局进行了应用推广,取得了良好的效果。其间,自主研发了 SIWEI 智能轨道检查仪及相应的大数据处理中心。经专家评审，高速铁路智能化精调管理为国内首创，达到国际先进水平。

上海铁路局在开展智能化精调管理的过程中，组建了一支包括精调测量、精调方案制定、精调作业、精调管理在内的轨道精调队伍；并通过仪器开发与数据处理中心的运用，提升了其相应装备水平，高速铁路测量能力、精调能力、人员储备能力等均得到了提升，可同时开展 500 km 以上的轨道精调工作，满足了上海铁路局管内高速铁路建设需求，并具备技术输出的能力，为加快中国高速铁路走出去战略实施奠定了基础。

（二）提升了高速铁路列车运行平顺性

我国从峰值和均值两个角度评价和管理铁路轨道几何状态。所谓峰值是指高低、轨向、轨距、水平、扭曲等单项在每千米线路长度上的局部幅值；而均值是七个单项标准差之和即指轨道质量指数(TQI)，该值的大小与轨道状态平顺性密切相关，数值越大，表明轨道的平顺程度越差、波动性也越大，均值管理更能代表轨道平顺性状态。

根据中国铁路总公司轨道质量指数(TQI)检测情况，上海铁路局管内各条无砟高速铁路开通时的轨道质量指数，在开展高速铁路智能化精调管理前，各线轨道质量指数均大于 2.5，其中沪宁、沪杭高铁的轨道质量指数大于 3.5。开展高速铁路智能化精调管理后，杭长、宁安、合福高铁的轨道质量指数均小于 2.0，线路平顺性提高了 30%以上，高速铁路无砟轨道运营品质和旅客满意度大幅提升。上海铁路局实施智能化精调管理后的合福、杭长高速铁路，线路质量优于其他路局，且处于全路领先地位。

（三）降低了高速铁路建设及运营成本

高速铁路智能化精调管理在杭长、宁安、合福、郑徐高速铁路中的应用结果表明，约有68%的区段投入相应的费用都能取得相应的线路平顺性改善，约有19%的区段投入较少的费用即可取得显著的线路平顺性改善。相比于智能化精调管理前，精调作业成本同比降低了20%以上。

根据上海铁路局统计数据，高速铁路智能化精调管理实施后大幅度减少了运营期的维修工作量。实施前无砟高速铁路每年的养护维修工作量占其运营长度的9%左右，实施后无砟高速铁路每年的养护维修工作量占其运营长度的1.4%左右，养护维修工作量降低了80%。通过合理精调投入，精细控制轨道精调作业，减小了轨道精调作业的投入产出比，提高了轨道精调效益。经推算可得，杭长、宁安、合福三条高速铁路运营期每年可分别节省259.2万、333.6万、297.6万元的养修投入。

实践表明，上海铁路局的高速铁路智能化精调管理能够减少建设成本、降低运营成本，已取得良好经济效益。

(四)获得了行业认可并示范推广应用

1. 成立了上海铁路局测量公司

除已开通运营3 250 km高速铁路外，未来5～6年时间内，上海铁路局管内还将有3 500 km以上的高速铁路开通运营。新建高速铁路开通前需要全面测量精调，运营后需要进行精测网维护、线形测量及重点地段测量，每年的测量费用将在1亿元以上。

鉴于测量工作的重要性及SIWEI智能轨检仪在测量中的优势，2015年，上海铁路局成立了测量公司，负责上述测量任务。在合福、宁安高速铁路新线建设期轨道精调及沪杭高速铁路运营期轨道精调中体现出测量费用低、测量效率高、数据统一管理的优势。

2. 在全路推广经验及示范应用

上海铁路局高速铁路智能化精调管理因其先进的管理理

念、高效高质的精调成果，除了在本局应用外，也逐渐被推广至其他铁路局。如参与完成了西宝客专、哈齐客专 100 km 的测量任务，精调质量在所在客运专线中均实现了最优质量，获得了用户认可。根据中国铁路总公司安排，上海铁路局高速铁路智能化精调管理工作经验已在全路工务工作会议上进行了介绍，并在全路范围内进行了推广。

（本成果获 2016 年国家企业管理现代化创新成果二等奖。成果创造人：郭竹学、张杰、宋国亮、徐伟昌、许玉德、谭社会、毛晓君、罗庄、王胜、沈坚锋、陆志华。）

以安全、优质、高效为目标的高速铁路运营体系管理

上海铁路局先后建成合宁、合武、沪宁、沪杭、京沪、合蚌、甬台温、温福、宁杭、杭甬、合福、宁安等高铁线路，“长三角”铁路全面进入高铁时代，上海局的高铁营业里程已占全国高铁里程的六分之一。截至 2016 年底，上海铁路局已开通运营时速 300 km 高速铁路 8 条、时速 200 km 客运专线 5 条，配属动车组共计 556 个标准组，管辖区域内日常开行动车组列车 898 对（高速列车 476 对，动车组 157 对，普速客车 265 对）。

一、成果实施的背景

（一）实现高铁“大局”向“强局”转变的需要

上海铁路局作为最大的高铁运营单位，自身需要变强。近年来，上海铁路局抓住“建设先进的现代运输企业”难得历史机遇，发挥长三角区域优势，大力推进高铁建设、强化运营管理，无论从高铁营业里程、客发人数还是客运收入来看，上海局高铁规模日益扩大。但从发展过程来看，面对骤增的客运市场需求，上海局高铁运营安全风险进一步集聚、运营组织难度进一步加大、经营压力进一步增加，怎样从高铁“大局”发展到经营的“强局”，提高经营效益，需要找准落脚点，在实现客运产品开发的科学化、动车组列车开行方案需要精细化、应急处置的能力提升等方面寻找突破口。

（二）打造中国高铁服务品牌的需要

挑战和克服高铁运营一些特殊难点、转变传统的普速铁路客运方式、提高服务水平的需要。“长三角”地区高铁一流的运营品质需要一流的服务品牌来支撑，需要结合高铁快节奏、高速度、高密度的运营特点，从管理旅客向服务旅客转变、从旅客的角度解决问题，做到全系统、全过程、一体化制订服务方案，形成标准、制定规范、组织实施，方便旅客出行，不断提高客运营销水平，同时要建立统一的智慧出行服务平台，还要提高员工的仪容仪表、职业道德、服务意识。

（三）确立中国高铁运营模式的需要

立足中国国情，需要探索中国高铁运营模式的需要。世界高铁发展看中国，我国高铁技术经历了引进、消化、吸收、创新的过程，在许多技术领域取得重大突破，达到世界领先水平。习近平、李克强等党和国家领导人高度重视高铁发展，在国际经贸交流和外交领域，多次主动推介中国高铁。但在高铁运营组织上，我国高铁有自身特点，例如像全长 1 318 km 的京沪高铁这样的通道型高铁线路，在全世界上都占有举足轻重的地位，其列车开行密度大，客流增长迅猛，跨线车和本线车混合运行，350 km/h、300 km/h、250 km/h 种类的列车兼顾，运营组织复杂性和艰巨性都在世界上首屈一指。我国高铁不能照搬国外的运营模式，高铁运营管理是“从无到有、从零开始”逐步摸索的实践过程。在高铁运营组织模式上，需要转变高铁运营管理理念、转变条块分割的当前运营组织模式，还需要整合各类高铁运营信息系统。

二、成果的内涵和主要做法

高铁运营管理以“安全、优质、高效”为目标创建高速铁路运营体系，在确定高铁运营管理理念、客运产品设计、客运服务以及运输组织的一体化管理等方面形成了“长三角”高铁管理的特色，高铁管理得到不断规范、调度指挥不断科学、资源配置不断优化、运营安全不断提升。主要做法如下。

（一）确立高铁运营体系管理的理念和思路

上海铁路局确立高铁运营管理体系的理念是从以运输为中心，运输能力至上，转变为以市场为中心，围绕旅客运输进行高铁运营；由各专业相对独立，向一体化运营管理、各专业紧密配合转变。主要包括工电供一体，机辆一体，动车所内运输、机务、车辆、客运作业一体，站车一体等；重视动车组列车开行方案的研究和设计，应用大数据技术和信息化手段，进行科学的客流预测，通过对高铁动车组列车客流与运能匹配、开车方案优化设计和运行图综合评价的研究与应用，并努力从旅行时间、到达时间、服务频率等旅客需求的角度设计开行方案，以此提升高铁动车组列车开行效益，避免能力虚糜；以旅客为本，围绕旅客出行需求，坚持服务标准化，做到有需求有服务，从大量的人工服务到自助式、引导式、无干扰服务转变；应急处置从抢开通保运输，转变为以人为本，应急处置导向安全，以对旅客造成影响最小、服务补救能及时跟上以及调整方案的经济性等因素为主要考量的运输秩序调整。

高铁运营体系管理的思路是以市场为导向、以旅客为中心，研究市场、把握需求，优化系统资源要素，集约化经营、品质化服务、常态化组织，构建高度集成、信息流畅、指挥有力、应对有序、面向市场的营销系统。以高铁安全为核心，管好用好高铁资源，建立各系统、各专业融合，条块结合、系统集成的运营组织系统。构建高铁运营数据集成共享平台，打破设备信息传递阻隔，围绕快速响应、智能比选的要求，为专业部门提供科学、系统、高效的管理辅助手段和运用支撑体系，为全面提升高铁运营管理水平提供基础保障系统。

（二）基于大数据、智能化设计高铁产品

1. 强化市场调查的精准性

一是运用信息化技术创新市场调查分析。利用信息系统大量采集历史客流动态、客运市场发展状况以及社会、经济、行业等信息数据，加强数据分析，科学研判预测客流变化趋势。二是对各车站、车次的客票销售以及旅客乘车人数、方向、里程等信息进行自动集成，积累形成历史客流大数据，作为客流预测分析的第一手资料。三是掌握外部市场动态。建立常态化的市场调查机制，注重加强与政府、行业协会、新闻媒体、重点企业、学校等部门单位合作，积极开展网上调查，通过扩大样本量提高调查精准度；加强与公路、民航、水运等交通运输企业对接，建立信息开放、共享的平台，实时了解不同运输方式的客流变化。四是科学分析预测。动态开展客流同比、环比分析，以历史数据为主要依据，结合市场需求变化、天气变化等因素，对年度、月度、节假日以及春运、暑运等阶段性客流趋势进行分析预测，为运力资源配置提供科学依据。

2. 智能化辅助运营决策

一是针对高铁时代旅客出行和客运组织的新形势、新特点，围绕提升客运运营的效率、效益和旅客服务水平目标，运用信息化手段，建设以市场为核心，以生产组织为纽带，以需求分析、产品研发、运能调整、市场营销、效率和效益等功能为支撑的高铁客运营销辅助决策系统。通过对市场、生产、保障信息

的有效集成与融合，来掌握市场规律、优化生产流程、提供产品服务、理顺经营行为，使生产、管理、经营过程可视化。二是借鉴客票收益管理的理念，加强票额收益管理，分车次建立票额分配档案，分线别、方向、阶段、时段制订列车票额席位共复用策略和票额以远站方案，实现票额精细管理。同时，为用好用足既有运能，通过对各趟列车始发站、沿途站的客流需求、历史售票数据进行大数据分析，逐一制定 800 多趟始发旅客列车的售票方案，一车一档，动态调整优化，明确列车始发和沿途各站在不同时间段允许发售的席位数量和位置、限售区段和时间、席位共复用和分段投入等具体策略，并采取计算机自动生成与人工确认相结合的方式，实现精准售票、精细管理，既提升开车效益，又更好地满足沿线旅客的出行需求。特别是为进一步推广较大枢纽站中转换乘，充分挖掘内部资源，充分利用复用票额。三是通过客运营销分析系统和收益管理，按照从整体到局部、从区域到线路、从线路到单个列车的顺序对旅客需求、运能供给、票额利用等进行大数据分析，并将运行图方案与分析结果相结合，明确各次列车的运输范围及目标，按时间段对票额进行预分，科学、合理地调控各次列车的票额供给数量、时间以及限售区间，有序引导旅客购买合适的列车车票。

3. 创新设计高铁客运产品

一是加强大数据分析创新客运产品。精心研究“长三角”客运市场特点和旅客出行习惯，科学编图、动态优化，推出贴近市场需求的客运产品，以客流预测分析结果和运输资源能力为依据，充分考虑“长短结合、高普搭配、错开径路、错站停车”等要素，进行计算机自动生成、人工优化，每年分阶段对旅客列车基本运行图进行调整优化，丰富完善动车组列车产品体系。比如，适应京沪两地旅客一日往返的需求，在上海虹桥与北京南站之间同步开行早 7:00、晚 19:00 两对只停 1 站的高速动车组列车，受到旅客的广泛好评。另一方面，常态优化调整运力配置方案。二是优化运力资源配置。按照“旺季提高列车开行质量，淡季节约经营成本”的原则，配合车辆运用，试点动车组在线替换，缩减部分交路列车编组，停运同时段、同方向、同经由列车，从而减少阶段性、时段性车票供给量，通过供给侧调整，力求减少过剩票额，实现淡季客座率提高，并利用节约下的车底适当增加重点方向运能投放。三是首开高铁夕发朝至的动卧列车。创新开行上海虹桥站至深圳北站、广州南站的夜间高铁动车组卧铺列车，第一天晚上 20:00 点左右始发，夜间运营，第二天早上 7:00 左右到达，实现夕发朝至。这一新产品的推出，完善了动车组客运产品体系，受到广大旅客欢迎，从初期开行各 1 对增至各开行 3 对，几年来客座率不断提升，目前常态保持在 90%以上。四是设计优化假日列车。针对长三角地区节假日客流高峰特点，研究实行春运、春游、暑运“季节性”运输方案和平日、周末、节假日“分号运行图”，做到满图铺画、阶梯投放、应急有备，提高客运产品供给与市场的契合度。比如，对上海金山铁路制定平常和周末两套开车方案，平常按照一站直达、站站停两种方式开车，周末减少站站停列车，相应增开一站直达和隔站停列车，更加体现灵活性和针对性，较好地满足沿线旅客不同时段的出行需求。

（三）创建“互联网＋”高铁服务

1. 创建“互联网＋”智能化客服中心

打造智能化、信息化、数据化、定制化、全媒化客服中心。一是与中国移动上海公司建立合作关系，瞄准“行业最优、同业领先”目标，立足服务、信息和营销三大核心职能，努力建设“机制创新、管理科学、服务标准、功能拓展”的综合性一流客服平台，全力打造“上铁 12306”移动客户端，为高铁运营改进服务、拓展市场提供有力支撑。二是升级数据流转管理平台机制，完善工单业务流程，建立客户服务大数据库。拓展非集中式远程客户服务平台，建立远程客户服务标准体系，使远程客户服务团队达到与集中坐席等同的效果。三是升级人工智能平台服务。搭载智能语音服务，语音质检、智能机器人和知识库，创建人工智能标准服务体系，以减少人工坐席压力，提高人工服务质量效率。四是开发“上铁 12306”手机 APP 多元化服务，尤其是团体订票和动车组订餐服务，利用高科技给客户带来便捷。将最先进技术植入客服中心原有系统，进行升级改造，开启全路首创的新型智慧客户服务。五是研发整合服务质量回访、团体票预订和动车组订餐、调令签收、信息发布、遗失物品查找、特殊重点旅客服务等业务操作系统，通过前台服务、客户管理、信息流转、数据统计等功能配套完善，实现服务与需求的无缝衔接。六是通过规范服务流程、严格服务标准，创新服务方式、拓展服务内容，努力为客户提供咨询、投诉、求助、增值等优质服务，并实现站车无线交互系统增加客运服务功能，提供规章文电查询、信息报告发布、文电传达等功能。

2. 创建“互联网＋”全过程服务体验

一是优化售票组织方式，大力推广互联网、自助售票机等多渠道售票。根据售票、支付方式的变革，积极推进互联网、手机等自助售票方式，增设线下售取票终端，进一步加大自动售取票设备在火车站外的投放数量，并增加商场、机场、景点等新的投放场所，使自助式日常售票比例接近 60％、高峰期达到 80％。二是推出具有地域特色的便民品牌服务。如 2017 年推出的网上订餐服务；实名挂失补票，核验信息后办理车票的挂失补办；推出高铁优惠卡，旅客购卡后，不仅可以按照折扣价格乘坐城际铁路，还可享受更为便捷的进站过程，自助取票后就可以直接刷卡进站乘车，无需再出示本人身份证件；创建 WiFi 站区信息发布智能服务平台，为旅客提供多元化的售票服务、全方位的乘降服务、以“车站服务站”为中心的便民服务、便利化的延伸服务、与互联网接轨的综合娱乐服务以及主题鲜明的互动服务，实现铁路客运服务的升级，生动体现高铁车站“一切为了旅客满意”核心价值理念。三是实施“空铁联运”。自 2012 年5 月起，上海铁路局联合东方航空公司、上海虹桥站、上铁国际旅游公司等单位，对长三角地区开展高铁航空客运合作项目的可行性进行专项调研和分析，最终确定在国家现行政策允许、技术支持等条件下可运行的联运组织模式，并通过两年多的摸索实践和优化完善，形成常态化模式运营，截至 2016 年，长三角地区已实现温岭、台州、宁波、绍兴北、杭州、义乌、桐乡、嘉兴南、上海虹桥、昆山南、苏州、无锡、常州、丹阳、镇江、南京、合肥南 17 个铁路车站、128 趟列车与东方航空公司、中国国际航空公司、春秋航空公司所属的国内、国际 500 余个航班的双向联运服务。四是推出 VIP 出行体验，满足个性化的旅客需求。

3. 创建“互联网＋”高铁服务质量评价

一是建立局域网旅客满意度信息化平台，开发互联网条件下铁路旅客满意度测评系统，在路局和站段层面同时运行测评指标、现场抽样、测评报告和质量分析技术，实现对旅客满意度测评综合分析的常态化、规范化和信息化。二是通过借鉴国际通用的顾客满意度模型，在全路首先建立高铁服务满意度的测评体系，通过识别高铁客运服务的各环节和旅客的服务需求，设计上海铁路局高铁服务满意度测评框架，每年通过第三方组织测评，在统计分析方面运用 SPSS 专业软件进行统计分析，针对旅客评价结果、影响力等方面的因素开展分析，为旅客出行服务改进提供支撑。

(四)创建以“调度指挥、施工维修、行车作业”为核心的一体化运输组织管理

1. 提升高铁调度指挥能力

一是由高铁调度指挥中心集中统一指挥上海局管内所有动车组运行,采用国际先进的 CTC 调度指挥系统、CTCS-3 级列车运行控制系统、GSM-R 无线通信系统,具备自动排列列车进路、自动控制运行速度、超速自动防护等功能,避免夜间运营情况下可能出现的人员精力不集中影响列车运行安全等问题。二是结合高铁运营对调度指挥各环节的内在要求,综合考虑调度区段里程、车站数量、列车密度、车站作业难度等因素,合理设置高铁调度相关岗位。同时,为保障调度安全、优化调度内部作业流程、解放调度岗位生产力。三是用信息化的建设提升高铁调度集中指挥水平。2009 年 4 月以来,上海铁路局建设 TDMS 系统并升级到 5.0 版本,率先将系统应用于调度生产指挥各环节,为确保每日旅客需求的实现,实现列车运行“一日一图”和日班计划协同编制、信息数据集成共享等功能,并结合生产实际,对局站一体化、班计划兑现等方面进行拓展和开发,实现各专业协同编制日班计划及局站信息共享。四是以调度系统为核心,不断推进其他相关系统的建设,初步完成全局机务运安系统的建设,实现机务运安系统与 TDMS5.0 系统间的无缝对接和充分的信息共享,并逐步实现动车管理、客票管理、客车管理等系统与调度系统间的信息交互,为 TDMS5.0 系统提供更加有效、实时的信息源,支撑系统的运作。

2. 优化施工维修管理方式

高铁运营组织在施工维修方面与既有线不同,夜间 0:00～

6:00 间需要采取“垂直天窗”(不安排列车运行、封锁线路)的方式进行设备维修以保证次日白天高铁列车大密度的运行需要。一是建设施工综合管理平台。通过创新施工管理理念,以确保施工安全为核心,以信息化技术为支撑,创建施工综合管理平台,建设施工综合管理体系,推进施工管理与运输生产协调发展。研发“天窗修管理系统”,深化天窗综合利用,提高天窗修的利用率,提升设备保养质量。二是实现登销记作业的标准化。研发“电子登销记系统”,在上海局 130 个高铁行车室配备电脑和指纹仪,实现了施工登记、销记的电子管理(“运统—46”登销记)内容的自动生成,建立登销记的标准化作业,实现登销记用语的模板化和程序化、销记与施工、维修系统相互关联以及登销记过程追踪和统计分析,落实管理责任。

3. 创建行车作业标准体系

高铁行车作业是决定高铁运营安全的关键。因此,上海铁路局创建行车作业标准体系。一是明确行车作业特别是京沪高铁 350 km/h 标准示范线创建目标和标准,内容涵盖健全安全专业管理制度、规范高铁规章制度管理、强化现场作业管控、规范台账备品管理、强化高铁应急处置、打造高铁人才队伍建设、推进高铁行车室标准化建设 7 个方面,并按照创建标准强力推进。二是全面规范车务站段高速铁路中间站运营管理,进一步强化和提升运营管理水平,对高铁中间站安全、技术、人员、现场作业管理进行规范,建立《高速铁路中间站运营管理标准》。三是修订岗位作业指导书。对京沪高铁 13 本《高铁作业指导书》进行全面检查,重点检查作业指导书是否根据《铁路技术管理规程(高速铁路部分)》《高速铁路行车组织细则》编制,内容中是否存在违反上级技术规章的条款,原时速 300 km 的行车要求是否已进行删除,分散自律、非常站控接发车作业标准是否完备。

(五)强化以“协同”为核心的高铁安全应急管理

1. 构建高铁应急指挥协同平台

围绕“信息报告准确及时、应急指挥稳妥得当、应急响应快速全面、现场处置安全有序”的目标，上海铁路局建立以应急调度台、站段应急指挥中心为核心的横向两级应急指挥层和纵向“行车指挥、应急把关”两条线构成的网络体系，形成“监控—评估—决策—指导—盯控”应急指挥模式，实施路局调度所“一元化”指挥和路局专业处室、站段专业科室技术支持并参与决策的应急工作机制。应急指挥台处理高速铁路故障主要涉及固定设备、移动设备、恶劣天气、调度设备等几个方面。遇设备故障、突发事件、铁路交通事故等情况，应急调度台相关人员到列车调度台组织应急处置。值班人员根据具体情况，向有关领导报告，按等级启动响应，按照事故导向安全、按章处置、减少损失、单一指挥(不得干扰调度员单一指挥，维护调度员的集中统一指挥)的原则，在坚持调度单一指挥的原则前提下，主要承担:一是为高铁调度员提供辅助决策。及时掌握相关信息并及时提供本系统的行车限制条件在应急处置中涉及规章制度、应急处置方法等方面，给作业人员提供技术指导和支持。二是督促协调，掌握进度。督促本系统站段开展应急处置，加强应急处置中的协调和配合，掌握现场应急处置进度，同时掌握站段安全生产指挥中心、现场作业点干部到岗，应急抢修、应急处置人员到位情况。三是对故障处置情况进行统计及分析，查找存在的问题，以便进一步改进应急处置工作。通过应急资源系统整合和应急信息集中处置，增强专业间、站段间的横向信息共享和系统内纵向信息交流，实现应急指挥集中管理，有效防止多头指挥、多专业决策和反应迟缓等现象的发生。同时，基于各类应急预案、案例知识库、应急资源以及现场状况等大数据的辅助决策平台，在应急处置时，根据设备故障影响范围和时间，自动提供影响范围内旅客列车相关资料，如影响区段内旅客列车车次、编组情况、车底交路、售票情况、直供电资料、乘务担当、运行速度、列车实际运行点等基本资料，自动生成多套应急调整方案供选择，选择最优方案，并生成相关调度命令和调整方案，实现调整方案的下达和执行。

2. 强化“数据集成”的高铁安全检测监控管理

一是改变过去设备管理单专业架构、专业管理单一体系，专业信息无关联、不开放，应急、应对联动不够，管理体系缺少统一规划的格局。以信息透明、覆盖盲区的数据集成共享平台为支撑，打破设备信息传递阻隔，智能提取各类运营和管理信息，实现对设备的科学化集中管理，为专业部门提供科学管理辅助手段。二是信息集成。初步建成运输、客运专业数据集成平台，其他专业系统基于现有系统对人车天地图信息的实时采集，打破设备信息传递阻隔，强化研发，覆盖设备信息传递盲区，逐一纳入路局大数据平台统一管理，实现管理集中化、流程可视化、作业一体化。三是实现设备的智能管理。综合高铁运营设备状态监测、维修计划管理、故障、备品备件、人车等资源管理系统，跨区域信息共享，明晰人车动态和各类设备设施的状态，实现对设备的科学管理，智能提炼管理和运用信息，提高运用效率。提供维修辅助支持。四是提供运用辅助支持。融合远程故障查询、远程视频辅助、专家会诊和预防性维护系统，为相关专业及时提供远程和现场维修的技术支持。同时，结合故障案例库、智能搜索引擎、人员专家管理和设备能效管理等，为各专业部门提供科学管理的辅助手段。五是完善高铁防灾安全监控体系。针对高铁大量采用新技术设备、系统集成化程度高的特点，坚持“科技保安全”理念，完善可靠的高铁安全检测监控体系。因地制宜设置334处风速监测点、157处雨量监测点、151处异物侵限监测点，完善高铁地震监控预警系统、设备雷电防护设施等，有效防范大风、暴雨、雷电、地震等自然灾害对高铁运营特别是夜间运营安全带来的影响。六是完善固定设备检测监控体系。对高铁线路桥梁、牵引供电、通信信号等设备全面安装安全检测监控系统，每月开行高铁综合检测列车，每天开行无人空载确认列车，完善人工周期检查、专项检查、临时检查等机制，通过动静结合、人机结合，全方位、立体化监控。七是完善动车组运行检测监控体系。在列车上设置上千个传感器设备，实时监控1 800多项运行数据；在地面轨道上安装动车组运行TEDS检测系统（高速摄像头），实时采集动车组走行部等关键部位图像；将数据信息和图像资料通过无线网络传输到计算机终端，由地面技术人员通过专用软件采集和分析，确保动车组运行的绝对安全。

3. 实行高铁安全风险管理

一是完善高铁应急预案。组织涉及京沪高铁350 km/h的8个站段各站段对高速铁路交通事故应急预案、高速铁路突发事件应急预案、防洪预案、非正常行车预案、扫雪除冰应急预案等5项应急预案重新修订完善，以流程化、图示化等方式补充相关场景下的处置程序、作业流程及安全卡控重点，做到一事一预案，切实保证作业人员操作规范化。二是站段结合管内安全实际，重点排查非常站控转入条件确认、列车进路序列及手工排路执行、施工路用列车调车转线及进出封锁区间、高铁综合防护、调度命令交付等关键环节，细化制定风险管控措施，严格落实风险认领制度，落实安全管理责任，确保高铁安全受控。三是开展高铁规章培训、高铁事故案例学习及实作演练。重点对《铁路技术管理规程(高速铁路部分)》、《高速铁路行车组织细则》、作业指导书、应急预案等进行学习,确保准确、熟练掌握相关内容。同时,事故案例进行记名式传达学习,通过对每个事故的违章分析解读,使高铁管理人员及车务应急值守人员真正清楚违章作业的风险,吸取事故教训,牢固树立安全意识。四是各高铁车站利用联锁(CTC)模拟机,对全线车务应急值守人员(高铁车站值班员)进行控制模式转换、非常站控接发列车、道岔失去表示、信号机故障等 7 项非正常行车内容实作演练,专业管理人员同步对实作过程进行分析评价,进一步提升高铁行车人员的应急处置能力。

三、成果实施的效果

(一)安全保障能力稳步提升

通过应急资源系统整合和应急信息集中处置,增强了专业间、站段间的横向信息共享和系统内纵向信息交流,实现了应急指挥集中管理,有效防止了多头指挥、多专业决策和反应迟缓等现象的发生,确保了高铁运营安全和京沪高铁 350 km/h 提速的成功。同时,通过设备保障管家系统和应急处置系统的集成,2016 年设备故障率同比减少了 15%。五年来,东部铁路现代化建设步伐不断加快,列车运行速度不断提高、技术装备升级节奏加快、作业手段日益更新,在如此复杂的环境下,上海铁路局构建起人防、物防、技防“三位一体”安全保障体系,安全形势不断向好,安全周期不断延长。2016 年满意度测评显示,人民群众对高铁服务满意度进一步提高。高铁列车满意度达到了 83.87,同比上升了 2.37;旅客对高铁列车的安全与服务质量评价提升较为显著。高铁站旅客满意度达 85.85,比全局客站旅客满意度 74.84 高出 11.01。

(二)经济效益和运行效率显著提升

上海铁路局地处长三角经济发达地区,旅客运输市场需求旺盛,近年来高铁客流保持年均30%左右的增幅。2016年9月10日调整列车运行图实施后,上海局共开行动车组列车624.5对,占全局开行列车总数的70%。2017年1月5日列车运行图调整后,开行动车组列车633对,运能增长11%。2016年,上海铁路局运输效率持续保持高效,高铁动车列车始发正点率达到98.3%,运行正点率完成95.4%。经统计,2016年、2017年上海铁路局管辖范围内的长三角地区通过购买高铁高等级座席出行的旅客数量(含商务座、特等座和一等座购票旅客)持续增长,高等级座席上车人数占高等级座席定员比例也由2016年的93.8%上升至110.4%,说明长三角地区铁路高端市场发展程度向好,促进联程运输基础客源的增长。同时,2012年至2016年,上海虹桥站为空铁联运旅客做好应急处置服务达967批次,合计2 159人次。自2016年开始,上海铁路局在动车组列车上正式试行收益管理客票销售策略,售前实行票额精确预分和模糊预分,售中突出售票过程监控和调整,售后强化结果分析和售票策略完善,取得显著的经济效益。2016年动车组列车客运收入467.7亿元,占全年客收的76.8%。

(三)首创中国高铁运营体系管理模式

上海铁路局探索了一套符合中国国情的高铁运营管理模式,以市场为导向、以旅客为中心,优化系统资源要素,构建高度集成、信息流畅、指挥有力、应对有序、面向市场的营销系统,建立各系统、各专业融合,条块结合、系统集成的运营组织系统。构建高铁运营数据集成共享平台,得到了铁路总公司的肯定,例如管理模式、应急处置预案、高铁设备监测、应急指挥协同平台、高铁服务技术与标准等方面都得到全路推广，其他铁路局经常到上海局组织学习、参观、考察、借鉴，具有广泛的推广示范效应。

（本成果获 2017 年国家企业管理现代化创新成果二等奖。成果创造人：唐强、卢万胜、陈勇、李青松、向岚、曹仕权、杨励民、何会兵、李宏、曲思源、尹春峰、陆志华。）

高铁站与地方政府联动的智行服务升级管理

中国铁路上海局集团有限公司金华车务段(以下简称金华车务段)是隶属于中国铁路上海局集团有限公司的基层运营单位,主要担负浙江省绍兴、金华、衢州、丽水等四市及周边地市的旅客运输任务,以及沪昆线、金温货线、金千线等区段的列车解编任务。

一、成果实施的背景

(一)提升高铁服务能力,更好地满足旅客个性化需求的需要

随着高铁开通运营,高铁的知名度、影响力不断扩大。铁路总公司围绕提供优质的旅客服务、满足旅客出行个性化需求和提高高铁知名度三大特色,提出了长三角地区打造高铁服务品牌战略,对保障重点旅客服务,大力推广个性化服务、差异化服务、定制化服务提出具体要求。结合金华车务段自身实际,2016 年以来客运持续上量,管内所在地区高铁旅客的出行需求日益增长,个性化、多元化需求愈来愈多。管内金华、义乌等一等客运站,在现场服务工作,特别是节假日客流高峰期以及遇到列车大面积停运、晚点等情况时,问询旅客、需要重点服务旅客的增多,车站服务台问询、客运人员应急服务的工作量加大,往往会出现服务工作跟不上、不够及时甚至滞后的情况,影响了旅客出行体验。为此,金华车务段重点关注旅客个性化需

求，创新提出了改进服务工作思路，即在金华站试点，通过打造“互联网＋”模式，积极引导旅客网上查询车站候车信息，网上预约重点旅客及商务座旅客服务，确保车站服务工作的及时、精准、到位。当时铁路12306在许多旅客心中仍是购票软件，存在用量大、登录难等问题，而且没有具体到一个车站的站台、地标等候车信息的查询，在金华的普及率不高。金华车务段、金华站想到金华市有一块“金字招牌”——8890便民服务中心，有急事打110，有难事打8890，在金华8890“拨拨就灵”家喻户晓，8890平台自2013年开通以来，已为广大群众解决了316万多件实事，成为名副其实的百姓“生活服务淘宝店、公共服务大超市”。金华车务段积极与市政府对接联系、配合协作，充分利用8890“金字招牌”，依托8890平台创建高铁智行平台，既丰富8890便民利民新内涵，又提升铁路部门服务能力，满足旅客个性化、多元化的需求，带给旅客更加美好的出行体验。

（二）立足高标定位、共享共赢，促进金华车务段转型发展和区域经济发展的需要

金华车务段地处长三角经济发达地区，区域优势明显，随着高铁的全面开通运营，国家战略“四纵四横”快速客运通道沪昆高铁横穿腹地，与沪昆、金温、金千铁路组成了沟通南北、通江达海的现代铁路网络，金华车务段在浙中、浙西南区域客运枢纽中心地位更加凸显。2014年12月10日杭长高铁正式开通运营，金华车务段迈入高铁时代，2015年12月26日金温铁路相继开通运营，金华车务段高速铁路里程占到全上海局1/8，管内各客运站的硬件实力得到迅速改善，客发量持续增长，金华车务段迎来了前所未有的发展机遇。为抓住机遇，金华车务段提出了立足浙中、浙西南区域客运枢纽中心定位，努力打造高铁大段、高铁强段的核心战略目标。要实现这一目标，必须

认清金华车务段客运站客运软件与硬件的现实差距，正视服务水平还远不能适应高铁发展需求的现实，主动适应高铁发展，立足自身实际，促进金华车务段转型发展。上海局提出的以服务旅客、提高效率、提升效益为目标打造“智慧客运”的工作思路，也为金华车务段转型发展、可持续发展提供了科学依据和行动指南。高铁开通运营后，金华车务段领导清醒地认识到，冲破传统服务的藩篱，由传统的客运服务向智慧客运转型升级已是大势所趋。而8890高铁智行平台就是打造“智慧客运”，实现“互联网＋高铁服务”的供给侧服务，促进金华车务段服务质量、经营效益的全面提升的重要组成部分。同时，金华车务段位于浙江省中部素有“浙江之心”美誉的金华市，金华市在2012年中国大陆最佳商业城市排行榜上位居全国第33位，是国家级历史文化名城、中国十佳宜居城市之一。金华站作为金华市窗口、城市名片，地方与铁路的密切合作、良好联动，共同搭好共享经济平台，可充分实现资源共享、经济共享，更好地服务于一方百姓，进一步推动区域经济发展。

（三）促进服务管理升级，实现铁路服务线上线下互动的需要

对标民航等交通运输服务，铁路还存在市场竞争意识不强、服务理念欠缺、服务方式单一、服务水平不高等问题，特别是线上线下互动方面还有很大的提升空间。12306的运行主要解决了网上购票服务问题，而单从为个性化、差异化需求旅客服务方面，许多铁路车站线上线下很少互动甚至基本零互动，因此也大大增加了线下服务工作量大，服务工作中各个环节不能充分有效衔接。进入高铁时代、“互联网＋”时代，迫切需要铁路创新服务形式，丰富服务内容，搭好线上服务平台，推进线上线下互动，实现服务管理的全面升级。通过搭建好线上平

台，旅客可以自主查询具体车站的候车站台地标位置、找到遗失物品、提前进行一对一旅客服务预约，线下就会减少接待旅客临时问询的工作量，便于车站提前安排工作人员，为有个性化需求的旅客提供高效便捷服务。通过铁路服务线上线下互动，实现服务工作的无缝对接，促进铁路服务管理工作的全面升级。

二、成果的内涵与主要做法

金华车务段设计总体方案和实施步骤，坚持问题导向，积极联动地方政府，制定、实施联动工作方案，共享地方政府 8890 公共服务资源，创建 8890 高铁智行服务平台，建设由十二大服务版块支撑的高铁智行平台体系，创建信息发布维护流程，建立投诉建议处理流程；推出特色线上服务，升级铁路线下服务管理，全面升级铁路线上线下服务管理；全媒体传播 8890 高铁智行平台，建立铁路服务线上线下综合服务保障机制满足了旅客个性化需求，推动了区域经济的发展，促进了经营效益的持续提升，金华车务段以高铁大段形象在浙中、浙西南客运枢纽中心地位更加突显。主要做法如下。

（一）确立总体设计和实施步骤

1. 坚持问题导向

2016 年底，金华站在现场营销调研中发现，客运服务工作仍然存在不少问题和需要改进的地方，特别是对个性化需求旅客由于信息不畅通、服务力量不足往往造成现场服务不够细致周到。面对乘客突如其来的求助，金华站工作人员尽力做到急旅客所急、想旅客所想，但有时也会因为突发大客流、高铁大面积晚点、人员安排等问题而无法面面俱到。由于铁路 12306 在许多旅客心中仍只是购票软件，存在用量大、登录难等问题，而且没有具体到一个车站的站台、地标等候车信息的查询。因此，金华站立足实际提出设立一个金华老百姓需要的、具有本土特色的 APP 服务软件的设想，该 APP 服务软件既能接受旅客预约服务，又能为旅客出行提供更多信息咨询，为地方百姓出行提供更为高效便捷服务。

2. 积极联动地方政府

金华车务段领导看到金华站关于设立属于金华人自己的铁路 APP 的设想报告后，十分赞成，立即召集段办公室、营销科有关人员认真做好可行性分析，形成书面报告向金华市政府做专题汇报。该建议报告得到金华市政府的积极回应，市政府认为，建立该 APP 有助于打造浙中铁路中心枢纽品牌，更有利于地方区域性经济的发展。时任金华市市长十分支持这项工作，于 2016 年 12 月作出重要批示，落实由金华市政府牵头，由“市长热线”之称的 8890 便民服务中心落实和金华车务段共同打造高铁智行平台，联合开展铁路线上服务，更好地服务于广大旅客。

3. 制定、实施联动工作方案

第一，确定工作目标。金华站是未来全国 100 个大型综合交通枢纽之一，金华 8890 平台则是金华市民生“信息枢纽”，强强联合，建立 8890 高铁智行服务平台。该平台利用“互联网＋”模式，结合“高铁＋8890 平台”扩散资源，成为金华市高铁服务交互枢纽，让金华市民出行更加智能化、智慧化和便捷化，成为金华市民出行必不可少的宝典。

第二，做好工作安排。一是达成合作意向。2017 年，初金华车务段与 8890 便民服务中心达成协议，共同组建 8890 创新团队，共同打造高铁智行 APP。二是形成工作机制。双方团队人员每周举行一次会谈，总结上周工作完成情况，安排下周工作任务。三是设置优化平台模块。APP 按照实用性、便捷性、超前性的原则，拟设置热点、便捷两大功能区，下设每日温馨提示、列车正晚点、重点旅客预约、商务座旅客预约、遗失物品查询、余票查询、车站全景地图、找站台找地标、吃住行、留言板、旅游攻略、出行须知等 12 个基本服务版块，逐一做好版块的设置优化。四是大力推广使用。计划 APP 于 2017 年 5 月开始上线试运行，通过多种形式做好宣传推广，并待系统运行成熟后，会同地方政府适时举办大型推广发布会。

第三，引入资金支持。市政府大力给予资金支持。由 8890 便民平台作为项目提出资金申请，经市政府批准投资 80 万元，建立高铁智行模块。之后在不断改进中提出引入目前相对先进的 360 度全景环视地图技术，让使用者可以通过拖拽地图从不同角度浏览真实物体的效果，单单此项费用就需 60 余万元。8890 便民平台随即向金华市领导提出申请，市领导做出重要批示“只要能真正方便旅客查找的都支持”。此外该平台每年的后期维护费用也将近百万，这些费用均由市政承担支出。

4. 共享 8890 公共服务资源

第一，通过 APP 数据抓取，充分了解旅客服务需求，为旅客提供一对一服务。一是对重点旅客及高端商务座旅客的一对一服务，精准做到有要求有服务，无要求不打扰。二是对遗失物品的旅客，一对一的完成遗失物品查找工作。

第二，充分利用 8890 志愿者资源，弥补繁忙时段人员不足的现状，既实现减员增效目标，又为旅客提供一对一精准服务。通过 APP 提交每日所需的志愿者及志愿者医生，有效利用志愿者资源，通过建立长效的志愿者服务机制，增强志愿者服务技能，使用较熟悉铁路服务的志愿者，提高服务水准。每日志愿者医生的蹲点，也为旅客出行增加有效的医护保障。

第三，紧密围绕购物、订餐、旅游、住宿等旅客出行全过程环节，利用对外客服平台和信息网络技术，全面创新服务方式手段，推出服务新举措，充分考虑旅客喜好促进传统服务方式升级提质。

(二)创建8890高铁智行服务平台

1. 确定基本思路

依托8890便民中心这一政府平台重点关注民生问题，市政出资打造8890高铁智行子平台。从重点旅客预约难问题为突破口逐步扩大，推出多项便民服务措施，从而推广高铁，打造高铁品牌，方便旅客。

2. 建设智行服务平台

金华站组织人员围绕客运日常服务中旅客问询频次高、需重点解决的问题，认真做好梳理分析、分类统计，结合服务工作实际，提出平台建设方案。几经修改、完善，形成由每日温馨提示、列车正晚点、重点旅客预约、商务座旅客预约、遗失物品查询、余票查询、车站全景地图、找站台找地标、吃住行、留言板、旅游攻略、出行须知等十二大服务版块支撑的高铁智行平台体系。旅客安装该平台APP后，如点击“每日温馨提示”可查看需要重点提醒旅客的内容(如接受二次安检、常旅客会员服务等提示)等等；操作重点旅客预约、商务座旅客预约可实现一对一服务预约；点击找站台找地标可以引导旅客有序乘车。总之，可根据旅客自身需求实现自主查询、预约服务。

3. 落实平台维护

为适应8890高铁智行服平台建设需要，从金华市政府、8890服务平台、金华车务段各个方面，对服务资源进行集成整合，强化后台运维操作管理，畅通线上线下互动渠道。

第一，创建信息发布维护流程。金华市政府层面由8890

便民服务中心发布、维护不同的信息公告。对“吃住行”“旅游攻略”等版块信息统一收集、统一维护、统一发布,提高运维效率。对于“列车正晚点”“余票查询”等信息则是全面整合“12306”客服内部信息系统,搭建覆盖所有客运车站、列车的运营信息集成共享平台。以此为载体,自动链接,数据自动转换。方便旅客实时查询,确保信息传递的即时性和准确性。其余版块则由金华车务段指定部门专人发布,维护不同的信息公告。

第二,建立服务需求受理流程。针对客服平台设置的重点旅客预约、失物招领等需求类服务版块,逐项落实责任岗位、责任人,细化制定配套的受理响应流程,明确办理的时间节点和质量标准。旅客通过智行平台提出的各类服务需求,自动流转和提示责任岗位包括一线生产班组能够第一时间获取信息,按照规定流程及时办理,并及时录入系统。金华站同步对相关需求受理情况进行跟踪监控,加强过程管理,提高线下服务质量,确保旅客的服务需求快速高效办理。

第三,建立投诉建议处理流程。对智行平台留言板上收集的投诉建议,相关岗位及时办理和答复旅客,确保旅客反映问题件件有落实、事事有回应。为了更加全面地了解旅客意见,金华站还建立旅客服务回访机制,定期对留言旅客进行回访。

(三)全面升级铁路线上线下服务管理

1. 推出特色线上服务

结合金华站实际,通过创建高铁智行平台,推出线上服务新举措,创新服务形式,赋予服务新内涵。

第一,建立每日温馨提示服务。在“每日温馨提示”版块中设置“公告栏”,对需要重点提醒旅客的内容(比如接受二次安检、常旅客会员服务等提示)进行重点提醒,为旅客的出行提供便利。旅客通过平台适时掌握车站各类公告信息、列车出行注意事项，让出行变得更加顺畅。金华站营销员负责收集每日重点提示信息，内容包括：每日增开列车信息（包括列车时刻表）、每日停运列车信息、上车人员较多列车（上车人数超 300 人）、互联网未取票人数信息。8890 高铁智行平台管理领导小组成员每日对上述内容进行浏览，确认信息准确无误。

第二，实行“一对一”重点旅客及商务座旅客的预约服务。为重点旅客、高端客户提供“点对点、一对一”的服务，增加志愿者力量有效缓解高峰时段人员不足的问题。建立流程：在发车前或到站前 4 小时以上将身份信息、车次及所需要的帮助录入 APP。金华站服务台客运员每日定时从系统中接收信息并做好登记，如有疑问及时与旅客做好沟通。对预约成功的旅客，由二楼服务台客运员在发车前 1 小时，与预约旅客取得电话联系，确认服务时间及地点。一楼服务台客运员负责安排 8890 志愿者完成人员接洽、上车服务。定期统计重点旅客服务人数，对服务过程中产生的问题及时提出建议和修改方案。

第三，实行“一对一”完成遗失物品的查找服务。旅客查找遗失物品更加方便、快捷。建立流程：旅客或工作人员拾得旅客遗失物品、车上移交的物品需上交二楼服务台客运员，由服务台统一登记、保管；旅客提供遗失物品品名、件数、特征、遗失时间、地点等信息，由二楼服务台客运员自行录入 APP；服务台客运员负责将遗失物品（身份证、银行卡除外）的图片、遗失时间、地点等信息录入 APP；旅客来认领时，由一楼或二楼服务台接待，根据旅客提供遗失物品品名、件数、特征、遗失时间、地点等信息及本人身份信息后领取，由二楼服务台办理交接登记销号。

第四，全方位展示车站全景地图信息。通过车站全景地图，共享资源，提供车站基础数据，使旅客可以方便地找到金华高铁站任何便民设施。比如随着二胎政策的开放，旅客对哺乳室需求迫切，在金华站的全景地图中就可以快速地找到哺乳室在候车室的位置。还有旅客询问比较多的充电处、站内自售机、站外停车场等所有站内外设施，都能在地图上一一呈现，方便旅客查找。在APP中还可以查询到当日车次所停靠的站台、地标信息等，即便市民坐在家里也能轻松查询车站实时信息及列车客流、加开、停运、晚点等信息，足不出户便能做好出行安排，真正做到方便旅客出行。

第五，提供吃、住、行导航。交通换乘、住宿、购物虽然不是铁路客运的一部分，但也是旅客出行中的重要环节。依托8890资源整合，提供社会延伸服务，便于旅客了解周边吃住行等信息，合理掌握出行时机，吸引旅游客流，更好地带动地方经济的发展。

商业指南：外地旅客初来金华，对金华只能是局部了解，无法准确快速找到自己感兴趣的吃住。现在，通过信息平台的吃住行栏目，旅客可查询到金华美食和住宿，点击某一品牌（如金华火腿），就会提示人均消费额，以及网民对其口味、环境以及服务三项指标的评分，为旅客消费提供参考。帮助旅客快速找到感兴趣的商户。

周边交通指南：旅客如需查询交通换乘信息，只能通过向工作人员问询或百度等方式获知。现在，旅客只需在平台中点击车站交通，平台就能提供公交、出租车等站区周边公共交通指南，还可实现以直接链接打车。

旅游攻略：对金华周边的旅游景点在平台上进行罗列，方便外地游客查找，同时通过平台宣传金华，打响金华旅游品牌。

第六，信息沟通更加畅通。建立与旅客有效的沟通渠道，定期收集旅客对车站的意见建议，最大限度的满足旅客出行需求。开通留言板，定期收集旅客对车站的意见建议，减少中间环节。联通公交、宾馆、餐饮、旅游等各部门的信息数据，初步形成“互联网＋高铁服务”的供给侧服务机制，最大限度地满足旅客出行需求。

2. 提升铁路线下服务管理

线上服务的引入，需要线下服务做保障，线上服务的开展，也倒逼线下服务不断改进，实现线上线下良好互动、无缝对接，促进服务全面升级。为更好地配合线上服务，金华站在原有候车室内“知音服务台”的基础上专门在进站口区域实名制验证和安检口外设置了“8890 雷锋服务台”，对接线上服务。

一是提供旅客咨询以及在线上预约过的重点和商务座旅客的进站服务。线上预约过的重点旅客一到进站口就可以到“8890 雷锋服务台”出示预约信息，专门等候的志愿者会在实名制验证完车票后直接坐直达电梯送重点旅客进入候车室，有专门的候车区域以及进站通道直接到站台送上车。

二是方便遗失物品查找。线上公布的遗失物品，旅客来寻找时无需进站，直接在“8890 雷锋服务台”就可以完成遗失物品的交接，方便、快捷。

三是方便志愿者的联系。志愿者参加金华站的志愿活动，“8890 雷锋服务站”是对外主要联络站，负责接待志愿者以及合理安排志愿者到各个岗位。

四是加强车票导购工作。每天安排两名志愿者，参与车票导购工作，引导、帮助旅客自助购票，增强旅客自主购票意识和能力，提高金华站自助售票率，避免售票高峰人工售票窗口旅客排长队现象，大大减少人工售票容易引发的旅客投诉。

（四）全媒体传播高铁智行平台

2017 年 5 月 14 日，8890 高铁智行平台开始上线试运行，铁路车站和地方政府通过多种形式广泛传播服务平台。

1. 依托 8890 公共服务平台传播

8890 公共服务平台在金华本身就是一块“金字招牌”，早已家喻户晓。平台试运行后，充分利用 8890“金字招牌”，依托 8890 平台原有广大用户群，通过醒目的提示，通过 8890 公共服务平台广泛传播，促进 8890 公共服务平台和 8890 高铁智行平台点击率不断刷新。

2. 铁路车站自行传播

金华站通过平台运作细化规范高铁服务标准，并推出 8890 线上 APP 和线下高铁雷锋服务站，立足自身打造特色高铁服务品牌。8890 高铁智行平台上线之初，金华站通过在高铁雷锋服务台摆放宣传册，组织青年团员在站前广场发放宣传资料、进社区开展“让 8890 走进百姓”多种形式，向广大旅客、社区百姓宣传高铁智行平台，现场帮助下载、安装 APP，大力抓好铁路车站层面的宣传推广。高铁班组职工还每日关注重点旅客，及时宣传 APP 重点旅客预约服务，并通过旅客口口相传，让重点旅客切实感受到平台的实用方便。

3. 现场发布会传播

2017 年 12 月 1 日，金华市政府在市政大楼举行隆重的金华 8890 高铁智行服务平台现场发布会。金华市市委领导到场并讲话说：“铁路金华站作为未来全国 100 个大型综合交通枢纽之一，金华 8890 平台则是我市民生‘信息枢纽’。8890 高铁智行服务利用‘互联网＋’模式，结合‘高铁＋8890 平台’扩散资源，成为我市高铁服务交互枢纽，让金华市民出行更加便捷化、智能化和智慧化。”现场发布会上，8890 便民中心工作人员对 8890 的总体情况做简单介绍，金华站工作人员就“高铁智行”版块的具体功能在发布会上作详细介绍。发布会现场，金华电视台、金华市政府网、浙江在线、金华日报等数十家媒体对发布会进行全程报道，并对团队主创人员进行重点采访。金华日报以大篇幅向市民介绍推广 8890 高铁智行 APP，让更多的市民了解高铁智行平台，走进高铁智行平台。

（五）建立铁路服务线上线下综合服务保障机制

1. 建立完善的沟通协调机制

8890 便民服务中心和车站组建的 8890 高铁创新服务团队，每周一次定期组织座谈，就现场出现的问题进行分析，增强后台服务器稳定性，更新信息发布机制、功能扩展，听取用户意见，不断改进。

2. 建立完善的志愿者保障机制

第一，确定志愿者条件。最开始采用盲选志愿者方式，发现志愿者年龄结构老化，文化程度差异大，解决旅客问题时常常心有余而力不足。为此，金华车务段确立对志愿者熟悉客运工作流程、到岗即可上岗的条件要求，在繁忙时段真正能够起到对金华站服务力量的补充和保证。

第二，建立长效合作机制。由 8890 便民服务中心牵头，金华车务段和浙江师范大学关于志愿者问题建立长效的合作机制，从大学生中招募志愿者，长期服务于车站。大学生志愿者有服务于社会的热忱，能够熟悉车站业务，有较好的沟通能力，在碰到外宾时也能轻松应对。

第三，开展专业化培训。为了给旅客提供更专业的服务，金华车务段指派专人定期前往浙江师范大学开展铁路客运业务知识培训，运用 PPT 和情景模拟多种形式，生动地为大学生讲解业务知识，能让大学生在最短的时间内掌握业务知识，实现到岗即可上岗。

第四，建立志愿者工作规范要求。车站在日常工作中，保证工作日每天2名大学生志愿者,1名医生志愿者(从各三甲以上医院招募);周末及节假日期间,增加至4名大学生志愿者,1名医生志愿者。并制定工作时间和着装要求,与原单位(学校)建立志愿者长效考评机制。

第五,志愿者做好旅客自助购票宣传引导。志愿者到站为重点旅客提供服务的同时,也积极投身车站的其他工作中,志愿者对金华站自助售票宣传引导工作颇有成效。原售票大厅人工窗口排队较长,志愿者在维持窗口秩序的同时,引导并教授旅客使用自助售票机。截至2018年6月底金华站自助售票张数达到182.04万张,相比去年同期增长10.8%,并连续3个月获得上海局集团公司自助售票竞赛第一名的好成绩。

3. 建立完善的站前管理综合保障机制

站前广场是铁路车站与城市交通的结合部,是联系铁路与城市交通的纽带,是客流、车流和行包流的集散点,车流、人流、物流高度集中,结合部多,管理难度大。同时作为城市形象的窗口,地方政府对站前广场管理高度重视、大力支持,由金华市政府牵头公安、行政执法、工商、环卫、绿化、公交等多个政府职能部门,会同金华车务段、金华站在站前广场联合办公,通过8890平台,共享信息,共同管理,共同整治,形成较为完善的站前管理综合保机制。主要工作有:一是严厉打击非法营运、黑车出租、乱喊拉客、车辆乱停乱放等系列问题。二是加大日常巡查频率和执法力度,为过往旅客提供指路、扶老携幼、饮水、急救药品等便民服务。三是制定并细化完善恶劣天气、延误晚点客流车流激增等各类应急预案,随时做好启动应急预案准备。四是做好站前广场周围环境卫生、绿化、禁烟等工作。

4. 建立完善的服务设施改进机制

高铁开通运营以来,金华车务段加强与地方政府密切配合、良好互动。地方政府对铁路建设发展进一步关注关心，推动铁路建设发展的积极性高涨。2017 年春运结束后，金华站南站房实施站改施工，普速列车全部停运，高铁客流压力陡增。金华地方政府得知情况后，高度重视，出资 45 万元，用于金华站北站房(高铁站房)外的雨棚以及站前广场上的等候棚搭建，为做好客流高峰期旅客候乘组织创造有利条件。出资 160 万元，为金华、金华南等站添置了双源双视角安检设备 5 台，用于车站安检查危工作的补强。

三、成果实施的效果

(一)为区域旅客提供了个性化、高品质服务

地方政府与铁路联动的高铁智行服务管理升级，是金华车务段、金华站推进“强基达标、提质增效、优质服务”常态化、打通服务旅客“最后一公里”的重要举措，是金华车务段步入信息化时代，自觉践行“开放、分享、共创”的互联网理念的良好诠释，是金华车务段适应高铁发展形势，推进转型发展和服务管理升级要求，为重点旅客、高端客户提供“点对点、一对一”的服务，打造个性化、差异化高铁服务品牌的创新做法。智行平台的启用，盘活了铁路的信息资源，与旅客建立了“双向交流”“双向互动”的新型服务关系，较好地解决了车站原有的服务模式存在的服务不够及时、相对滞后等问题和不足。据统计，通过 8890 高铁智行服务平台每天预约服务旅客达 19 人，截至 2018 年 6 月底，平台共受理旅客问询 7.2 万人次，共归还旅客遗失物品价值 5 000 多万元，为重点旅客免费搬运行李 4 100 多件，8890 高铁智行平台成为对外服务新窗口、新品牌。通过信息平台，旅客获取铁路资讯变得简单便捷，旅客与车站管理部门的互动交流也更为顺畅，旅客出行的满意度指数也随之提高。

2017年金华站共收到旅客表扬信177封、锦旗23面，与2016年比增加表扬信100封、锦旗12面。

（二）取得明显经济效益和发展成效

8890高铁智行服务平台，让更多旅客享受到了高铁方便、快捷、优质的服务，市民选择高铁出行意愿增强。2017年金华站高铁旅客发送462.7万人，同比增长9.4%，高铁收入6.23亿元，同比增长8%。通过高铁智行平台合作，金华市政府除了无偿提供平台创建费用140万元外，又先后提供资金205万元，用于金华站服务设施改进完善。通过高铁智行平台，建立了完善的志愿者保障机制，每天有志愿者无偿为车站提供服务，特别是在积极引导指导旅客自助购票上发挥了重大作用，金华站自购率2017年较2016年增长了7.9%，大大降低了售票人力成本，提高了劳动效率。高铁智行平台的运作，加强了铁路与市政部门对接、联系，市政部门根据客流情况及时优化公共交通开行方案，提高公共基础设备设施利用率，减少污染，共建绿色金华。铁路服务线上线下互动促进了金华站站前管理综合保障工作的不断加强，有效应对了春运、小长假、暑运等客流高峰和列车大面积晚点等非正常情况下出站口突发大客流，快速疏导旅客，避免拥堵。通过高铁智行服务平台，实现公共服务资源共享，提供社会延伸服务，金华站为旅客提供更便捷、更优质、更人性化的服务，树立了良好的城市窗口形象，对宣传金华、推进区域经济发展起到了积极的作用。

（三）路内首创与地方政府联动的高铁智行平台管理模式

8890高铁智行服务平台，借助地方公共服务、市场和社会资源优势，争取地方政府资金、团队支持，通过“线下＋线上”双线结合，“铁路网＋互联网”双网融合，实现铁路服务更加智能化、便捷化。并借助志愿者力量，在原有职工储备的情况下，减员增效，为旅客提供优质服务，打造全路首个与地方政府联动的高铁智行平台，得到各级领导的关注和肯定。2018 年 2 月和 3 月，中国铁路上海局集团公司领导多次到金华车务段金华站检查指导春运工作，现场体验金华 8890 高铁智行服务平台系统，对平台开发创新给予充分肯定。2018 年 7 月金华市市委领导到金华车务段金华站检查调研，亲自下载、体验高铁智行平台 APP，并对参与 8890 高铁智行服务平台线下服务的志愿者表示亲切慰问。

（本成果获第二十五届全国企业管理现代化创新成果二等奖。成果创造人：蒋辉、陈章儿、夏文辉、李达云、蒋远、陆志华、张麒、马晓岚、董爽、马俊红、王平星。）

高铁"三个出行"旅客满意度测评体系构建与实施

近年来,以落实"安全出行、方便出行、温馨出行"为工作目标,以高铁旅客服务满意度分析与改进为主要内容,通过借鉴国际通用的顾客满意度模型,建立以"三个出行"为主要内容的高铁服务满意度的测评体系,比较高铁服务过程中的优势和劣势,采取针对性方法和措施,改进高铁旅客运输的服务"短板",进一步提升旅客对高铁服务的满意度,增强企业高铁服务品牌影响力和市场竞争力。

一、成果实施的背景

(一)适应经济社会发展和人民群众高品质出行需求的现实需要

2014 年初,铁路总公司年度工作会议上,把新形势下实现对旅客"三个出行"的承诺作为重要的工作要求,以"三个出行"为目标,切实深化客运改革,落实各项措施,最大限度占领客运市场。2014 年春运,铁路总公司提出"三个出行"的目标,围绕旅客出行的各个环节,细化落实安全、方便、温馨等方面的措施,实现铁路春运服务质量跨上新台阶。春运后,要围绕"三个出行"常态化,深化客运改革,包括优化客车开行方案,完善售票组织方式,强化站车基本服务功能,改善服务环境,提升服务质量,使旅客出行更加安全、更加方便、更加温馨。实现"三个出行”目标，不仅仅是春运目标和教育实践活动的一项整改措施，更重要的是新形势下铁路适应经济社会发展、服务人民群众的具体体现，是铁路实现自身发展的内在要求，是人民群众对铁路的殷切期盼。上海铁路局是“客运大局”“高铁大局”，多年来，坚持开展了第三方顾客满意度调查，在旅客满意度调查中，突出高铁“三个出行”服务满意度分析与改进，是以市场为导向，通过旅客对高铁运输方式、服务手段的感受，全面、系统地分析寻找高铁服务的“短板”和差距，不断优化客运服务流程和客运组织工作标准，实现“三个出行”规范化、制度化、常态化，巩固扩大客运组织改革成果，适应新形势社会和人民群众的需求。

（二）增强产品竞争力、做大客运市场和最大限度占领客运市场的迫切要求

铁路总公司提出：要以“三个出行”为目标，深化客运改革，落实各项措施，最大限度占领客运市场。上海铁路局地处华东地区，经济持续平稳较快发展，“三省一市”提出要共同打造长三角经济“升级版”和世界级城市群，区域内客运输需求旺盛。尽管我国经济增速有所放缓，每年的GDP增幅仍然保持在7.5%左右，2013年上海铁路局所在的“三省一市”达到了9%，区域内客发总量达到57.5亿人，铁路目前所占的份额还不高，占比仅为5.1%，市场开拓的空间巨大。方便快捷是吸引旅客选择铁路出行的关键因素，上海铁路局管内快速铁路网的形成，压缩了旅客出行的时间成本，高铁客运产品是上海铁路局核心竞争力，高铁形成的长三角“同城效应”、以小时为单位的快速交通圈，越来越得到社会和公众的认可。近年来上海铁路局客发一直保持快速增长态势，做大客运市场完全具备空间和条件，开展高铁“三个出行”服务满意度分析与改进活动，通过

改进服务满意度调查模型，以市场为导向，设计高铁服务满意度指标体系，对比多种客运方式优劣势调查，寻找高铁客运与竞争对手的差距，以“三个出行”常态化为目标，转变客运市场经营理念、经营方式，探索新形势下高铁客运服务经营模式，抓住地区客运市场需求旺盛契机，开拓客运市场，抢占客运市场，赢得客运市场。

（三）提升客运服务质量、打造高铁服务品牌和实现企业可持续发展的必然要求

近年来，随着京沪、宁杭、杭甬高铁等新线开通运营后，上海铁路局高铁客运呈迅猛发展态势，客发一直保持快速增长态势，旅客发送总量不断创新历史新高，持续位居全路第一。社会对动车、高铁客运服务认同度较高，先进的动车、高铁列车给旅客留下了深刻的印象，不仅为旅客提供了舒适的乘车环境，而且大大方便了旅客出行。特别是在长三角地区，旅客来往于沪杭、沪宁等城市的便捷程度已经接近于在城市内出行，铁路的发展为长三角同城效应的实现提供了坚实的保障和支撑。同时，高铁列车服务质量“软件”存在差距，如动车组卫生状况满意度中厕所、盥洗室、洗漱用水供应、广播满意度在同类型列车服务质量中排名最低和次最低，车站服务人员技能欠佳、操作不规范、意识不强、无微笑服务等情况仍较常见。特别是在售票窗口，旅客对服务人员不耐烦、态度不好反映较多；有些车站引导标识设置不合理，旅客投诉电话公布不醒目；高铁服务质量满意度测评体系，没有恰当反映高铁客运服务质量的期望和要求，如旅客需求的和期望的内容未体现，高铁客运售票、乘降等服务方式以及投诉处理的指标未体现，动车服务硬件设施与服务质量“软件”指标没有区别开来；还有测评指标冗余，模型与指标不匹配，服务质量主体指标不突出等。通过高铁“三

个出行”旅客满意度分析，深入研究旅客出行需求和乘车习惯，针对不同线路、不同城市、不同旅客群体，动态优化开车方案，使运行图真正成为市场图、效益图。不断改进售票组织，优化客运高峰时段常态化措施，抓住市场需求旺盛契机，切实提高站车服务质量，准确上海局客运大局、高铁大局的定位，坚持以市场为导向，以经济效益为中心，把“安全出行、方便出行、温馨出行”作为长期目标，根据旅客出行习惯和服务需求，不断打造高铁站车服务系列品牌，发挥高铁服务品牌引领作用，通过推进品牌服务、特色服务，上海铁路局客运由保证基本服务向更高品质服务提升，为旅客营造温馨舒适的服务环境。

二、成果的内涵和主要做法

高铁“三个出行”旅客满意度测评体系构建与实施就是通过建立符合国家标准的高铁“三个出行”旅客满意度测评模型，确定高铁“三个出行”旅客满意度测评抽样方案和数据收集方法，设计高铁“三个出行”旅客满意度调查问卷，建立测评数据分析工具，实施高铁旅客服务“短板”质量改进循环，建立高铁“三个出行”旅客服务标准化体系，提升高铁服务质量，打造高铁服务品牌。主要做法如下。

(一)建立符合国家标准的高铁“三个出行”旅客服务满意度测评模型

顾客满意测评方法众多，国内外研究表明结构方程模型方法是一种先进的测评方法，采用该方法能够实现对不可直接测量因素的测评，有效地反映组织所关注的各测评因素对顾客满意的影响程度；同时可在样本量较小的情况下实施测评，并保证测评结果的可靠性。

《顾客满意测评模型及方法指南》(GB/T 19038—2009，国家质量监督检验检疫总局、国家标准化管理委员会颁布)中明确了顾客满意测量的通用模型。

基于通用模型，结合上海铁路局多年客货运服务质量测评经验的实际情况，把铁路“三个出行”有融入高铁旅客满意度测评模型，确定2014年上海铁路局高铁“三个出行”旅客满意度测评分析框架(即测评体系模型)如下图所示。

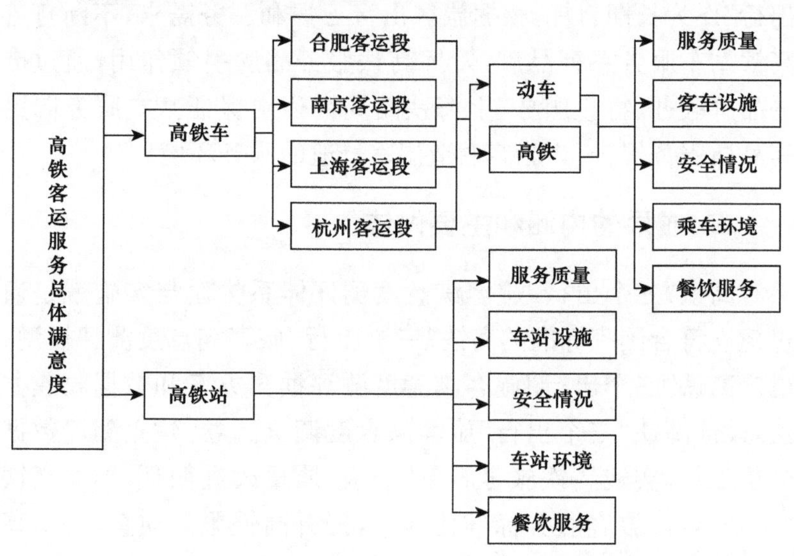

(二)确定高铁“三个出行”旅客满意度测评抽样方案和数据收集方法

2014年，上海铁路局高铁开行动车679.5对，高铁运输车站80个。设计一套完整的高铁服务满意度抽样方案包括以下四个步骤：一是定义目标总体，定义目标总体时应考虑个体、抽样单元、样本总体及时间因素(时间周期等)；二是建立样本框，确定记录或表明总体所包含抽样单元的特征；三是选择抽样方法，可根据测评目的、调查对象、抽样框完备情况、成本预算等因素，选择相应的抽样方法，如简单随机抽样、分层抽样、等距抽样、配额抽样等；四是确定样本量，确定样本量时应考虑总体的性质、调查结果精度、调查时间和费用等因素，可选择统计推断法、因子分析法及经验法等计算样本量，通过典型数据特征推断总体。

（三）设计高铁“三个出行”旅客满意度调查问卷

确定了数据收集方法后，应进行相应的问卷设计，一般问卷应包括以下几个部分：一是标题；二是问候语；三是甄别部分；四是顾客满意测评部分（包括问卷问题和测量表）；五是人口统计信息部分；六是结束语。调查问卷遵循的原则是：测评指标是旅客所关注、且能直接感受的和便于上海铁路局持续改进的；调查问卷需征得铁路局相关部门和单位的意见加建议；测评指标与调查问卷的内容应有相当的包容性；删除涉及上海铁路局内部管理及旅客难以辨别的测评指标；测评指标力争与上海铁路局高铁服务日常考核的内容相吻合。

（四）建立测评数据分析工具

1. 顾客测评价值的水平比较

2014 年测评中，从旅客对高铁列车的服务质量、安全情况和乘车环境的整体满意度各大类指标来看，旅客对服务质量评价较高，乘车环境方面的满意度与其他方面相比存在明显差距，这为下一步改进指明了方向。

2. 指标影响力的水平比较

采用因子分析方法计算得出上海铁路局旅客服务各具体指标的影响力。影响力越大，则该指标对总体满意度的影响就越大，改进该指标的质量对于带动总体满意度的提升更为有效。车站与售票处购买车票的方便程度影响最大，其次是到发列车的通告及晚点列车的预告与道歉。这为创新客运服务指明重点。

3. 旅客评价值的交叉比较

反映不同类型旅客的评价情况,为改进服务质量中的薄弱环节寻求更为针对性的方向。例如不同乘车等级的旅客、不同乘车目的的旅客等分类的交叉分析。旅游旅客对高铁服务质量的评价较高,对高铁服务中安全管理评价较低。

4. 优先改进的分析方法

某些指标的改进能够更有效地带动总体满意度的提升,所以说这些指标应该作为质量改进中优先考虑的内容。2014 年优先改进项目是列车免费饮用水和洗漱水提供,防火、防爆、危险品宣传与检查、车内环境卫生、乘车环境温度。这为改进服务提供了数据分析依据。

(五)实施高铁旅客服务“短板”质量改进循环

木桶理论中的“短板”是一种定性分析方法,如何确定“短板”需要应用专业定量技术。高铁“三个出行”旅客满意度测评通过建立科学测评模型,设计一套完备的抽样方案,应用定量化数据分析工具,形成一种完整的研究旅客满意的专门技术,以“三个出行”为目标,从旅客的角度测评、分析对高铁服务质量的感受,结合具体测量指标的评价结果和影响旅客满意结果的程度,对具体测量指标做进一步细化分析,科学、准确为各级管理部门找到服务质量改进的“短板”,并遵循一定的准则确定改进的先后次序,从中找到最需要优先改进的项目,通过应用优先改进分析结果,准确判断高铁客运服务优势和劣势项目,确定重点关注的优先改进项目,按照 PDCA 循环原则,即策划(Plan)、实施(Do)、检查(Check)、处置(Act)四个阶段、八个步骤,分析服务“短板”形成的原因,由路局和站段层面分别制定改进方针、目标和对策措施，认真组织实施，对实施效果开展跟踪评价，如纳入质量体系的审核和评审，或下一年度满意度测评中设定相应的调查指标等。通过高铁客运服务“短板”质量改进循环，建立高铁“三个出行”服务质量改进循环机制，不断创新高铁服务理念、方式和品牌，进一步优化互联网售票系统，完善办法，净化互联网购票环境，依托营销系统建立旅客列车运行图数据管理综合系统，做好预售期内能力安排的跟踪盯控，进一步优化智能票额预分方案，扩大推出空铁联动客运产品，实现“三个出行”规范化、制度化、常态化。

（六）建立高铁“三个出行”旅客服务标准化管理体系

高铁客运服务标准着力于关注顾客的实际需求，既包含符合性服务质量标准，又建立以旅客满意为目标的适用性服务质量标准，在实施《铁路旅客运输服务质量规范》的基础上，把“三个出行”的理念和要求融入高铁服务标准中去，把“安全出行、方便出行、温馨出行”方针、目标、措施有机转化为高铁服务标准、工作标准和管理标准，从管理层、操作层多个层面建立标准化管理体系，实现“三个出行”的常态化目标。通过满意度测评分析，找出高铁客运安全、服务质量、列车客站、设备设施、购物服务等方面的优先改进因素、次要改进优势、可影响因素和弱影响因素。如2014年高铁列车满意度测评中，针对高铁动车组优先分析改进，找到列车免费饮用水和洗漱水提供、车站防火、防爆、危险品宣传与检查、车站内环境卫生等优先改进因素，制定专业安全管理分析、检查、帮促、预警、评价督办制度，实施铁路旅客车票实名制管理办法，严格落实实名制，实现所有客车实名购票和所有客站100%实名验证。加强站台作业安全管理，重点抓好动车组上水、吸污、开车安全卡控。重点抓好动车组列车禁烟等防火工作。修订完善长大隧道、桥梁上旅客应急疏散预案。制定了以“三主三辅“为核心的高铁站车保洁服务管理体系，切实改进高铁站车保洁质量，创造美好乘车环境。围绕旅客进站、验票、候车、上车、乘车、下车、出站各个环节，规范高铁服务基本服务，制定铁路站车提示揭挂引导标志规范，采用图文并茂的形式规范揭示揭挂和引导标志的样式、大小、颜色、英文翻译等，为旅客提供流向清晰、易于辨识、整齐规范的旅行引导。适应国际化要求，组织编制中文和英、俄、日、韩文常用旅客服务用语对照手册，方便现场为外籍旅客提供服务。推行标准化菜谱，根据线路、季节、旅客成分等因素，组织开发不同口味、不同价位的盒饭，提高餐饮供应质量。

（七）实施互联网信息化的高铁旅客服务升级管理

创建 Wi-Fiwg 站区信息发布智能服务平台，为旅客提供多元化的售票服务、全方位的乘降服务、以“车站服务站”为中心的便民服务、便利化的延伸服务、与互联网接轨的综合娱乐服务以及主题鲜明的互动服务，实现铁路客运服务的升级，生动体现高铁车站“一切为了旅客满意”核心价值理念。

以信息化技术为基础，开展高铁客运服务质量分析，建立局域网旅客满意度信息化平台，研究互联网条件下铁路旅客满意度测评系统，发挥大数据在高铁服务质量中作用，在路局和站段层面同时运行测评指标、现场抽样、测评报告和质量分析技术，实现对旅客满意度测评综合分析的常态化、规范化和信息化。建立一套适应“三个出行”的高铁旅客服务与信息化融合系统，利用客服中心、车站服务台以及设置相应的旅客服务系统和设备设施，对高铁经营状况和绩效实施分析、评价，为旅客提供重点旅客服务、信息咨询服务、解决旅行困难等方面的服务，充分发挥旅服系统在客运生产组织流程优化和过程管理中的作用。建立客运管理信息逐级上报机制,形成团环管理,加强站与车、站与站、车与车之间的信息传递和配合,建立有效的信息平台和服务链条。发挥现场、网络、客服中心等信息触角作用,针对旅客提出的普遍性需求信息不断优化客运服务方式和内容。完善以12306客服中心为核心,覆盖客站、客运段的重点旅客和失物招领服务网络。站车无线交互系统增加客运服务功能,提供规章文电查询、信息报告发布、文电传达等功能,运用新媒体搭建客运信息服务平台,实现高铁站Wi-Fiwg全覆盖。

(八)推进高铁旅客服务一体化管理

高铁客运服务质量涉及多部门、多工种的工作质量,如动车服务质量是由列车服务人员、保洁人员、公安人员、车辆随车机械人员的工作质量集成,而这些工作人员所属不同的单位,管理要求和方法不尽相同,所表现的工作质量具有一定的差异性。旅客感受的高铁客运服务质量是一个整体,其满意度高低取决于高铁客运服务过程中的各种工作质量。显而易见,高铁服务过程中各类人员的工作质量对旅客满意度的是相互影响的,一种工作质量的好坏直接影响旅客对其他工作质量的评价。因此,必须推进以客运为主体的高铁客运服务一体化管理,实行列车长、列车值班员、车站客运值班员、售票值班员业务资格准入、竞争上岗机制。建立以高铁车站、客运段为主体的一体化沟通、协调、评价机制,在旅客满意度测评模型中,要设计以客运为主体的指标体系,设定服务质量、设施设备、服务环境、餐饮购物等项目的相互影响的权重,客观公正地反映旅客对高铁服务过程的满意程度,促进高铁客运服务质量的整体改进。

三、成果实施的效果

(一)全路首创了高铁“三个出行”旅客满意度测评体系

上海铁路局以落实“安全出行、方便出行、温馨出行”为工作目标,以高铁旅客服务满意度分析与改进为主要内容,通过借鉴国际通用的顾客满意度模型,在全路首先建立以“三个出行”为主要内容的高铁服务满意度的测评体系,通过识别高铁客运服务的各环节和旅客的服务需求,设计上海铁路局高铁服务满意度测评框架,在统计分析方面运用 SPSS 专业软件进行统计分析,针对旅客评价结果、影响力等方面的因素开展分析,为高铁“三个出行”服务改进提供支撑。

(二)高铁旅客服务满意度不断提升

2014 年满意度测评显示,上海铁路局总体客运服务满意度较往年又有提升,各项客运服务与往年相比都有不同程度的改善。2014 年上海铁路局高铁列车满意度达到了 83.87,同比上升了 0.37;旅客对高铁列车的安全与服务质量评价提升较为显著。高铁站旅客满意度达 75.85,比全局客站旅客满意度 74.84 高出 1.01。

(三)促进了企业经营效益持续高位增长

2014 年,上海铁路局旅客发送量大幅增长,全局旅客发送量完成 45 694 万人次,同比增长 16.7%,旅客发送量占全路的比重达 20.2%。在旅客发送量中,高铁发送 229 904 万人次,同比增长 11%。全局客运收入完成 532.5 亿元,同比增长 22.2%;其中高铁客运收入 231 亿元,动车客运收入 102 亿元。

(四)社会认可度明显提高

高铁“三个出行”旅客满意度测评体系构建与实施,把人民群众满意作为高铁服务工作的根本标准，更新服务理念，创新服务方式，建立持续提高高铁服务质量的长效机制，人民群众对高铁服务满意度进一步提高。2014 年上海铁路局高铁站杭州东站、上海—南京 G7133 次旅客列车、上海—北京南 D313/4 次旅客列车、杭州东—福州南 D3111/2 次旅客列车获 2014 年全路客货运输窗口用户满意单位。

（本成果获 2015 年铁道行业企业管理现代化创新成果一等奖。成果创造人：郭竹学、赵峻、陆火强、邬争光、杨励民、胡健、鲁熹禧、陆志华。）

城际高速铁路建设的一体化管理

2008年6月,沪宁城际铁路股份有限责任公司由铁道部、江苏省、上海市合资成立,股权比例为:上海铁路局42.5%,江苏交通控股42.5%,上海申铁15%,专门负责沪宁城际高铁的建设运营。上海铁路局行使产权和经营管理职能。铁道第四勘察设计院集团有限公司为总体设计单位。施工、监理单位通过公开招标确定。2008年7月1日,沪宁城际高铁开工建设。

一、成果实施的背景

(一)东部铁路率先实现现代化的需要

东部铁路率先实现现代化是东部地区发展对铁路运输的客观要求,也是铁路服务经济社会发展大局的内在需求。沪宁城际高铁设计全长300.209 km,设计时速350 km,它的建成是东部铁路现代化的重要标志。沪宁城际高铁未来与沪杭客专、宁杭城际贯通,在长三角地区将构建起现代化的快速客运网;与京沪、沪昆、沪汉蓉等高速铁路相衔接,大幅度拉近东部地区与中西部地区的时空距离,是长三角地区城际客运铁路规划线网的主骨架。它的建成将大大加快东部现代化铁路网建设步伐,必将对东部铁路现代化建设产生巨大的引领作用,对长三角地区经济一体化进程是有力的推动。

(二)创建城际高铁建设先进管理模式的需要

沪宁城际高速铁路并行既有沪宁铁路,起自上海站,终到南京站，设计全长 300.209 km，设计时速 350 km。全线采用无砟轨道，共有桥梁 164 座，总长 196.204 km；隧道 5 座，总长 3.426 km。其间共设 21 个车站。沪宁城际高铁总工期由原定的计划 4 年调整为 2 年，而且所有工程项目必须一次性、全功能、高可靠满足开通运营要求。这是一场全方位、立体化、大规模、多工种的大会战。这是当今世界上里程最长、时速最快、工期最短的高铁建设，也是世界上高速铁路建设史上的一种超常规的创举，一项前无古人的创举。面对建设工期紧、标准要求高、施工任务重、安全压力大的形势，上海铁路局必须以科学的态度，研究前人没有研究过的问题，解决前人没有解决过的难题，创建城际高铁建设一体化管理模式，又好又快推进工程建设，实现建精品工程和世界一流高速铁路的目标。近几年，上海铁路局每年投资千亿元用于铁路建设，高效、优质地建成沪宁城际高铁，将为东部铁路建设竖起标杆。上海铁路局必须协同地方和铁道部多投资主体，基于设计、项目、进度、组织“一体化视角”，创立一体化管理模式，打造世界一流的工程，发挥示范和导向作用，对东部铁路现代化建设具有直接的借鉴和推动作用。

（三）解决城际高铁建设众多难题的需要

面对标准最高、里程最长、运营速度最快的沪宁城际高铁建设，上海铁路局面临众多前所未有的挑战和难题。

1. 安全难题前所未有

沪宁城际高铁设计全长 300.209 km，其中有 170 km 紧靠着繁忙的既有沪宁铁路，最近处只有 5.5 m。一边是世界最繁忙的沪宁既有铁路，昼夜开行列车 142 对，高峰时每 3 min 就有一趟列车驶过，另一边是大干快上的城际高铁建设施工现场，最多时每天有 6 万多人、5 000 台套大型机具同步作业。且有

26处桥梁横跨既有铁路，24处跨越高等级公路。工地上钢铁巨臂挥动，如果稍有不慎飞落的一颗螺丝，对于风驰电掣的列车无异于是一粒洞穿子弹，对既有线运输安全后果不堪设想。车站前、站后工程全面展开后，动车组高速运行、货运重载通过，客货列车混跑、限速地点频繁变化的状态下，地面作业、高空作业、涉电作业等交叉，安全环境异常复杂，这是当今世界高铁建设史上前所未有的施工现场，需要创新科学的施工组织，克服前所未有的安全难题。

2. 技术难题前所未有

高铁对地质条件要求很高，而沪宁城际高铁地处长江冲积平原，软土地质分布广泛，厚度大，全线软土路基占路基总长的三分之二，极易沉降，软基加固处理是沉降控制的关键，在工期受限的情况下合理安排施工组织、满足路基预压要求也是极大挑战。沪宁城际高铁建设还面临在全国乃至世界首条全线采用CRTS-Ⅰ型板无砟轨道铺设技术、高架桥上首次铺设大号码无砟道岔等全新挑战，而且技术方案调整最多，而我国第一条开能运营的京津城际铁路没有遇到这些挑战。沪宁城际高铁建设管理必须在借鉴国内外先进技术经验的基础上，需要超常规的思路和创新的理念，制定适应性控制措施及技术方案，研发工装设备及配套软件，制定工艺工法，组织实验性实验并定型生产，攻克在软土路基上修高铁、CRTS-Ⅰ型板无砟轨道铺设技术等当今高铁建设领域一系列新难题。

3. 建设工期紧迫前所未有

当今欧洲高速铁路建设工期一般5～8年，中国高铁建设为4年左右。沪宁城际高铁建设工期为2年，是目前为止我国建设工期最短的高铁。而沪宁城际自开工建设以来，先后经历了轨道类型、梁型荷载、线间距、到发线有效长等四次重大技术方案调整，对征地拆迁、设计、施工组织都带来较大影响，工期考验更是异常严峻。用2年时间建造世界上标准最高、里程最长、运营速度最快的城际高速铁路，建设中有17个施工标段、3个监理标段，涉及设计、施工、监理、管理四大系统，23家单位各自的任务不同、工作有别，责任协调难度大。沪宁高铁建设工期紧迫性前所未有，需要从科学管理、标准化建设开始，不断优化施工组织，创新发展思路，攻克技术难题，确保沪宁城际按期建成。

二、成果的内涵和主要做法

上海铁路局面对沪宁城际高铁建设质量要求高、技术难题大、工期紧迫的状况，以科学管理、系统工程理论为指导，开展高铁建设设计、施工、调试全过程的一体化管理，通过完善组织构架，提前介入设计、报批等前期工作；推进“零容忍”标准化管理和一线式流程控制，创造沪宁城际特色质量品牌；组织实施科技攻关，解决高铁建设的世界性技术难题；强化考核和责任机制建设，打造一支优秀的建设管理人才队伍；举全局之力在超短时间内开展精确联调联试等措施，按时高质量的建成了一条世界上标准最高、里程最长、速度最快的城际高速铁路，取得了显著的经济和社会效益。主要做法如下。

（一）完善组织架构，提前介入设计、报批等前期工作

为打造世界级城市群，全面提升长三角国际竞争力，迅速扩大长三角地区经济活动空间和生产力辐射范围，国家将建设沪宁城际铁路正式列入“十一五”战略规划。2005年3月，国务院审议通过了《长三角洲地区城际轨道交通网规划》；2008年5月7日，铁道部、江苏省、上海市联合签发了《关于加快推进沪宁城际铁路建设会议纪要》。2008年6月18日，沪宁城际铁路

公司正式成立，由上海铁路局行使资产和经营管理职能。公司设总经理、综合部、工程管理部、安全质量部、计划财务部、物资管理部等6个机构部门，机关定员42人，负责沪宁城际铁路建设一体化管理。

为高效推进沪宁高铁建设，上海铁路局各有关部门高度重视，提前介入，主动参与，强化协调，加强组织领导，加快工作节奏，开展铁路管运专线工程前期标准化研究，全力推进沪宁城际高铁建设项目的设计等前期工作。

一是加强前期工作协调。上海铁路局成立前期工作协调组，做好新开工项目前期工作进展的跟踪，推进项目立项、工程审批等程序，把设计方案的稳定、用地预审和环境评估批复、三电迁改和立交协议签订等工作作为前期工作的核心任务来抓，制订前期工作推进计划表，梳理关键要素，明确具体时间节点，落实具体负责人员，及时协调解决重要问题。同时，上海铁路局有关部门及时做好资金清理、拨付工作，同时加大对资金使用的监管力度；及时提出项目管理机构设置方案，配齐、配强建设管理人员；同时做好建设各阶段相应的监督、协调和配合工作。上海铁路局有关设备接管单位，提前介入，密切配合，做好设备精调、验收接管、运营准备等工作。

二是提前深度介入相关专业工作。上海铁路局总师、计划、建设、合资办等部门与车机工电辆等专业部门密切配合，分工协作，从项目可研、初设阶段就提前介入，在鉴修概算编制、施工图审核、投资检算编制、工程招标、征地批复等关键环节能及时提出高质量的建设性意见，按程序、按标准、按要求提前介入。

三是建立外部沟通机制。加强与地方政府的沟通协商，争取政策支持，推进有关评估和审批项目的进度。发挥设计、施工单位的积极性，整合各种优势，利用集中力量攻难关、破瓶颈，为沪宁城际高铁建设项目提供组织保证，人力支持，加快设计进度，及时供图，满足建设进度需要。

四是提升设计理念、提高设计文件质量和设计水平。上海铁路局组建现场设计配合组，建立项目定期巡查制度，切实解决好图纸供应、施工现场配合等工作，督促勘察设计单位提高勘察设计质量。提出优化设计方案及措施。在设计方案比选方面，把节能作为重要因素，对能耗指标进行评估，在确保质量安全的前提下，合理降低能耗。积极采用节能替代设备。

（二）创建制度，推进城际高铁建设"零容忍"标准化管理

沪宁城际高铁建设一体化管理，以科学管理、系统工程理论为指导，推进标准化管理。所有参建单位都按照事事有流程、事事有标准、事事有责任的要求，把标准化管理落实到施工现场和作业层，以"零容忍"的态度，确保铁路工程质量安全有序可控。

1. 创建施工关键工艺标准和管理制度

在全路创造性地制定了软土路基处理、隧道开挖等作业标准、工艺工法、操作规程 19 项，创造性地建立《沪宁城际铁路临近、上跨营业线桥梁施工安全管理办法》等 23 个安全管理制度，创造性地编制了《无砟轨道施工企业指导书》《建设项目管理岗位工作指南》13 册。

2. 提升人力资源配备标准

提升指挥部人员配备标准，进一步明确指挥部岗位作业标准。提升项目部人员配备标准，进一步明确沪宁高铁建设项目管理机构层次，提出项目部的职责，人员配备标准、培训教育以及考评办法要求。提升现场作业人员配备标准，推进架子队管理模式。提升监理站人员配备标准，分阶段优化高素质监理团

队。提升工地人员配备标准，进一步明确架子队主要人员和关键人员配备与培训要求。

3. 推进一体化现场管理标准

完善现场管理具体化、定量化工作标准，形成以建设单位为核心，设计、施工、监理单位一体化现场管理标准。

4. 创建沪宁城际“8554”过程质量控制标准

“8554”过程质量控制标准。即围歼8项质量通病，即：隧道防水板施工质量问题、隧道超前地质预报和衬砌厚度问题、桥梁桩基试桩问题、涵洞防水层施工质量问题、涵洞基础施工质量问题、软土路基水泥搅拌桩施工质量问题和制梁的工艺、工法以及原材料质量不达标、不合格问题等8项质量通病。开展5项专项整治，即：整治安全质量检查不规范、监理单位现场质量控制不力、施工单位技术力量不足、第三方检测、内业资料的问题。加强5种能力的建设，即：贯彻执行能力，专业技术能力，建设管理能力，开拓创新能力，现场检查能力。建立4种体系，即目标体系、责任体系、分级过程的控制体系、评价评估体系。制订并印发了《围歼八大质量问题的施工技术措施》《工程质量防治手册》和单项工程作业指导书。

（三）创新前沿科技，引领世界铁路发展新潮流

上海铁路围绕沪宁城际高铁建设中前所未有的难题，组织实施科研创新，解决世界性高铁建设技术难题，由高铁技术的追赶者逐步成为领跑者。

1. 以科研创新建精品工程

上海铁路局在沪宁城际高铁建设工程过程中搞科研，用科研成果抓好工程的安全、质量、投资等工作，建立一支优秀的团队推进科研创新活动，用科研提升建设管理人员的管理水平和管理能力。各级领导尤其是指挥部（公司）主要领导切实重视、

关心科技创新工作，在人力、财务上切实支持科研活动。组织开展软土处理、客运专线精密测量技术、无砟轨道铺设技术、路桥过渡段刚渡匹配、铁路建设项目安全控制理论、移模制梁、隧道安全和投资控制的研究。

2. 以组织创新促专业攻关

上海铁路局成立路基、桥涵、隧道、线路、通信和信号、电力和电气化、房建等 7 个专业质量技术攻关组，对沪宁城际建设现场进行专题调研，掌握工程建设中存在的技术难题，定期组织召开技术攻关研究专题会议，对现场工程质量技术存在的普遍性、倾向性问题及技术难点，进行研究攻关，形成专业小组质量技术攻关报告书，指导施工生产、提高工程质量。各项目管理机构相应成立工程建设质量技术攻关委员会和各专业质量技术攻关小组，其成员由各项目管理机构在其所管辖的设计、施工、监理单位的优秀工程技术人员中遴选。对于全局性重大技术攻关由路局组织实施，对于各项目特有的技术攻关由各项目管理机构自己组织攻关。

3. 以前沿技术攻关引领高铁发展新潮流

针对沪宁城际高铁建设工程特点、难点、关键点，确立软土地基施工、CRTS-Ⅰ型轨道板铺设、大跨度桥梁、桥上使用大号码无砟道岔等最前沿高铁技术科研项目。分别列入《上海铁路局年度科研开发、示范性推广项目计划》和铁道部科研课题计划。

一是攻克在软土路基上建高铁的当今高铁建设领域新难题。上海铁路局成立《沪宁城际铁路施工安全与沉降监测技术研究》课题组，多次组织专家论证，请来各路专家、院士会诊，细化施工方案，采取控制作业时间、分散进行、设置应力释放孔、加强观测等措施，确定、制定和细化了有关软土路基、邻近既有线管桩、CFG桩施工技术方案和工艺工法。在沪宁城际高铁地质最柔软的53 km线路上，密集打下各类桩基20万根。

二是研发CRTS-Ⅰ型板式无砟轨道施工技术。上海铁路局成立《沪宁城际铁路无砟轨道系统精调技术深化研究》课题组，组织从轨道板预制、铺设、轨道(道岔)精调等方面进行系统研究，创新提出适用的相关控制技术指标及工艺、工法，在开展试验验证工作基础上，研发并完善配套工装和软件控制系统，成熟后组织先导段施工和全线推广应用，提高了轨道板就位精度，大幅减少了铺轨后轨道几何状态精调工作量。沪宁城际高铁作为首条全线采用的CRTS-Ⅰ型轨道板铺设技术，将轨道板的误差值降到小于0.5 mm。

三是创新大跨连续梁施工关键技术。沪宁城际铁路全线连续梁等特殊结构共139处，其中预应力混凝土连续梁110处，最大跨度达到135 m。上海铁路局拟定大跨连续梁施工控制方案和实施细则，根据设计文件提供的内容对各主要环节的数据如内力、应力、变形等进行检算，并进行监控仿真计算，提出各施工阶段的理论设计结构状态和挂篮前移、混凝土浇筑、预应力张拉前后主梁内力、应力和位移以及主墩墩顶变位等，提供合理的立模标高和目标合拢值，对施工全过程的结构应力、应变、温度和沉降进行观测和控制，使桥梁线形符合沪宁城际铁路高平顺性要求。

四是国内首次在高架桥上铺设大号码无砟道岔。沪宁城际高铁是第一次全线铺设我国自主研发高速无砟道岔的铁路，其中的大号码42号无砟道岔为国内的第一次铺设，也是第一次将大号码无砟道岔铺设在高架桥上的线路。上海铁路局集中组织施工、监理等参建单位，以理论和实作相结合的培训方式提高无砟道岔铺设施工技术储备和铺设技能；拟定“现场定位组装、精调并浇筑混凝土”的无砟道岔施工总方案，组织制定质量检查和控制措施，确保了全线成功铺设无砟道岔126组。

(四)实施一线式流程控制，创造沪宁城际特色质量品牌

上海铁路局以安全质量为核心，实施沪宁城际高铁建设“12345”一线式流程控制。即：瞄准建设世界一流高铁目标；实现“高标准、讲科学、不懈怠”和“不留遗憾、不当罪人、建不朽工程”两个要求；全面宏观、全过程质量、全员参与三个控制；抓源头、抓管理、抓细节、抓问题四个关键；健全培训、责任、检查、预警、考核五机制，创造具有沪宁城际特色质量品牌。

1. 确立以“捍卫质量、保卫安全”为核心的安全质量管理理念

上海铁路局注重建设文化引领，在沪宁城际高铁建设中确立了以“捍卫质量、保卫安全”为核心的安全质量管理理念。召开“捍卫质量、保卫安全”现场会，与各项目管理机构负责人签订了“捍卫质量、保卫安全”责任状，举行了“捍卫质量、保卫安全”授旗活动，组织了“捍卫质量、保卫安全”联合签名，印发了《给全体参建人员的公开信》，举办了“全局建设主帅话发展”和“安全质量高层论坛”，凝聚各方安全质量共识，使维护安全质量成为参建各方的自觉行动，建设单位与设计、施工、监理单位的安全质量管理“同目标、同责任、同奋斗”。

2. 实施超常规施工网络管理

两年完成沪宁城际高铁建设工程，这本身就是一种超常规创举。上海铁路局与时间赛跑，采用超常规的施工网络管理，实施全方位、立体化、大规模、多工种的施工网络管理，快速进场，快速临建，快速施工，建立日分析进度推进网络，以超常规要求强化节点目标兑现。在关键节点上各参建单位大量增加设备和人员投入，采取三班制、24小时轮班作业方式，做到人停

机不停，这里只有工期没有假期。沪宁城际铁路建设软土路基无锡段原计划 90 天完成的管桩施工，结果仅 45 天就完成，开创了沪宁城际软土处理施工的新纪录。

3. 创建核心工序控制标准化

以“机械化、工厂化、专业化、信息化”为支撑，创建核心工序控制标准化。沪宁城际铁路全线 97 km 的路基工程，是无砟轨道施工质量控制核心。上海铁路针对高铁施工核心工序，从施工流程图、工序管理、行为管理、工序签认表等方面制定工序控制要点，突出关键工序中易发问题、管理要点的控制，采取路改桥、CFG 桩改管理桩，过渡段强化、委托第三方沉降评估等技术加强，严控基底处理、填筑、沉降评估“三关”，创造国家优质工程奖。

4. 实施风险源看板闭环管理

上海铁路局组织设计、施工、监理单位对安全风险源和质量关键点进行评估，按评估后的等级实施“二级挂牌摘牌、三级督察督办”的看板管理，施工单位在施工现场显著位置悬挂“安全质量重大隐患”揭示牌，详细标明风险等级、技术措施、责任部门和人员；参建单位在安质部办公室显著位置悬挂全线“安全质量重大隐患”揭示牌。安全质量隐患实行动态监控，安全质量隐患消除则摘牌，发现新的隐患，则重新挂牌。上海铁路局组织监理单位对挂牌的安全质量隐患进行分级督办，落实整改，确保隐患登记、整改、销号全过程受控，实现闭环管理。

（五）举全局之力，创造城际高铁建设联调联试“沪宁速度”

按施工计划倒逼，沪宁城际高铁 20 天完成精调，确保各系统和系统集成全部达到设计和运营标准，是我国乃至世界高铁建设史上前所未有。国外精调时间在一年多时间，我国的京津城际、武广客专、郑西客专精调时间为 3 至 5 个月。上海铁路局举全局之力，采用综合检测列车，对基础设施、通信信号、接触网进行检测，根据检测的数据对高铁设备进行精调细整，达到时速 350 km 要求。

1. 提前介入，以有效的工作机制推进专业管理

上海铁路局建立联调联试现场指挥部每日例会制度，路局相关业务处室、设备接管单位，各参建单位和项目管理机构负责人参加会议。实行计划管理和看板管理制度，每天一更新，动态掌控工程进度。建立启用联调联试临时调度所，24 小时值班，统一指挥全线各路用列车运行，协调解决交叉、平行作业，强化对工程线路用列车运营的安全控制。

上海铁路局各业务处室、设备管理单位树立以我为主的工作思想，成立专门专业介入组，制定针对性的细化工作方案，明确分工，全面介入，加强专业管理和静态验收工作，实施问题库闭环管理，开展全方位、全覆盖、全过程、逐项、逐公里、拉网式的检查、验收、评定。

2. 用科研成果，指导关键设备、部位精调联试

上海铁路局在世界高铁发展中创造了 CRTS-Ⅰ型轨道板精调技术。抓住 CRTS-Ⅰ型轨道板制造精度、定位测量系统精度、精调定位精度和扣件安装定位精度四大控制，通过精密仪器及系统软件进行数据采集与处理，消除 CP-Ⅲ技术误差；研制的 CRTS-Ⅰ型轨道板速调标架，创建的《CRTS-Ⅰ型轨道板施工调试工艺工法》，有效加快了调整进程，调整线路优质率高达 99.37%。创建了精调细整作业指导书，明确精调作业流程、质量标准、质量验收、安全控制、进出通道管理制度等，加强路基和路桥过渡段沉降、桥梁徐变、曲线超高、岔区密贴等线路状态的精测、探测和诊断，进一步精调细整到位；精准调试列控系统，确保高可靠运用；加强接触网检测调试，用 20 天时间来完

成沪宁高铁220万个节点调整。创新的具有世界一流水平的无砟轨道、列车控制、客站建设、调度指挥、高速列车等一系列高铁先进技术在沪宁城际高速铁路得到广泛运用。沪宁城际高铁联调联试第一天就跑到了271 km/h，第二天300 km/h，第九天350 km/h。创造了世界高铁建设的“中国速度”“沪宁速度”。

（六）强化考核和责任机制建设，确保工程建设质量和进度

1. 实施ABC分级安全质量考核管理

上海局对建设工程质量和安全实行分类分级管理，A类控制点由指挥长负责，B类控制点由中层干部负责，C类控制点由专业工程师负责，清晰界定分级包保项目，落实分级责任追究制度。项目部、监理站结合分层分级分段管理要求，制订各工点定置管理图、责任区划分表。分级检查做到定人、定期、定岗、定责、定点，所有检查活动由路局统一部署、统一记录、统一分析，并推行首查负责制，确保安全质量的每一个重要环节都有人管、有人查，并且做到有记录、有分析、有整改、可追溯。各参建单位都实行分级管理，落实各自的管理责任。

2. 开展建设单位业绩排列考核管理

一是项目管理机构排列考核追究。以年度业绩考核为周期，每月对建设项目进行考核评比排名，一般评出1～6名优秀，良好控制在20名以内，对发生安全质量问题的一票否决，评为不合格单位；按照优秀、良好、合格拉开档次进行奖励，不合格停发当月奖金。对施工中发生的安全质量问题，实行责任追究，召开现场会，扩大分析，下发文件，公布处理决定，施工期间，共有3家建设单位受到黄牌警告，1名正处级干部受到警告处分，3名副处级干部受到记过或警告处分，3名科级干部受到记过处分，既教育本人，又警示全局。

二是实施监理和施工单位的等级考核管理。重点项目的

关键时段实行安全质量红、黄、白旗评比制度。在联调联试关键期间，对所有施工单位采取每日红、黄、白旗评比，安全质量优秀得红旗（＋10 分）、一般得黄旗（＋5 分）、差得白旗（不加分），所有加分汇总后与施工企业信用评价评分相挂钩；同时红、黄、白旗评比综合排名第一、第二、第三名的施工单位，在信用评价结果中分别再增加 3 分、2 分、1 分。对发生安全质量事故的施工和监理单位取消投标预审资格，用最严厉的惩罚共同来呵护安全质量，有 3 家施工单位和 3 家监理单位取消了半年的投标预审资格。对重点项目的优秀项目经理进行鉴定、表彰；对特殊项目，采取特殊的奖励办法，每季根据安全质量进度情况对先进集体和个人进行重奖，建设期间，共奖励先进集体 26 个，奖金 1 778 万元，先进个人6 165 个，奖金 284 万元。

3. 建立典型重大问题警示管理制度

针对发展不平衡，个别项目和工点间出现的典型重大问题，组织召开现场会。多次就路基施工不规范，梁场质量管理不到位，现场安全管理混乱等问题组织召开现场会，让典型重大问题工点和单位在会上亮相，并观看现场，对发生问题单位和人员进行严肃处理，并通报结果，使参会单位受到震动和警示，进一步促使各参建单位牢固树立精品意识和安全意识，全面消灭盲点和死角，做到安全质量管理常态化。

4. 实行重要工序实名签认终身责任制

各参建单位建立重要施工工序的质量责任界定、追溯体系，把每一分部、分项工程和重要工序的责任分解到人、落实到位，实行施工、监理、建设单位三个层面的现场签认，其中施工单位三级确认（架子队确认率 100％、分项目部对重点、关键工序进行确认、路局指挥部抽查确认），监理单位二级确认（现场监理工程师确认率 100％、监理项目部对重点、关键工序进行确认),建设单位抽查确认,签认资料留存档案。施工期间,编制了120张《施工工序质量交接单》,其中路基49张,桥梁58张,隧道13张;《交接单》做到实名签认、分级确认和闭环管理。通过把重要工序安全质量责任落实到人,从而把工程安全质量的过程控制落到实处。

(七)加强人力资源调配和技能培训,打造一支优秀的建设管理人才队伍

1. 科学预测高铁建设人才需求

做好沪宁城际高铁建设高层管理人员、建设项目技术负责人、中层管理人员、中青年专业技术骨干的需求预测,制定城际高铁建设人才培养规划和具体目标,亟需高端人才采用全局整合、全路招聘、市场引进的方法。

2. 集成高铁建设专业技术培训资源

以部、局专家为主,聘请高校、科研机构以及设计、施工、监理单位部分专家,组成路基、桥梁、隧道、站房、轨道、营业线、四电集成、投资控制等专家师资队伍,实现高铁建设技术工艺培训资源的集成。

3. 实施“理论教学+实践锻炼”的全覆盖一体化培训模式

实施“理论教学+实践锻炼”的全覆盖培训模式,对建设系统的所有技术、管理人员进行培训,实现人员的全覆盖;对各种专业标准规范组织学习,对所有项目出现的代表性问题进行研讨,实现专业知识的全覆盖;从设计到现场施工、监理、验收、交付运营等全过程进行系统学习,实现建设过程的一体化全覆盖。在全局范围内精心挑选121名全日制大学本科学历学员,涉及土木、桥梁、铁道工程、建筑、工民建、通信、信号、信息工程、电气、机械、财会等专业技术人员,进行3期后备人员培训,每期半年,前3个月进行理论学习,后3个月到重点项目实践

锻炼。

4. 打造具有创新力的领军人才

采取“定人、定位、定责”的培养方式，到重点工程项目管理机构任指挥长助理，进行挂职锻炼。指挥部指定优秀的指挥长给予他们全面指导，给他们管实务、干实事、压担子，参与具体协调和指挥，使他们熟悉领导的工作方法，提高应变能力，在较短时间内具备领军人物的素质，成为指挥长人才。通过挂职锻炼，培养了近10名年轻的副指挥，在工程的重点阶段和难点工程中发挥了重要作用。

三、成果实施的效果

(一)建成了一条世界上标准最高、里程最长、速度最快的城际高速铁路

经过两年的艰苦努力，沪宁城际高铁建设顺利完工，并通过联调联试。2010年7月1日一次性、全功能开通运营。2010年8月14日，铁道部召开的沪宁城际高铁运营工作专题会议上，充分肯定沪宁城际高铁开通运营一个多月来在安全、秩序、服务、效益等方面取得的成绩，指出，沪宁城际高铁是目前全路开通运营的高速铁路中运营管理最好的一条，为全路高铁开通运营管理提供了经验。

沪宁城际高铁建设一举创造了多项高铁建设世界之最。沪宁城际高铁全长300.209 km，最高时速350 km，贯穿中国城市群最密集、经济最发达、发展最具活力的长三角核心区域，全程共设21座车站，平均每15 km一个车站。全线铺设无砟轨道，采用世界上最先进的国产“和谐号”高速动车组和牵引供电、列车控制、行车指挥等系统。沪宁城际高铁主体工程质量“零缺陷”，工程合格率100%，分部工程验收合格率达到100%。

已建工程检验率达到100%，全线优质率99.7%以上，共创优质工程鲁班奖10项、部省优质工程25项、样板工程45项，创造了一流的工程安全质量。沪宁城际高铁建设工期为2年，用最短时间建造了世界上标准最高、里程最长、运营速度最快的城际高速铁路，创造了中国铁路建设新纪录。与此同时，通过沪宁高铁建设形成了具有中国特色的高速铁路建设管理经验，实现了高铁建设投资低成本、高效益，创造了优异的建设投资管理效益。

（二）突破了多项引领世界铁路发展潮流的高铁建设技术

通过沪宁城际高铁建设，解决了软土路基上建高铁的当今高铁建设领域技术难题。制造出了精密的CRTS-Ⅰ型轨道板，创造了世界高铁发展中最具创新价值的CRTS-Ⅰ型精调技术。采用轨道基准网定位测量的核心技术，这是世界铁路首次采用的新方法。采用世界上最先进的精调技术，用18天时间完成沪宁城际高铁220万个节点调整工作。国外精调时间在一年多时间，我国的京津城际、武广客专、郑西客专精调时间为3至5个月，工期刷新了世界纪录，创造了高铁建设中众多的第一。第一次在低温下灌砂浆制板；第一次铺设国产高速道岔；第一次使用自主研发的接触网；第一次使用“砌墙式堆土压实法”；第一次将C3技术应用到枢纽；第一次采用了光屏蔽；第一次在线路上设立沉降观测点；第一次使用窄距车；第一次“零工期”进行通信信号施工……这众多的第一，让沪宁城际高铁站立在世界高铁发展之巅，引领着世界高铁发展新潮流。

（三）创造了显著的社会效益

2010年7月1日沪宁城际高铁一次性、全功能开通运营，开通首月，沪宁城际高铁共开行列车5 606列，日均发送旅客

13.5 万人，全月沪宁城际高铁发送旅客 520.2 万人，占全局旅客发送量的 19.1%，平均上座率超过 120%；沪宁城际高铁实现客票收入 4.12 亿元，占全局客票收入的 15.4%。列车始发和运行正点率分别为 99.1%和 97.5%。

沪宁高铁的建成，使上海到南京的时间缩短为 73 min，使沿线各城市进入"同城时代"，沪宁城际铁路不仅串起沿线 6 个地级以上城市，而且沿线设站超过 20 个，使得沿线更多的城市、城镇居民融入沪宁一小时生活圈中，并享受到高铁带来的便捷与舒适。与此同时，沪宁城际高铁建成拉动了沿线地区新一轮发展，大大提高了区域重大基础设施和城市体系的网络化程度和现代化水平，有利于加快长三角区域合作、联动和一体化进程，推动长三角地区率先实现现代化。

(本成果获 2010 年国家企业管理现代化创新成果二等奖。成果创造人：王峰、李迎九、陆火强、杨建中、杨灯海、武凤远、施伯良、陈忠心、沈犇、陆志华、黄春峰。)

高速铁路动态检测试验集成化管理

沪杭高速铁路动态检测的组织管理涉及设计、施工、监理、试验、建设等众多单位和进度、安全、设备质量等众多方面，以及人员、设备、环境等众多条件。上海铁路局在沪杭高速铁路的动态检测试验过程中不断研究和创新动态检测试验组织管理模式，在动态检测的专业化管理、安全管理、检测试验管理、质量管理、系统优化及技术创新等方面建立了一套完整的高速铁路动态检测试验系统集成化管理的系统。

一、成果实施的背景

（一）满足我国大规模高速铁路建设的需要

我国已成为世界上高速铁路系统技术最全、集成度最高、运营里程最长、运行速度最快、在建规模最大的国家。目前已完成沪杭等 30 余条不同速度等级高速铁路动态检测工作，其中 300～350 km/h 速度等级线路共完成 14 条，累计里程约 7 100 km；200～250 km/h 速度等级线路共完成 16 条，累计里程约 3 500 km，我国投入运营的高铁总里程已超过一万公里，居世界首位。动车组旅客发送量已占全国铁路旅客发送总量的 25.7％，使铁路旅行时间普遍缩短了一半以上。2015 年我国快速铁路网将达到 4 万 km 以上，居世界第一位。在我国大规模高速铁路建设前，铁路在建设完成通过验收后开通运营，采取逐级提速的开通运营方式，一边进行设备调整、一边逐步提高运行速度。自合宁城际铁路开始，我国逐步组织探索一次性、全功能的高速铁路开通运营方式。沪杭高速铁路是国内第一条完全由自主设计、建造、试验、调试的 350 km/h 无砟轨道高速铁路，为了适应大规模、高标准的高速铁路建设运营需求，满足动态检测试验高效、安全组织的要求，需要结合沪杭高速铁路动态检测试验实际创新建立一套高标准、高效率、高安全、高度集成的组织管理体系。

（二）创建适应中国特色高速铁路动态检测管理模式的需要

铁路是国家重要的基础设施，是国民经济发展的大动脉和大众化的交通工具。高速铁路具有运行速度快、技术标准高、体系复杂、系统集成的特点，各子系统自成体系、又相互关联，是国家综合实力的体现。近年来，随着建设标准的提高和科技的发展，高速铁路建设完成后通过动态检测，一次性、全功能按照设计速度开通运营，这就对动态检测的组织与管理提出了更高的要求。在我国高速铁路动态检测试验一般要在 3 个月左右完成，但对于动态检测的主要承担着铁路局来说，高速铁路动态检测还是一个新的课题，针对高速铁路动态检测期间工作实际情况，如何在短时间内完成大量的设备测试和调试任务，在国内尚缺乏一套组织管理基本规定、基本流程、安全保障基本措施，工作重点等管理标准，需要改变原来调试与测试分开管理，各专业、各单位单独作业的管理模式，建立一套多专业、多项目、多系统综合管理、集成管理的组织管理模式。

（三）服务高速铁路高品质安全运营的需要

随着生活水平的提高，人们对出行品质要求也越来越高，乘车的安全性、舒适性、便捷性等逐渐成为选择出行方式的首要原因。高铁的出现改变了人们的生活、出行方式，缩短了城市之间的时间距离，拉近了人与人之间的距离，并从一定程度上缓解了出行难和一票难求的问题。高速铁路作为各省市之间交流的主要交通工具，主要城市间公交化的运行方式给人们的出行提供了极大的便利，并以其高平顺性、高舒适性和高安全性，以及自主式服务逐步为大众所认可和接受，在不同地域间架起了人流、物流、资金流、信息流的快速流动通道。高速铁路在建设完成通过静态验收后需要进行动态检测试验和试运行方能正式投入运营，动态检测试验期间，线路、路基、客服设施、弓网等处于试验阶段，没有经过具体的动态检测和调试，设备性能和状态不稳定，安全隐患大，为了保证动态检测试验的按期完成和通车，需要创新建立一套组织管理体系、行之有效的安全管理措施和手段进行卡控。沪杭高速铁路动态检测试验期间，参加单位高达 40 家左右，这些单位来自不同的专业领域和地区，管理理念、文化理念、行为方式等各不相同，自成系统，线路越长，涉及的单位和设备也就越多，如何将这些单位紧紧围绕在动态检测试验的管理组织统一领导下，也需要创新一套适宜的组织管理体系。

（四）实施我国高速铁路成套技术“走出去”发展战略的需要

我国目前已成为高速铁路技术最全、集成能力最强、运营里程最长、运行速度最高、在建规模最大的国家，高速铁路各项设备已逐步出口到多个国家。世界各国在高速铁路的建设完成后均会开展相关检测试验，完善相关的技术标准，对于动态检测试验各国根据国情各有不同、各具特色。日本新干线的新线工程完成后，建设方的竣工检查和运营商（如 JR 东日本公司）的竣工验收同时进行，国土交通省实施检查，检查合格后实施综合试验集成调试；德国在高速铁路新线的调试工作中趋向将几个系统的装备及集成调试同时承包给某个集团完成，系统试验结束后将进行2个月的运行试验;法国高速新线在土建和线路施工完成之后,组织实车运行试验(即动态试验),并委托专业的试验团队测试系统性能,在正式交付运营之前,组织运行试验,检查、验证可靠性等;韩国高速铁路开通5年前制定运营综合计划,进行试验段性能及设计证明试验,开通5个月前,进行最终检验。近年来、随着我国高速铁路建造技术的发展,我国铁路相关企业越来越多地承担了国外铁路建造工程,在高速铁路技术“走出去”的过程中,为避免与国外高速铁路技术知识产权的冲突,需要建立与我国高速铁路设备及技术相适应的测试、调试技术,为适应国际行业发展的要求和我国高速铁路成套技术“走出去”发展战略的需要,我国需要创建一套适应我国铁路行业特点的自主化的动态检测试验组织模式和标准。

二、成果的内涵和主要做法

上海铁路局在沪杭高速铁路动态检测期间,总结2008年局管内国内首条有砟轨道高速铁路——合宁铁路动态检测试验以及上海局内首条无砟轨道沪宁城际高速铁路的经验,对高速铁路的检测、调试技术和管理模式进一步完善。从系统工程学角度分析高速铁路动态检测组织管理方法,研究贯穿动态检测整个过程的顶层目标设计思想,建立多维立体柔性组织结构模式;从控制论角度结合进度目标管理方法,进行进度目标管理控制;建立高速铁路动态检测安全风险管理体系,对安全风险进行分析、评价、应对;建立高速铁路动态检测质量评定和设备数字化管理体系,研究高铁设备的登记、研判方法,建立虚拟化、数字化铁路评估系统;研究测试和调试技术,多项测试、调试技术和设备填补了行业空白,形成了铁路局在动态检测试验中的集成化管理模式。主要做法如下。

(一)深入分析,明确动态检测目标和思路

高速铁路动态检测集成管理是一种效率和效果并重的管理模式,包含检测技术的集成和组织管理的集成,它突出了一体化整合思想。其核心就是强调运用集成的思想和理念指导动态检测的管理行为和实践。高速铁路动态检测涉及单位、人员众多,同时动态检测的设备与技术也是一个庞大的体系,通过集成管理可以实现各单位、各系统间优势互补、聚合放大、功能倍增的目的,促进动态检测目标更好地实现,具体体现在动态检测专业集成和动态检测管理集成。

1. 是动态检测各专业的系统集成

我国高速铁路动态检测试验一般在 3 个月左右,在此期间需要完成轨道、弓网、客服、信号、通信等系统和设备的调试、检测、试验,需要完成 7 大类 16 大项的试验检测,涉及数千个试验场景和项目的测试。高速铁路动态检测是工程建设向运营过渡的重要环节,通过检测列车、综合检测列车、试验列车集中搭载轨道、弓网、动力学等测试设备,辅助其他相关测试技术和设备对全线各系统进行综合测试,评价供变电、接触网系统设计参数和设备选型的合理性;验证通信、信号、客服、防灾等系统的功能、性能、安全性;验证路基、轨道、道岔、桥梁等结构工程的安全性和适用性;检验各系统接口关系;对全线的各系统进行调试,优化各系统的状态和性能,为全线顺利开通提供科学依据,是保证高速铁路正常开通和运营的关键。通过动态检测期间的集成组织管理,将各分系统大量检测数据定性分析和反复对比,从定性上升到定量的认识,将大量零星分散的定性认识、知识以及专家经验、评判标准集成成一个整体结构,达到对高速铁路系统整体的定量认识,统一协调检测问题的处理,使新建高速铁路线路设备全面达到开通运营的标准。

2. 是动态检测管理的系统集成

高速铁路动态检测集成管理主要包括理念集成、组织集成、过程集成、方法集成等几方面。高速铁路动态检测涉及设备的设计、制造、运营等多方面，线路的设计、建设、施工、监理、运营接管等众多单位。同时由于铁路具有线长、面广的特点，每个里程段涉及的设计、建设、施工、监理、运营接管等单位又各不相同，各单位的管理理念、企业文化、利益各不相同。动态检测期间由于施工、设备精调、检测试验的交叉，各单位需要严格遵循统一的领导，统一指挥、令行禁止，以保证动态检测的效率和安全。

（二）创建多维立体柔性组织

传统的铁路检测调试是在线路开通运营后，初期采用较低的运营速度，根据初期运营暴露出的设备缺陷和故障，各设备接管单位各自为战，组织本专业对设备进行整治和调试，通过运营—调试—提速—调试的循环模式，经过漫长的循环过程逐步达到按设计速度运营。在高速铁路动态检测试验期间，根据责任不同，铁路局牵头组织将众多系统、众多人员，采用顶层设计的理念，自高端开始对动态检测试验组织结构、层次和要素进行总体构想设计，成立临时管理机构，研究动态检测试验期间组织的整体系统性、缜密科学性、统筹协调性、先后顺序性，分析影响因素提出适应动态检测试验的具有顶层构架、多维立体结合、专业管理、责任包保等特点的多维立体柔性组织结构。

1. 建立层次分明的管理体系

根据动态检测试验特点，确定铁路局、建设项目管理机构和检测单位为组织结构的三维，同时各维共同构成领导层、控制层和实施层三层。一维是铁路局、铁路局总师、安监室、运输处等业务处室以及铁路局下属工务段、车务段、电务段等设备管理单位，铁路局是动态检测的主要组织者，全面负责动态检测期间的安全、质量、进度等管理，组织设备接管单位进行设备调试；二维是建设项目管理机构、项目机构下的安质部、工程部、物资部等部门和参建的设计、施工、监理、咨询等单位，建设项目管理机构在动态检测期间应组织各参建单位全面配合铁路局做好动态检测期间的各项工作；三维是检测单位、下属各科研所和现场检测作业工作组，检测单位在铁路局的统一组织协调下全面负责各项检测工作。组织结构各维共同构成三层，领导层由铁路局、建设项目管理机构和检测单位主要负责人共同组成；控制层由铁路局相关业务处室、建设项目管理机构相关部门和检测单位各科研所相关负责人及人员共同组成；实施层由铁路局设备管理单位、项目参建各方以及检测单位现场检测作业工作组相关人员共同组成。

多维立体柔性组织结构从顶层开始设计，细化动态检测试验试总体目标，确保阶段性目标完成和责任落实，使组织结构向立体化发展，增加组织的指挥、沟通和协调能力，保证动态检测试验顺利进行，确保安全、质量和进度目标实现。

2. 明晰权责分明的界面管理

动态检测试验期间各单位、人员工作分工不同、隶属管理不同，容易产生责任划分不清，人员管理困难等问题。结合界面管理的理论，分析提前介入、静态验收、动态检测试验及运营试验不同阶段中，界面各方由于各自目标、立场、角度不同，产生的界面矛盾以及矛盾发展的规律，建立具有责权明晰、归类整合、局部服从整体、动态管理特点的动态检测试验界面管理。通过界面管理，划分了各单位、各部门动态检测期间的各项职责和义务，明确了各项工作的落实单位和部门，也明确了各单位、各部门间的安全责任。

根据参试单位专业、级别、工作分工，沪杭高速铁路动态检测期间将各单位统一重新组合划分动态检测试验运输组织组、工务保障组、通信信号保障组、牵引供电保障组、试验检测组等十个专业工作组，并设安全责任包保组、机车运行包保组等包保组织，划分组成各方职责；结合管理制度目标性、强制性、系统性的特点，系统研究动态检测间各项管理规定，健全动态检测运输组织工作实施细则、临时调度所工作细则、工务保障工作实施细则、旅客车站站台建筑限界确认细则、电力电化保障工作实施细则、停送电管理工作细则、安全工作实施细则等组织管理制度，对各工作组、各专业的工作进行了具体划分和布置。

（三）创建多层次分解的进度目标管理体系

沪杭高速铁路动态检测试验进度计划从时间阶段、专业类型、计划层次三个不同角度进行层层分解，根据不同阶段特点制定目标进行控制。

1. 按时间阶段分解

根据沪杭高速铁路动态检测试验的特点，将动态检测试验划分成若干个阶段，应严格控制各阶段进度分界点，每一阶段的起止时间都有明确的标志，作为形象进度的控制标志。根据里程碑计划理论特点，按时间阶段分解为现场准备、逐级提速联调联试和信号系统联调联试三个阶段，制定每个阶段的关键路径和目标。

2. 按专业类型分解

从动态检测试验的专业类型角度，沪杭高速铁路动态检测试验进度计划分解为客运服务系统联调联试、电磁兼容测试、轨道联调联试、通信系统联调联试、接触网系统联调联试、防灾安全监控系统、综合视频监控系统、综合接地测试、供变电系统联调联试、振动噪声测试、路基状况、路基及过渡段动力性能测试测试、信号系统联调联试、桥梁动力性能测试、隧道内气动效应测试以及列车空气动力学性能测试等 16 个部分，各专业的进度计划分别确定开始及结束日期，并在动态检测试验总体进度计划中体现。

3. 按计划层次分解

沪杭高速铁路动态检测试验进度计划是一个系统工程，其编制也是一个逐步深化的过程。根据动态检测大纲、试验的总体安排，及时制定概要计划、总体计划、周计划和日计划，加强组织管理，统一、协调参试各方的工作，合理调配和充分利用资源，保证关键节点目标和整体目标按期实现。

动态检测进度管理结合目标管理方法，以目标为导向，以人为中心，以成果为标准，根据目标管理的明确性、可衡量性、可实现性、相关性、时限性的原则，划分动态检测试验目标管理层次；根据沪杭高铁动态检测实际情况，总结分析里程碑进度计划特点和编制流程，以及里程碑计划的关键节点项目；分析动态检测技术、资源配置、相关规定以及制约性要求等特点，根据动态检测进度计划“自上而下逐步细化”和“自下而上汇总协调”的过程特点，通过分析、优化进度计划，对各个测试项目在时间上、空间上和资源利用上进行平衡，促使资源投入数量、调试技术水平与进度计划相适，研究建立进度计划编制流程；根据动态检测试验概要计划、总体计划、周计划和日计划的特点，研究利用横道图、甘特图等有效的方法和措施进行计划编制；通过对动态检测试验内、外条件的分析，制定总体进度目标，科学、合理编制进度计划，运用逻辑关系图明确各阶段、各环节时间节点，有效配置和利用各种资源，通过计划的执行和检查，严格控制子目标、分目标时间节点，从而最终实现总体目标。与此同时，开展进度控制研究，建立动态检测试验进度控制流程，研究总结通信息收集与检查、比较与偏差分析、偏差控制等进度管理手段和措施。

(四)创建单元化设备质量管理体系

沪杭高铁动态检测期间将设备按照一定的标准划分成若干单元,利用现代信息技术进行设备状态感知,实现全面的设备状态信息互联互通,共享设备管理资源,进行设备养护维修决策,确保运营安全。

1. 建立设备管理单元

根据高速铁路动态检测试验质量管理动态化、持续性的特点,对沪杭高速铁路实施全过程控制,实现基础设施优化补强、服务功能系统完善、建设与运营无缝对接的工作要求。应用信息平台技术、大数据管理技术、地理信息技术等,通过建立涵盖弓网、轨道、信号等设备化管理单元,进行设备优化管理。分析沪杭高速铁路动态检测试验期间的质量评定时机、组织机构、评定程序、评定标准等各方面工作,形成了高速铁路动态检测试验质量控制流程、质量控制活动,指导质量管理控制工作,保障动态检测期间各类问题全整改、全达标;进行各专业统筹兼顾,强化专业对接,确保专业之间的无缝衔接,实行联合整治,协调统一,实现整体同步达优;进行深化、优化、细化设计,实现运营使用功能的整体提高。根据评定经验总结形成工务道岔、曲线,信号工程道岔、轨道电路、轨旁设备、列控现场设备、电源设备及综合防雷系统、信号机房,接触网工程支持结构、承力索和接触线、接触悬挂、电连接及线岔、锚段关节及关节式分相、附加导线、接触网零件紧固力矩等一套评定标准,为今后动态检测质量管理、设备整治提供经验。

2. 设备全生命周期管理

高速铁路设备往往是按照特定地理环境因素个性化设计、

建造，具有高度集成、高精度的技术特点，运营后又经受列车重量、速度、密度等多种因素影响，通过对设备规划、设计、建设、运营直至报废等阶段的事件信息统一管理，全面地采集其历史和当前信息，在时间维度上更透彻地感知设备历史，做到对历史数据的快速追溯。通过数据追溯对设计、建设阶段和运营阶段等相关数据追踪和监控，解决高速铁路设备设计、建设阶段和运营阶段管理脱节问题，对各种原始记录，如设备的故障史、诊断与维修经验的积累和理论性的总结工作进行有效管理，使设备相关资料实现多层次的数据共享。利用各类数据信息对设备的寿命分布规律建模，掌握设备状态的变化规律，预测设备实际使用寿命，对设备不同阶段的各类风险因素进行分析、评价和控制，实现对设备风险全面评价的目的。根据分析评价结果，整合维修资源，按照空间位置把握设备薄弱环节、安排维修计划，从而提高设备管理效率，实现智慧的维修决策。

（五）研发世界一流的试验测试、调试技术和设备

根据多条高铁的工作实践，梳理动态检测试验相关工作内容和各项活动的流程图。动态检测试验专业技术人员与试验检测车辆等都是极为宝贵和稀少的资源，研究建立合理的资源配置标准和组织模式。研究轨道系统、接触网系统、供变电系统、通信系统、信号系统、运营调度系统、客运服务系统、防灾安全监控系统、综合视频监控系统、综合接地、电磁兼容、振动噪声、路基状况、路基及过渡段动力性能、桥梁动力性能、隧道内气动效应、列车空气动力学性能等测试项目的测试技术、测试设备研发了多项世界领先的测试设备，主要有：

1. 轨道几何检测系统惯性基准测量方法，采用国内自主研发激光摄像轨距、轨向检测装置，实现了在最高运行速度385 km/h条件下的长波轨道不平顺实时检测。创造性地将高

精度光电编码器、射频标签、DGPS和应答器等多种定位方式有机结合，实现了列车在385 km/h条件下列车时钟、速度和里程信息的同步采集、传输和控制，实现列车的精确定位。

2. 接触网静态几何参数测量技术，在沪杭高铁动态检测过程中使用动态几何检测数据与静态几何检测数据的同步融合，实现了连续动态抬升量的测量，利用光学非接触式检测系统精调检测数据，诊断出弹性吊索张力超限和弹性吊索的吊弦不等高超限。接触线动态抬升量测试通过多点分布式接触线振动远程测量系统，实时测量多点接触线的振动性能，确定接触网运行是否安全。在沪杭高铁动态检测试验中使用“弓网波形数据库分析系统”，在弓网数据采集同时进行弓网波形数据库数据实时分析处理，为快速、准确、科学分析试验数据提供有效手段。

3. 开发具有现场采集、远程监控功能和对短路试验参数多变电所多测点同步测试分析功能的系统，连续采集记录2～3个月供变电运行参数数据，对电压电流分析至100次谐波，同时分析负序、功率和功率因数。

4. 在沪杭高铁动态检测中采用配备多台高速测量接收机和多台不同类型的测试模块技术，实现了GSM-R场强覆盖、电磁环境、服务质量和应用业务等多功能同时测试，将测试数据通过时间戳相关联，实现了数据的综合分析和测试报表自动生成，大幅提高测试效率。GSM-R地面综合测试平台具备全自动测试能力，实现无人值守，车载测试系统采用CSD电路数据传输技术对GSM-R地面综合测试平台和GSM-R接口监测系统进行时钟校准，实现测试数据的时间同步，精度在500 ms以内。

5. CTCS-3级列控系统车载设备测试序列计算机辅助生成

工具可根据提示和图形化界面，快速、高效编制测试序列，生成的测试序列统一存储于数据库中，便于统计和电子化管理，增强了测试过程的规范性和完备性。CTCS-3 级列控系统车载设备司法记录器(JRU)实时在线监测记录设备，能够实时对测试过程和测试数据进行监控，并利用远程无线传输技术，将测试数据传输到服务器，远程终端可以登录服务器进行远程监控。

6. 研发专业测试工具气象数据发生器，利用图像分析软件分析大风实时监测数据，数据采集频率精确度进一步提高。

7. 开发自动化测试软件，包括视频图像传输时延测试用毫秒级时钟软件，云镜控制响应时延测试自动测试软件，系统联动响应时延测试上位机和下位机软件。应用专业网络性能分析仪来测试视频传输带宽占用情况。

8. 综合接地测试中采用具有远程控制功能的数据采集模块，利用无线网络传输设备控制命令和读取数据，提高了测试效率，减少了人员上道，增强了试验安全性。

9. 改进声屏障结构气动力测试系统，实现了测试工作的自动触发，试验数据自动采集、自动存储、远程传输。结合试验数据分析，优化了声屏障气动力各测试参数的测点布置。

10. 车载测试系统通过光缆局域网实现全车同步测试，并与其他专业的试验设备实施同步测量。采用新型 imc 采集设备具有更强的抗电磁干扰能力，提高了试验信号的精度和保真度。采用新型防水车外压力传感器，有效提高了车外压力传感器的可靠性。

11. 研发新设备精调技术。沪杭高速铁路动态检测试验期间，通过静态验收的设备距离运营状态仍存在一定的差距，为使设备达到运营的要求，要对设备进行系统性的精调细整。对工务工程在试验过程中易产生的动力学及轨道几何状态超限问题，通过典型的波形图进行分析，提出了整治办法和技术，通过研究建立了曲线、道岔单元管理和钢轨预防性打磨理念，初步提出了钢轨预打磨的标准；对弓网设备超限，分析典型波形图，建立波形图库，进行设备整治，对牵引供电系统在动态检测初期和各条线路普遍存在的吊弦处导线高度超标、拉出值超限、相邻定位点高差、相邻吊线间高差超限等问题结合测试图形进行分析，提出了分析重点和调试建议。

12. 建立高速铁路养修标准对信号设备状态、列控系统功能、车站联锁系统功能、CTC 系统功能、高速道岔转换设备维修关键技术、高速铁路 ZPW-2000 轨道电路维修规律进行了初步研究和探索，形成了整治技术建议和标准；开展了接触网力矩检测、红外测温分析为运营维护提供了初步建议；对客运服务系统的客运服务系统内部接口关系、客运服务系统与外部系统之间接口关系调试，总结提出了上海铁路局在调试和试验期间的初步经验；积极组织机车车辆设备在动态检测和运营期间的设备养护标准及故障处理研究，初步提出了 CRH2C 型动车组轮对修形标准，动车组一、二级检修标准，动态检测期间新一代动车组典型故障分析，新一代动车组(CRH380A)一、二级检修标准；结合机车运行操作形成了动车组 ATP 故障、300T 型 ATP 设备故障、CRH380A 机车故障等处理措施。

(六)创建全过程的安全风险管理体系

沪杭高速铁路动态检测试验过程中，安全工作处于首要地位，工作内容多、涉及单位广、设备整治与试验检测交叉进行，存在人员、材料机具、环境等多方面的安全风险因素，研究采用相应的方法、手段进行管理和控制。上海铁路局在组织动态检测的过程中分析沪杭高速铁路动态检测试验安全管理系统性、风险性、动态性的特点，根据动态检测试验安全管理总体目标

“统一组织、集中指挥、分工负责、协作配合、快速反应、紧急处置”和“集中试验、集中施工”的要求，遵循安全风险管理事前管理、弹性化调整、整分合原则、科学实用、快速反应、闭环管理的原则，总结安全风险管理基本工作流程和安全风险动态管理工作流程，明确路局各专业处室、设备管理单位、项目建设、施工、测试等单位的安全风险管理职责；将测试、调试以及参建单位的未完工程推进等纳入动态检测指挥部的统一管理，全面系统分析风险源，划分各单位各项工作风险等级，统一协调各单位从动态检测整体出发，通过安全风险管理层次法和头脑风暴法等的运用，进行安全风险管理应对。

1. 全方位分析，划分风险源

运用层次分析法，结沪杭高速铁路合动态检测试验工作实际特点识别出材料、机具、小车、梯车、人员的挡道，上跨线路施工中异物坠落，站台侵限，列车溜逸，列车进路错办，列车超速，轨检车、动检车车体部件脱落，轨道几何状态控制超限，信号联锁错误、失效，弓网松脱掉，人为破坏等 11 项动态检测安全风险关键，对识别出的安全风险事件，逐一分析评价导致事件发生的原因、影响范围和潜在后果，建立动态检测试验风险结构层次图，对风险事件进行前期分析评估后，将安全风险事件划分为 A(风险程度很高)、B(风险程度高)、C(风险程度一般)、D(风险程度低)四个等级进行应对管理。

2. 实施全面防控的应对，规避安全隐患措施

采用专家调查法，通过征集相关单位、业务部门意见进行分析评估，从运行列车种类、施工类型、试验和施工作业交集等三个方面对安全影响进行分析，总结加强沪杭高速铁路动态检测试验期间防侵限、防挡道、防坠落、防溜逸、防错办、防超速、防破坏七个方面的控制，加强日计划管理，加强包保片区安全

管理，加强沿线防护看守和保卫，加强设备精调细整，加强实验列车、检测列车检修等五项措施，和每趟列车开行前的安全进行确认的安全风险管理应对措施。

（七）创新富有驱动力的激励机制

在理念、制度、文化三个层面创新沪杭高速铁路动态检测试验组织激励机制，提升组织成员归属感、事业心和责任心，保证组织沟通信息畅通、成员步调一致，紧密协作，团结共进，进而发挥组织的最大功效，推行组织激励有利于调动参试各方的工作积极性。沪杭高速铁路动态检测试验过程中，铁路局根据不同阶段的不同特点，选择适当的激励方式，采用责任状管理和红旗、黄旗、白旗评比制度，以及立功竞赛评比等激励措施。同时建立动态检测试验竞赛活动专题网页，编发《高铁风采——动态检测活动专刊》《党员风采录》《建设者风采》画册等专题简报，反映活动动态，为广大建设者的无私奉献和功绩进行宣传。

1. 责任状管理制度

铁路局坚持预防为主、从严管理的思路，严格责任落实、责任追究制度，检查考核干部职工履责情况，加大问题分析，严格责任人员的责任追究。铁路局同施工、监理、设计单位签订责任状，对于设备整治期间出现的质量安全问题严格进行升级处理，对施工、监理、设计单位纳入铁路局建设工程信用评价不良行为记录，直至清退责任人员和责任单位项目经理、总监和限制投标；对铁路局相关业务处室、项目管理机构和设备运营管理单位根据铁路局的相关规定严肃处理。

2.“六比六创”活动

以“动态检测试验当先锋，我为党旗添光彩”为主题，组织开展“六比六创”活动，引导党员比质量、创精品工程；比安全、创安全工程；比技术创新，创工艺工法；比资源节约，创环保工程；比团结协作，创和谐工程；比奉献，创优秀团队。

3. 公开承诺活动

以“动态检测试验当先锋，我为党旗添光彩”为主题开展公开承诺，立功竞赛评比活动，以支部为单位做出集体承诺，党员结合岗位实际进行个体承诺，承诺内容力求简洁明了，好记好评，实效管用，努力做到承诺一条、兑现一件，并通过一定的形式进行公开。

4. 先进集体、个人评比活动

结合支部党员大会、党小组会或工作例会对动态检测试验期间先进集体和个人进行点评、评比。党支部书记要定期和不定期地对党员履行承诺情况开展点评，确保做到每名书记都作点评和每个党员都被点评。各党支部定期组织党员和群众对党员履行承诺、发挥先锋模范作用情况进行群众评议，对于完成重大任务突出的人员进行动态评定，评选“月度之星”、先进党支部和先进个人。

三、成果实施的效果

（一）建立了我国独立自主的高速铁路动态检测试验组织管理体系，为技术标准的建立提供依据

上海铁路局创新的动态检测试验组织模式在沪杭高速铁路动态检测试验期间广泛采用，为我国高速铁路动态检测组织管理模式的建立和完善奠定了基础；高速铁路主要由系统集成、动车组、线路工程、通信信号、牵引供电、运营调度和客运服务 7 个子系统组成，各系统功能通过动态检测试验期间发现问题进行系统化分析和优化调试，通过动态检测期间的设备检测和调试研究，为新一代高速动车组维修体系、高速铁路联调联

试规则、CTCS-3级列控系统、CRTS无砟轨道、高速铁路钢轨、高速铁路道岔、高速铁路混凝土箱型预制梁、高速动车组试验规范等一系列高速铁路技术和标准规范的建立提供依据。

(二)多项测试、调试技术填补了国内外空白

研究制造的高速铁路各项检测测试设备达到了世界领先水平,轨道几何检测系统惯性基准测量方法、接触网静态几何参数测量技术、接触线动态抬升量测试技术、弓网波形数据库分析系统等测试技术、高速综合检测列车及检测技术标准等世界领先的高新技术和设备填补了国内外高速铁路设备质量检测技术和手段的空白。工务高速铁路设备调试技术和作业标准、通信信号GSM-R网络规划及优化技术、高速动车组车辆轮对修行标准和技术等新技术、新标准为国内外高速铁路养修、维护运营提供了借鉴和参考。

(三)取得了世界最高的试验运行速度

沪杭铁路客运专线联调联试于2010年8月25日开始准备,截至9月23日,检测试验动车组共上线14天,全天停轮安排轨道、接触网和信号设备状态整治和精调3天。共开行160 km/h检测列车78列次,累计检测里程约8 672 km,开行动车组550列次,累计检测里程约50 622 km;合计开行628次列车,总计检测里程约59 294 km。运行试验期间,2010年9月28日CRH380A动车组最高速度达到416.6 km/h。

沪杭高速铁路动态检测集成管理相关创新成果在京沪高速铁路(上海局管段)、宁杭高速铁路、杭甬高速铁路中得到了进一步应用和优化,2010年12月3日京沪高速铁路先导段最高试验速度达到486.1 km/h,2013年5月4日宁杭高速铁路最高试验速度达到400 km/h。

(四)确保高速铁路安全平稳运行、创造显著的社会和经济效益

上海铁路局有效的组织和完成了沪杭高铁的动态检测试验，通过动态检测期间对设备的优化、完善，以及各项养护标准的研究，消除了设备隐患，确保了线路按期、优质、一次性、全功能投入运营，为高速铁路长期稳定、高效安全运营奠定了基础。沪杭高速铁路全功能按期开通和长期、平稳、完全、公交化的运营在长三角经济圈上海至杭州之间架起了一条快速流动通道，缩短了区域及城市之间地理空间，实现了同城效应，增强两城市之间的各类生产要素的流动、互动、合作。为区域产业布局、重大项目、市场体系、生态环境整治与保护等战略整体规划提供了基础，有利于经济带发展战略、发展目标的实现和形成整体发展合力。

高速铁路动态检测试验是高速铁路建设和运营准备的重要组成部分和必要环节，是验证高速铁路建设是否达到设计目标，是否满足开通运营的重要过程，是集科研、设计、制造、施工、试验、检测、调试等各方面力量的系统性工程。高速铁路动态检测组织管理模式及技术的创新，建立了我国独立的动态检测组织管理和试验体系，多项测试和调试技术填补了国内外空白，为我国高速铁路的安全有序运营建立了集众多系统、单位、人员、设备为一体的测试、调试集成化组织管理体系和平台。通过动态检测试验的有效组织和管理，确保了我国高速铁路建设向运营的平稳、安全、快速过渡。高速铁路动态检测试验集成化组织管理是我国独立创新的世界领先的高速铁路整体建造、试验、运行体系中重要的组成部分，为我国高速铁路的快速健康发展和“走出去”战略的实施提供了有力支撑和保障。

（本成果获 2013 年国家企业管理现代化创新成果二等奖，成果创造人：王峰、金武、张骏、邬争光、陈忠心、何永昶、徐京海、陆志华、占胜、殷金栋、赵文磊。）

京沪高铁时速 350 km“复兴号”运营管理体系的创建与实施

从 2012 年开始，中国铁路总公司坚持引进、消化、吸收、再创新，利用 3 年多时间，牵头研制出具有完全自主知识产权、达到世界先进水平的中国标准动车组“复兴号”。京沪高铁是世界上一次建成线路最长、标准最高的高铁，在京沪高铁率先开行时速 350 km 的“复兴号”具有重要的标志性意义。集团公司以设备达标创优为重点，从安全管理、服务管理、收益管理、应急管理等方面，创建京沪高铁时速 350 km“复兴号”运营管理体系，实现运营安全、服务优质、效益良好。

一、成果实施的背景

(一)树立世界高铁建设运营新标杆的战略需要

自 2008 年以来，中国在世界上公认最复杂、最困难的自然气候和地质条件下，分别建成了适应高寒、热带、沙漠、山区、沿海等不同环境的高铁，目前高铁运营里程已达 2.2 万 km，超过世界其他国家高铁里程总和，同时还自主研制了更安全、更先进、更经济的中国标准动车组“复兴号”，中国高铁从“追赶”到“并跑”，再到“领跑”。京沪高铁按照时速 350 km 标准设计和建设，在世界高铁建设运营中没有先例。为确保绝对安全，铁路系统在开通初期先按时速 300 km 运营，经过几年的探索实践，形成科学的运营管理体系，再实现达速运营。这对设备设施、运输组织、安全管理、外部环境等提出了更高的要求，运输安全面临极为严峻的考验和极大的压力。由此实施原有运营管理体系的重建和再造，就是要满足“复兴号”按时速 350 km 的运营需要，确保高铁和旅客列车安全万无一失，真正从工程建设、装备制造、运营管理等方面，全面树立世界高铁的新标杆。

（二）更好满足人民群众美好旅行生活的具体举措

虽然近年来长三角地区高铁快速发展，极大地改善了区域路网结构和人民群众出行条件，但运能供给不平衡不充分的矛盾依然存在。时速 350 km“复兴号”具有许多独特优势，比如能够适应各种地质气候，受外界环境影响更小，安全可靠性更高；京沪间旅时最短仅 4 小时 18 分钟，与含两小时候机时间的航空比相差无几，而且开行数量逐步增加，出行便捷性更强；列车座椅间距加大，无线 WiFi 全面覆盖，服务标准全面提升，全程禁售无座票，旅客舒适性更优。围绕京沪高铁“复兴号”开行创建运营管理体系，提升高铁供给数量和质量，对于更好地满足人民群众对美好生活的向往，具有十分重要的现实意义。

（三）当好“交通强国、铁路先行”排头兵的实际行动

上海局在全路地位独特、作用重要，集团公司提出“当好交通强国、铁路先行”排头兵的目标定位，需要在各项工作中一步一个脚印践行落实。作为铁路系统高铁大局、客运大局，管内高铁起步早、发展快，运营管理经验丰富，高铁里程、动车配属、旅客运量均位居全路首位。但同时，长三角沙土地质特征明显，冰雪、暴雨、雷电、台风、高温等恶劣天气交织，高铁沿线外部环境复杂，再加上长三角地区经济发达，人民群众生活水平高，商务旅客多，对铁路供给品质的要求也更高。上海局管辖

京沪高铁 629 km，占全线里程近一半，在确保安全、优质服务、增收创效等方面，承担的责任和压力也最大。因此，无论从优势条件，还是考验挑战看，集团公司都必须强化使命担当，在创建京沪高铁时速 350 km“复兴号”运营管理体系中，主动作为、率先探索，以实际行动当好排头兵，发挥示范引领作用。

二、成果的内涵和主要做法

紧紧围绕“复兴号”按时速 350 km 运营、创造世界高铁商业运营最高速度的目标，大力推进京沪高铁标准示范线建设和“复兴号”品牌战略，在全面开展设备达标创优的基础上，从安全、服务、收益、应急四个方面入手，创建了全路领先的“复兴号”运营管理体系，打造了具有国际影响力的“复兴号”品牌。主要做法如下。

（一）京沪高铁“复兴号”运营管理体系构建的总体思路

1. 基本工作目标

坚持高标定位，结合实际研究确立了“四个优”工作目标。

（1）优良的设备：京沪高铁管内钢轨、路基、桥隧等工务设备综合优良率达到 100%，线路 TQI 值维持在 2.5 左右。电务设备机械特性、电气特性双达标，综合合格率达到 100%。接触网设备质量动态检测评价优良率达到 100%，一级缺陷为零。“复兴号”动车组质量稳定，故障率得到有效控制。

（2）优秀的人员：京沪高铁管内定员标准比其他局管段以及集团公司其他高铁更加精简，17 个主要生产岗位准入标准高于其他高铁，人员学历为高中及以上、职业资格为中级工及以上、工作经历为高铁岗位 1 年及以上，全部参加岗前资格性培训并考核鉴定合格，队伍素质在系统内部处于最优水平。

（3）优质的服务：京沪高铁“复兴号”列车设备设施统一配

套、齐全完备、使用正常率高于99%，引导揭示系统符合标准、清晰明了，旅客车上就餐、扫码支付、信息获取、车票查验等服务水平全面提升，列车WiFi无线网络全覆盖，旅客投诉率低于0.01‰，服务质量第三方测评得分高于90分。

(4)优异的业绩：京沪高铁运输密度不断增加，资源利用更加集约高效，运输市场逐步扩大，“复兴号”开行质量效益不断提升，客座率保持90%以上，列车商业资源充分开发、效益良好，在运输服务、经营开发等方面充分发挥品牌效应。

2. 体系设计

主要包括设备达标、安全管理、服务管理、收益管理、应急管理五大部分(图1)。

3. 实施步骤

建立每周例会、每月推进会机制，主要分四个阶段组织推进。

第一阶段：全面立标阶段(2017年4月)。主要任务是深入开展调查研究，结合现状和存在的问题，全面、清晰地确立京沪高铁“复兴号”运营管理体系各项标准。

第二阶段：对标检查阶段(2017年4月到5月)。主要任务是对照标准，全面查找存在问题，制定整改措施，推进边查边改。

第三阶段：总体达标阶段(2017年6月到9月)。主要任务是集中抓好整改，补强薄弱环节，解决设备设施、安全管理、运营管理、经营开发等方面不适应问题，实现总体达标。

第四阶段：巩固提高阶段(2017年10月起)。主要任务是在总体达标基础上系统总结，形成一套完整的京沪高铁“复兴号”运营管理模式，不断补强完善、改进提高。

(二)全方位开展京沪高铁固定设备达标创优

基于“复兴号”新的车体构造、更高的运行速度、不同的运

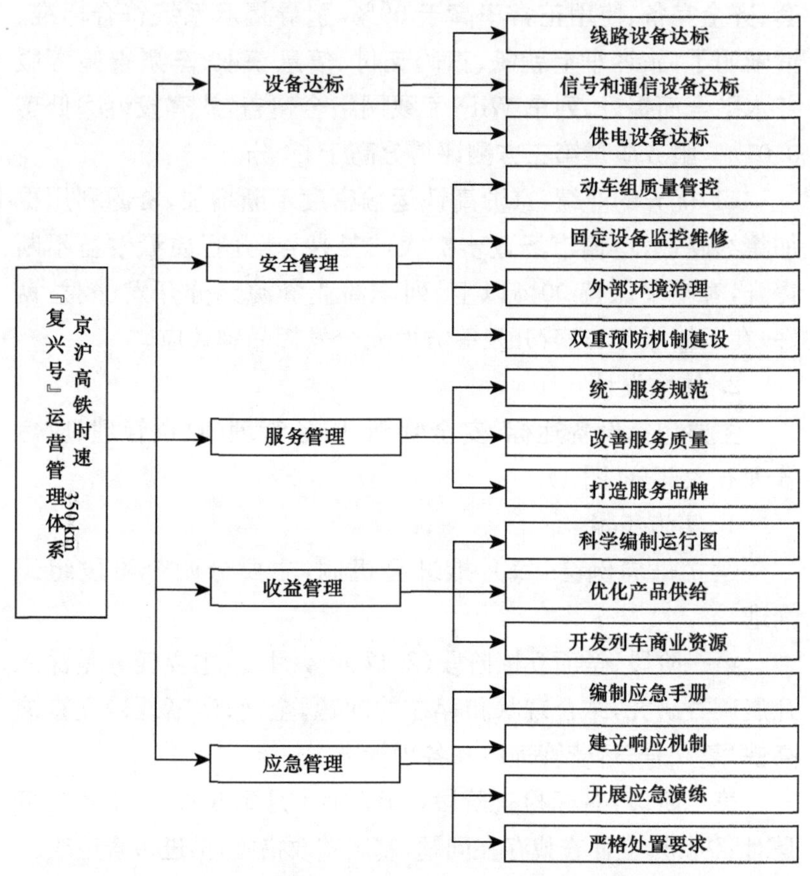

图 1　京沪高铁时速 350 km“复兴号”运营管理体系构架

行条件需求，组织对既有的线路、信号、通信、接触网等设备实施全面达标创优，确保按时速 350 km 运营后质量优良、状态稳定。

1. 实施以轨道精调智能化为重点的线路设备达标创优

针对时速 350 km“复兴号”上线运营后，对线路质量状态特别是轨道平顺性提出的更高要求，组织实施规模化、智能化轨道精调。一是高标定位。轨道质量指数(TQI)是衡量线路设备综合状态的评判指标。为满足时速 350 km 运营需要，铁路总公司提出京沪高铁 TQI 不高于 3.0，集团公司自我加压，制定 TQI 值不高于 2.5 的精调目标。二是创新手段。自主研发四维、瑞邦智能轨道检查仪，解决传统测量工具检测密度不大、精度不高的问题，实现测量数据及时采集、动态纠偏、自动存储、快速传输，提升精调作业智能化水平。三是优化方案。比照高铁新线精调作业，突出路基下沉、桥梁徐变、TQI 值较高等重点区段，有针对性地制定精调方案。坚持“先整体后局部、先轨向后轨距、先高低后水平”原则，充分考虑线路运营实际，兼顾现场扣件剩余调整空间、高程撬和平面撬长度等因素，采取“绝对＋相对”双重优化调整模式。第一遍利用四维轨道测量仪，对照线路设计原型进行绝对测量调整；第二遍利用瑞邦轨道测量仪进行相对复测，优化短波高低轨向、水平、轨距、三角坑等指标，提高质量标准。四是精心组织。制定精调作业指导书，严格天窗申请、人员安排、材料准备、扣件更换、作业防护全过程盯控，加强精调质量验收和跟踪分析，确保安全优质。目前，京沪高铁上海局管段 TQI 平均值达到 2.45，其中实施精调区段达到 1.75，处于全路领先水平。此外，还集中完成了 350 km 轨道板防胀加固、1 005 处声风屏障窜动脱落等重点整治，全面提升了线路质量。

2. 实施以控制系统为重点的信号和通信设备达标创优

针对时速 350 km“复兴号”上线运营后，对信号传输稳定性提出的更高要求，以控制系统为重点，实施信号和通信设备达标创优。一是优化列车运行控制（CTCS）系统。对列控核心设备“无线闭塞中心（RBC）”进行软件升级和密钥更新，在列控中新增区间逻辑检查功能，实现列车占用丢失后自动报警、自动限速，改变了过去需要人工核对确认、人工组织运输的低效处置状况。二是优化列车调度集中指挥控制(CTC)系统。将CTC系统的数据传输通道由原来的单通道升级为双路通道,同时改造相应硬件设施,将网络接口由2 M宽带升级为Fe光纤,为核心路由器和交换机增设了光接口板,增强通道冗余,确保达速运行后信号传输稳定。三是改造通信设备。将数据通信网链路带宽由原来的155 M拓宽至1 000 M,把铁路运输管理信息系统(TMIS)接入数据通信网,提升TMIS系统承载能力。对数据传输网管进行升级,服务器软件由华为T2000升级为U2000,查询等功能更加强大,操作界面更加人性化。四是补强硬件设施。对T梁区段老化破损的8 670 m电缆槽,全部更换采用SMC复合材料;对正线1 814组应答器增加了防击打装置,防止冰雪天气动车组夹带冰块击打;补强了道岔11组融雪装置,确保全覆盖。

3. 实施以接触网为重点的供电设备达标创优

针对时速350 km"复兴号"上线运营后,对接触网稳定性和弹性提出的更高要求,从三个方面实施技术攻关,确保动车组正常获取电流。一是调整关节结构参数。京沪高铁接触网四跨非绝缘锚段关节中心柱处接触线设计时抬高了20~40 mm,运营过程中容易产生硬点及火花,特别是"复兴号"速度更快,这一现象将更加凸显,影响列车运行安全。为此,组织对京沪高铁管内1 232处接触网四跨非绝缘锚段关节结构参数进行了降低调整,保证动车组能够平滑通过,增加了受电弓和接触网使用寿命。二是开展振动、应力腐蚀技术研究。针对京沪高铁提速后将加大接触网振动的实际,初步在徐蚌段、沪宁段试点开展接触网振动、应力腐蚀研究工作,联合西南交大共同研发安装了接触网振动检测装置,动态做好适应性调整,防止接触网振动疲劳。目前该项技术正在不断优化完善,逐步推广实施。三是补强架空避雷线。组织全面排查，对虹桥站外等地段补强架设了接触网避雷线，确保雷电天气下设备稳定。

（三）健全"复兴号"运营安全管控体系

始终把"复兴号"运营安全放在首位，加强风险研判分析和日常检查盯控，健全安全管控体系，确保运行安全。

1. 严格管控"复兴号"动车组运用检修质量

"复兴号"是具有完全自主知识产权、达到世界先进水平的新型动车组，集团公司作为使用方，更加注重日常运用维护管理，确保新车运营过程中始终保持良好状态。一是严格工装配套。坚持"最好的车用最好的设备来修"，结合"复兴号"车型特点，对既有检修平台、地面电源线等设施进行了适应性改造，配套购置轮辋轮辐探伤样板轮、空心轴探伤适配器、镟轮下压爪等专用设备，对相应检修软件进行升级，满足日常检修以及探伤、镟轮等工作需要。二是严格检修质量。坚持"最好的车用最严的标准来修"，专门成立"复兴号"动车组技术团队和检修团队，落实专车、专人、专修，并与造修企业建立每日、每周、每月对接机制，共同研究攻关故障难题。突出与"和谐号"检修不同点，细化各岗位作业指导书，规范检修作业流程和工艺标准。创新轮对检修作业全过程智能化管理，推行自动化检测、智能化组装、数字化质量控制，提高检修质量效率。三是严格质量跟踪。坚持"最好的车用最科学的手段来盯"，研发应用动车组健康管理运维决策系统，对"复兴号"上线运行数据全程采集记录，发现故障自动筛选报警，关键部件长期跟踪监测，盯控磨耗、振动、车辆平稳性等指标变化，研究掌握规律，科学指导检修维护。

2. 广泛推行京沪高铁固定设备智能监测维修

用好各类智能监测系统，密切掌握固定设备状态变化，精准施修,常态保持达标。一是加密监测频次。加密高温时段京沪高铁无砟轨道检查周期,其中人工巡检由平常每半年一遍加密至每两天一遍,添乘检查由平常每两天不少于一遍加密至每天 7 个时段各一遍,及时发现整治胀板问题。加大接触网盯控检查力度,将接触网安全巡检装置(2C)、悬挂状态检测监测装置(4C)的检测周期从每旬 1 次加密至每周 2 次,发现缺陷及时整治。二是丰富监测手段。实施"动静结合"的线路检查方式,利用综合检测车、便携式和车载式线路检查仪、添乘列车等方式进行动态检查,利用人工巡检、轨道检查仪等进行静态检查,综合衡量设备状态。自主研发智能监测装置,提高检查维修效率。比如,研发安装"复兴号"车载式晃车仪,实时记录京沪高铁沿线晃车处所,有针对性地实施局部线路精调;研发运用区间轨道电路室外监测系统,发现异常及时报警,提高区间轨道电路设备故障诊断和处置效率。三是深化大数据分析。利用高速弓网综合检测装置(1C)、车载接触网运行状态检测装置(3C)每旬检测数据,开展接触网几何参数等综合分析,及时发现设备质量问题。运用大数据分析系统,梳理 350 km/h 运行情况下检测数据,与 300 km/h 运行数据进行对比分析,探索变化规律,指导养护维修。

3. 实施京沪高铁外部环境协同整治管理

管内京沪高铁涉及苏皖沪两省一市和 9 个地级市,沿线土地开发、工程建设、非法侵占等现象普遍,上跨桥、公铁并行区段等潜在风险大,各类建筑物、塑料大棚的彩钢瓦、轻质漂浮物极易被大风刮到线路上,外部环境十分复杂。为此,集团公司协同地方政府,加强整治管理。一是补强安全防护工程。全面排查修复沿线防护栅栏、刺丝滚笼等防护设施,补强上跨桥防抛网和防撞墙,提高全封闭管理标准。完善高铁防灾系统功能，做到实时监测、准确报警，提升对风、雨、雪、地震等自然灾害的预警预防能力。在车站、线路、列车重点部位，全面补强视频监控装置。二是集中排查整治外部隐患。结合国家文明城市创建和“美丽乡村”创建三年规划，开展京沪高铁环境整治“三大战役”。第一战役着重查处影响京沪高铁运营安全的重大和明显隐患，第二战役着重查处沿线保护区和控制区内违法占地、违法建设、违法经营等问题，第三战役着重查处沿线可视区范围内影响观瞻、污染环境等突出问题。“复兴号”上线前，排查发现的 77 处隐患问题全部整治到位。三是健全路地联防体系。协调地方政府、公安机关，将京沪高铁纳入社会整体治安防控体系，建立以“双段长”责任制为核心的路地联防联控机制，沿线城区内每 1 km、城区外每 5 km，设置铁路和地方街道相关负责人各 1 名段长，共同负责沿线环境巡查整治工作。协调铁路和地方检察机关，建立检企联动机制，借助检察机关力量推动外部环境问题解决。

4. 健全安全风险管控和隐患排查治理双重预防机制

坚持安全关口前移、源头治理、超前防范，健全安全风险管控和隐患排查治理双重预防机制，把风险控制在隐患形成之前、把隐患消除在事故发生之前。一方面，健全安全风险防控机制。规范安全风险“动态研判、责任认领、周期评价、预警干预”一整套运作流程，每年开展一次全面全过程安全风险辨识，对影响“复兴号”运营安全的风险进行重点研判分析，纳入安全风险库。分级分类制定预防控制措施，对照部门、岗位职责逐级认领和落实。安监部门每季度对专业部门、专业部门每月对站段开展“体检式”检查验证，评价风险管控效果，及时预警干预。配套建立干部现场检查量化、安全包保、跟班写实、履职督查等制度机制，促进干部用心履职、规范管理、狠抓落实。另一方面，健全安全隐患排查治理机制。围绕安全管理、设备质量、现场作业、外部环境等重点，建立常态化隐患排查治理机制，分级分类纳入安全隐患库，逐项明确责任、治理要求和完成时限。对重大安全隐患挂牌督办，“一事一档”管理。将双重预防机制运作情况纳入各级日常考核，对“复兴号”风险隐患失管失控问题，一律升格处理，促进双重预防机制规范运行，风险有效受控、隐患及时解决。

（四）实施京沪高铁“复兴号”服务升级

近年来，集团公司坚持软硬并举，从细节入手改进旅客服务，逐步形成了一套精细、规范、获得社会广泛认可的高铁客运服务体系。比如，在标准化上，严格落实客运服务质量规范，保证空调厕所、供餐供水、环境卫生等基本服务达标；在便捷化上，积极推行购票自主选座、手机智能充电、行李“顺手寄”、医疗服务点等便民利民措施；在个性化上，结合不同层次旅客需求，推出“上铁旅行管家”专项服务、“铁路畅行”会员服务、站车联网接续爱心服务等项目；在智能化上，适应发展变化，广泛应用“扫码支付”、高铁订餐、智能导航、自助验证等先进技术手段。围绕“复兴号”运营，在巩固既有服务体系基础上，进一步创新方式手段，提升质量标准，让旅客有更好的体验。

1. 统一服务规范

针对以往不同集团公司、客运段、列车的服务标准不一的问题，制定规范统一的“复兴号”动车组服务标准。硬件方面，统一制作配备“复兴号”服务备品，统一备品式样、规格、颜色、材质以及配置数量、摆放位置等内容，做到与“复兴号”内饰环境、外观颜色相协调，改善旅客感官体验。软件方面，统一“复兴号”列车服务人员仪容、着装、胸牌、用语等标准，展示良好形象；统一设备设施介绍、服务项目、站内信息等列车广播内容，剔除不必要的、精简冗长的，做到规范、简洁、实用。

2. 改进服务质量

突出备品、礼仪、保洁等重点，全面提升“复兴号”服务质量。一是改善备品质量。对防寒毯、靠枕等备品，采用阻燃腈纶和防静电纤维面料材质，加强配送、使用、维修管理，常态化保持服务备品标准不降，提升旅客使用舒适度。二是改善礼仪服务。从旅客感受出发，优化“复兴号”验票、答疑、送餐等服务流程，增强旅客归属感和认同感。推行差异化车票查验服务，利用“复兴号”座席状态电子信息，仅对席位状态不符等特殊情景的旅客查验车票，减少对旅客的干扰。实行乘务人员首问首诉负责制，做到有问必答、有礼有节，热情处置、耐心解释。三是改善保洁服务。引入封膜技术，对“复兴号”车底板壁、玻璃、VIP 商务座椅、卫生间地板等进行全面覆膜，提高表面光洁度。配置高铁清洁车、厕所保洁锂电池喷壶、专用除臭剂、专用平板等设备，增强保洁能力，增加途中巡视频次，商务座车厢每 15 min、其他车厢每 1 h 检查一次，并专门研发配置厕所去味剂，每 4 h 全列喷一次，对商务座厕所“一客一清”，消除厕所异味。

3. 打造服务品牌

结合实施“复兴号”品牌战略，全力打造中国高铁品牌。一是制作品牌标识。对“复兴号”各类备品统一加印 LOGO 标识，LOGO 由路徽和“CR”组成，防寒毯、靠枕标识统一印制在右上角，其他备品根据外观设计合理确定位置。规范车内宣传册、宣传画、列车服务指南等宣传品设计制作要求，全面体现“复兴号”特点。二是开展品牌宣传。将“复兴号”纳入改革开放 40 周年主题宣传内容，突出首开列车、首次提速、扩大开行、上线一周年等重要节点，及时跟进宣传报道，扩大品牌的社会影响力。三是塑造品牌文化。面向干部职工开展“复兴号”品牌战略的宣传教育，大力选树培育安全标兵、技术能手、服务明星等先进典型，讲好人物故事，增强理解和认同，营造浓厚文化氛围。

(五)实施京沪高铁“复兴号”运营收益管理

发扬精细管理的传统，围绕“复兴号”运营，建立收益管理机制，充分用好产品、资源、市场优势，推行精细化算账开车，加强经营开发，全方位提升运营效益。

1. 科学编制列车运行图

针对京沪高铁列车开行密度大，“复兴号”上线后时速350 km、300 km、250 km 3 种速度等级列车混跑的情况，充分挖潜、科学编图，将速度与密度有机结合起来。按照先长后短、先跨局后管内、“复兴号”优先的原则，均衡铺画京沪高铁列车运行线条，重点将低速列车安排至空档较大的时段开行，减少对“复兴号”影响。根据列车速度差别，合理设置始发站发车间隔、到达最小间隔、中间站追踪间隔以及到通间隔、通发间隔等，按照始发站 5 min 追踪、中间站 4 min 追踪，组织列车连续开行，实现有效时段内列车开行数量最大化。针对高峰时段徐蚌段能力非常紧张的实际，编制高峰图时适度调整追踪间隔，尽量减少列车越行，同时预留冗余时间，减少列车晚点影响。加强“复兴号”开行效益分析，结合运行图调整不断优化开行方式、距离、范围等，综合利用好全线和“复兴号”运输能力。

2. 优化“复兴号”产品供给

通过优化停站、开点、旅行时间等方式，丰富“复兴号”产品体系，提升供给质量，更好地吸引旅客。一是逐步扩大开行。自 2017 年 6 月份首开“复兴号”、9 月份按时速 350 km 运营后，结合运行图调整，逐步增加开行对数。2018 年“7.1”调图后已增至23对、其中时速350 km的15对，另外还推出每列16辆的长编组“复兴号”，进一步增加运载能力，提高运输组织效率。二是合理设置停站。京沪高铁“复兴号”停站综合采取全程直达（仅停南京南站）、省际直达和省会城市固定停站（仅停济南西、南京南站）、其他城市交错停站三种模式，根据客流需求变化，增加开行全程直达列车，优化交错停站列车，减少停站次数，压缩旅行时间，目前上海至北京直达列车最短旅时仅4小时18分钟。三是优化开点和旅时。“复兴号”列车以整点开行为主，结合客流变化动态调整，2018年4月10日起，在上海站始发开行早7点、中午12点两对“复兴号”，更加方便市区旅客乘车，提升产品品质和吸引力，使京沪当日往返有了更充裕的时间。

3. 深度开发“复兴号”商业资源

坚持以效益为导向，整合“复兴号”列车各类商业资源，实行专业化、集约化经营开发。一是开发广告资源。根据铁路总公司规定，“复兴号”车身不得制作任何形式广告。集团公司在容许范围内，充分利用车内小桌板、头枕片、镜框等承接广告业务，拓展广告种类，不断提升广告开发效益。二是优化商品供应。适应旅客多样化需求，提供品种丰富的旅行商品和搭配合理、营养平衡、绿色健康的列车食品。比如，结合京沪高铁沿线城市特点，增加南京盐水鸭、宿州烧鸡等地方特产，受到旅客欢迎。三是推进互联网与高铁网“双网融合”。京沪高铁所有“复兴号”动车组全程开通WiFi，以此为平台，逐步完善新闻资讯、特色电商、智慧零售等站车一体化、线上线下协同的出行服务。同时，在上海虹桥、南京南站推出互联网订餐服务，在“复兴号”每个座位上张贴二维码，旅客可以随时扫码点餐，着力打造双网旅行生活。

（六）健全京沪高铁“复兴号”应急管理体系

为最大程度减少突发事件对运输组织的影响，集团公司搭建了应急调度台、站段安全生产指挥中心、作业现场应急响应点三级应急处置机构，分系统、分层次制定了各种非正常情况应急处置预案，逐步形成了一套科学规范、有序高效的高铁应急管理体系。针对“复兴号”运营特点，进一步深化完善应急管理体系建设，确保应急有备、处置有序。

1. 编制应急手册

全面研判“复兴号”运行途中可能发生的各类非正常情况，专门编制“复兴号”应急故障处理手册，细化 35 项常见应急操作流程和 52 类故障处置方法，明确应急指挥和现场处置人员“干什么、怎么干”。编制中广泛征求干部职工意见，逐项审核、模拟验证、动态完善，确保手册管用有效、便于操作。编制后发放至每一名专业管理和现场作业人员，通过定期培训学习、纳入业务抽考等形式，确保人人熟练掌握。

2. 完善响应机制

在京沪高铁沿线的上海虹桥、南京南等重点车站设置应急响应点，每个点安排厂家 1 名技术专家 24 小时驻守，确保“复兴号”突发故障后能够快速有效处置。在虹桥动车所安排 2 组重联的“复兴号”热备车体，在徐州、蚌埠、南京南、常州北、南翔安排 5 台热备内燃机车，随时做好应急上线救援准备。客流高峰期安排机械师和厂方技术人员在动车存车场应急值守，及时妥善做好“复兴号”出库前故障的应急处置。

3. 开展应急演练

将“复兴号”故障应急处置办法转化为演练内容，结合不同专业特点，采取桌面推演和现场演练相结合的方式，定期开展故障处置应急演练，严格演练过程写实和评估分析，确保演练效果。同时，集团公司每年、机务段每半年、救援车间每季组织救援列车五项应急救援实战演练竞赛，分层组织救援新装备、新预案、新方式及体能素质军事化培训，提升救援实战能力。

4. 严格处置要求

对“复兴号”出现的任何问题，一律“上升一级”管理。途中晚点超过 10 min，相关运输站段领导上台指挥；晚点超过 30 min，集团公司领导及相关专业部门负责人上台盯控，指导应急处置。建立应急处置评估机制，实行“一案一跟踪、一案一分析”，有针对性地优化应急预案和岗位作业指导书。

三、成果实施的效果

主要体现在五个方面：

1. 创建了全路领先的“复兴号”运营管理体系

形成了很多可借鉴可复制的经验做法，充分体现了集团公司在全路示范引领、当好排头兵的担当作为。比如，集中开展运营高铁轨道精调，已经在京沪高铁全线推广；研发的一些固定设备智能检测装置，在其他高铁线路得到广泛运用。

2. 确保了京沪高铁“复兴号”开行安全稳定

通过夯实安全管理基础，提升安全管理水平，“复兴号”上线以来，杜绝了一般 D 类及以上责任行车事故，没有发生严重影响运输秩序的“复兴号”设备故障，始发和运行正点率分别达到 99.4％、95％。

3. 提升了企业运输经营的质量效益

目前，京沪高铁开行“复兴号”动车组 23 对、占上海局总数 11％，平均客座率达到 96.2％、明显高于“和谐号”动车组。2018 年上半年，集团公司管内京沪高铁共发送旅客 3 670 万人次，同比增长 9.4％，“复兴号”增量发挥了重要作用。

4. 展示了中国高铁的良好形象

“复兴号”运营以来，中央、省市多家媒体进行跟踪采访报道，展示了中国高铁服务经济社会发展、创造人民生活新时空的美好愿景。习近平总书记先后讲到：“‘复兴号’奔驰在祖国广袤的大地上”“‘复兴号’高速列车迈出从追赶到领跑的关键一步”。俄罗斯总统普京等多国政要先后乘坐复兴号，并给予了高度评价。“复兴号”已成为一张靓丽的中国名片。目前，全国铁路日开行“复兴号”已达 513 列，覆盖 23 个省会及以上城市。

5. 满足了人民群众对美好生活的向往

京沪高铁“复兴号”速度快、服务优、产品丰富，展现出更好的安全性、经济性、舒适性，开行以来，旅客投诉率低于 0.1‰，满意度调查综合得分达到 95 分以上，“复兴号”正在让人们的旅行生活变得越来越美好。

（本成果获 2018 年上海市企业管理现代化创新成果一等奖。成果创造人：侯文玉、应慧刚、周斌、张杰、桂仁文、沈理、解士通、王剑、阮冠华、王水长、陆志华。）

高铁航空客运联程运输管理体系的创建

自2012年5月起，上海铁路局联合东方航空公司、上海虹桥站、上铁国际旅游公司等单位，对长三角地区开展高铁航空客运合作项目的可行性进行专项调研和分析，最终确定了在国家现行政策允许、技术支持等条件下可运行的联运组织模式，并通过两年多的摸索实践和优化完善，现已形成常态化模式运营，截至2016年，长三角地区已实现了温岭、台州、宁波、绍兴北、杭州、义乌、桐乡、嘉兴南、上海虹桥、昆山南、苏州、无锡、常州、丹阳、镇江、南京、合肥南17个铁路车站、128趟列车与东方航空公司、中国国际航空公司、春秋航空公司所属的国内、国际500余个航班的双向联运服务。

一、成果实施的背景

（一）实施国家客运联程运输战略发展的需要

国务院《“十二五”综合交通运输体系规划》指出要构建适应经济社会发展和人民出行需要的综合交通运输体系，加强协调、推进综合交通运输公共信息平台建设，逐步建立各种运输方式之间的信息采集、交换和共享机制。因此尽快完善以铁路、公路客运站、地铁和机场等为主的综合枢纽布局和功能，促进多种运输方式间高效联运，对促进经济长期平稳较快发展、全面建设小康社会具有十分重要的意义。

（二）满足旅客高品质服务的需求

客运联程运输服务满足了旅客对多样化、高品质服务的需求。以上海虹桥枢纽为例，近年来高铁与航空间每年换乘客流数量逐年递增，上海铁路局通过上铁 12306 客户端开展旅客问卷调查，细分参与调查的旅客成分，商务、公务高端旅客占 60%，这其中有超过 45%的旅客对高品质客运联程运输服务，包括产品订购渠道、便捷取票方式、专用换乘通道、应急处置措施等服务有较高要求。开展客运联程运输是满足旅客高品质联程运输服务的需要。

（三）提高综合交通运输组织效率的需要

上海铁路局管内长三角地区有宁波、杭州、上海、南京、合肥等具备综合交通运输组织条件的城市，例如上海虹桥综合交通枢纽，是国内首个集航空、铁路、公路长途客运、地铁、城市公交等多种交通方式为一体的大型、综合化、立体式的客运枢纽，每日集散客流量 48 万人次之多，“零换乘”和“无缝隙”的联程运输有效提高了虹桥综合交通枢纽的运输组织效率。因此积极发展长三角地区主要枢纽城市高铁航空客运联程运输，能适应长三角地区内各类商务、旅游、通勤、探亲、物流等性质的客流增长，进一步提高综合交通运输组织效率。

（四）实现“走在全路前列、发挥示范引领作用”定位的需要

中国铁路总公司对上海铁路局提出“走在全路前列、发挥示范引领作用、建成全路先进的现代运输企业”的发展定位，上海铁路局作为客运大局、高铁大局，高铁营业里程达 3 357.4 km，占全国铁路 15%，年发送旅客超过 5 亿人次，占全国铁路 20%，均列全路第一。铁路局管辖范围内三省一市综合交通枢纽城市数量位居全国前列，引领探索空铁联运，为打造全路客运联程运输新

模式作出示范。

二、成果的内涵和主要做法

创建空铁联运管理体系就是从铁路局与航空公司建立战略合作联盟入手,创建空铁联运组织模式,建立空铁联运信息服务管理平台,开发国内首个空铁联运虚拟班次产品,建立空铁联运营销机制,建立空铁联运管理体系标准,规范空铁联运应急处置机制,强化空铁联运保障管理,实现了高铁航空高效客运联程运输和多方共赢目标,提高了联运综合效益和效率。主要做法如下。

(一)铁路局与航空公司促进建立战略合作联盟

上海铁路局为国有特大型运输企业,拥有大量铁路站场、线路、机车、车辆及其他优质资源,在铁路客货运输、建设及相关行业有着独特的经营基础条件和良好的市场发展前景,并有通过与路外大型企业开展合作,加速运输及相关产业经营发展的极大意愿。航空公司是以航空运输业为主体,上下游相关产业联动发展的大型国有企业集团,拥有航空、机场、旅游、传媒广告、航空食品、金融期货等行业优秀品牌,并有通过与铁路合作全面拓展公司各项业务的极大诚意。双方经过友好协商,本着优势互补、互利共赢的原则,根据企业战略和发展规划,以实现两种交通运输方式的互补为切入点,建立战略合作关系,明确在空铁联运、商贸餐饮、旅游票务、物流服务、文化传媒、服务标准、员工培训、企业管理、应急机制等领域展开深度合作,共同推进长三角综合交通枢纽建设。同时,双方为有效开展合作,建立定期会议制度,每年举行一次上海铁路局和中国东方航空集团公司高层之间的互访会晤,研究合作规划,协调推进重大合作事宜;建立日常联络制度。双方将建立工作联络小组，分别由上海铁路局和航空集团公司领导牵头，指定相关部门为日常联络机构，组织合作项目在各个层面的推进实施。

（二）创建国内首个高铁航空联程运输组织模式（图 1）

通过对高铁和飞机在旅行时间、票价水平、旅行环境、服务频次等主要特征的对比分析，发现两者在不同的运行里程范围内，优势各不相同。总体上来说，高铁在 800 km 左右，无论从票价、运行时间、开行班次上都具有绝对优势，但在 1 000 km 以上，高铁无论在运行时间、票价等方面的优势相对减弱，相反民航优势增加。上海虹桥综合交通枢纽的建成，为推进长三角地区零换乘、无缝隙的“空铁联运”组织模式提供了必要的基础设施及先决条件，旅客多种交通方式换乘的几率越来越多，新型联运模式顺应市场需求。

为此，上海铁路局与东方航空公司等就“空铁联运”市场进行客流流量、流向、时段、需求等方面的调查，并在借鉴学习法国巴黎与德国法兰克福开展空铁联运的成熟经验的基础上，反复研究长三角地区开展空铁联运项目的可行性，最终认为长三角区域内空铁联运组织模式可充分利用双方各自优势，采用“高铁＋飞机”或“飞机＋高铁”的零换乘组合模式实施联运。从本质上就是将衔接机场的高速铁路作为机场的“支线航空”服务，旅客可以先从一个城市乘坐飞机抵达机场后，换乘高速铁路通达周边其他城市；也可以通过四通八达的铁路，将主要城市较为分散的航空旅客汇聚到一个区域的机场出发，这不仅能够强化上海虹桥综合枢纽的功能、扩大了枢纽腹地范围，也充分发挥了高铁支线作用，真正实现双方资源优势互补。比如以无锡到长春为例，从无锡到长春没有直达航班，但通过购买高铁航空联程运输产品可先乘坐高铁从无锡到上海，再通过航空到长春，丰富了旅客出行换乘方式。

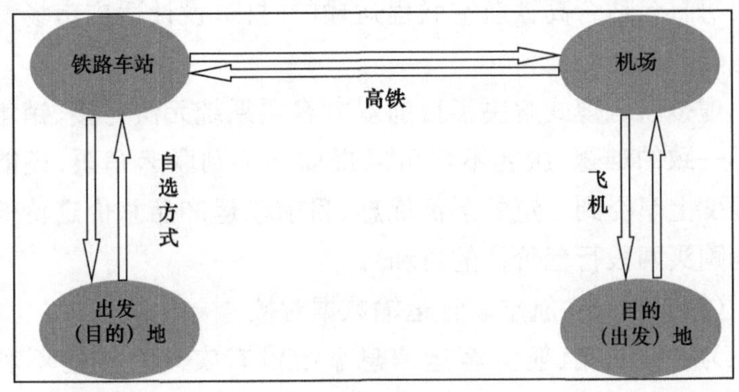

图1　空铁联运运营模式

（三）开发国内首个高铁航空联程虚拟班次产品

1. 高铁航空联程运输产品的开发

(1)开发联程运输虚拟班次

从铁路、民航各自票务系统安全性角度出发，现阶段无法实现双方票务系统的真正对接，双方票务信息对接不畅，客票销售周期差异大、票价执行折扣办法不同等，都影响旅客一次性便捷购买高铁航空联程运输客票。

为实现联程运输票务的一站式购买，上海铁路局与航空公司借鉴现有航空运输产品销售模式，开发了火车站三字码，以虚拟班次的形式对外销售。虚拟班次是指将铁路班次模拟为民航航班输入民航销售系统对外销售。航空公司对与航班衔接有关的高铁班次停靠站点，向 IATA（国际航空运输协会）按民航标准申请车站的三字码，获得批准后航空公司和铁路通过“代码共享”把虹桥（浦东）机场出发或到达的航班、途经虹桥站的铁路班次打包，以虚拟班次的形式，完成联运产品的开发。虚拟班次的开发主要从航班与高铁列车衔接时刻着手，研究分析长三角地区高铁站可达性、高铁车次与航班的双向衔接性，得出每日最适合高铁航空联程运输的时段，设计适应市场需求的组合产品。

虚拟航班模式解决了目前双方客票系统无法对接、销售周期不一致的难题，旅客不仅可以提前购买到联运车票，还能不同程度上享受到一定的票价优惠（目前联运产品总价定价低于分别购买两段行程价格的总和）。

(2)实现高铁航空联程运输数据对接

为克服铁路、航空客运信息系统没有实现对接的不利因素，便于双方有关联程运输数据的内部对接，有效提高业务办理效率，主要通过电子邮件、联运服务管理平台、传真、微信工作群等方式实现包含铁路班次、民航航班开行信息、联运产品类型和数量、旅客订购信息等的顺利对接、交换和传输。比如铁路运行图调整变化涉及的铁路班次、时刻、停站等，以及产品优化变更需求等会通过邮件将有关数据信息相互交换；旅客购票订单（含旅客身份信息）、铁路段票务状态、财务清算等通过联运服务管理平台进行传输；应急需求或突发情况的解决处理主要通过微信工作群、传真等实现有关数据业务对接。

2. 做好高铁航空联运产品营销服务

(1)提供产品线上、线下销售渠道

由于目前铁路12306网站功能权限暂未开放，高铁航空联程运输产品主要通过合作的航空公司线上官方网站、服务热线或线下客票代理点进行对外销售。一方面鼓励线下机票代理点开展联程运输产品的营销推介，通过奖励等方式提高代理点销售积极性；另一方面航空公司官方网站的首页上开辟了高铁航空联运产品销售专区，提供产品相关介绍和购买界面，旅客只需输入出发地和目的地，系统或人工即可向其推荐多个合适的组合产品供其选择和购买。如图2所示。

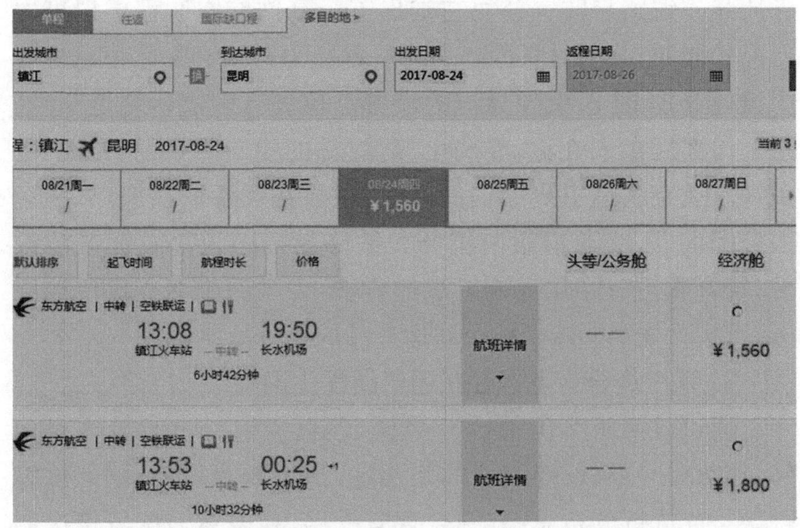

图 2 东方航空公司官网“空铁联运”产品购买界面

(2)提供联运铁路段票务送取票、退改签等服务

铁路航空联程运输铁路段车票会由铁路方面根据联运管理平台获取具体订单信息后进行出票，并于开车前一天送票至“空铁联运”取票专窗。旅客只需要在旅行时，凭有效身份证件，就可以在指定合作铁路联运站点车站的“空铁联运”服务窗口领取订妥的当日出行的车票。如因行程变化，需要办理退改签手续时，旅客仍可按照各区段运输方式的退、改签规则办理。虽然未实现真正的一票制，但解决了在现行管理体制及政策允许的条件下，联运客票各运输段客票退改签等变更规则不一、无统一执行标准的问题。

(3) 注重联运引导标识的设计和点位布置

铁路车站引导标识为旅客提供目的地导向和信息服务，是旅客在站内进行判断、实现空间位置转换的主要依据，科学、合理地设置旅客引导标识，有助于提高车站的客流组织水平和服务质量。铁路与航空公司在推出首个高铁航空联程虚拟班次产品的同时，共同对联运产品的引导标识样式和文字信息进行了设计开发，并对引导标识的设置点位进行多次研究论证，实现为旅客提供人性化、准确化、高效化的导向服务的目标。有关铁路航空联运引导标识的设置，主要在联运取票窗口、联运服务问询台、交通枢纽内机场和铁路衔接通道等关键区域设置，符合联运一体化运输组织的要求，为联运旅客提供便捷服务，直接代表和影响了整个联运产品的服务品质。

3. 积极迎合市场做好联运产品优化调整

通过收集旅客历史出行数据，包括流量、流向，旅客对偏好，如对时间、票价等因素的敏感度，出行频率等，对联运旅客购票特征进行分析总结，结合现有铁路、航空运力配置情况制定符合大多数旅客出行习惯的联运产品，吸引更多的旅客选择空铁联运的产品。如图 3 所示。自上海铁路局与航空公司开展客运联运业务以来，先后已对空铁联运产品进行了 20 余次的优化，不断拓展联运站点范围、加密优化联运列车。

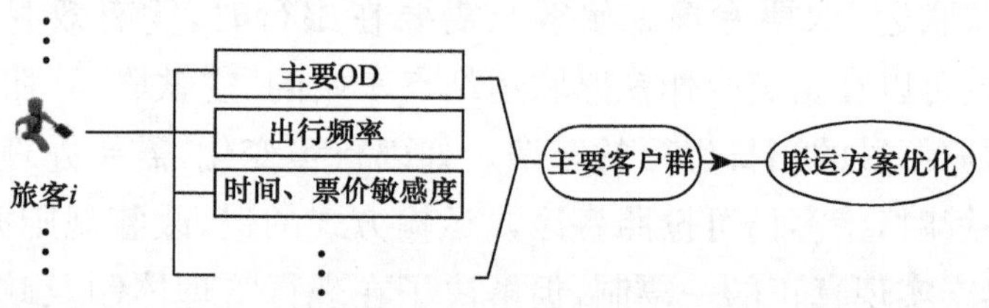

图 3　联运产品优化方案主要决定因素

4. 建立基于“空铁联运”服务管理平台的外部协调、内部沟通的管理体系

随着机场规模的不断扩大，高速铁路网的不断升级，客运量持续上升，“空铁联运”市场给越来越多的旅客带来了便利与实惠，但因铁路和民航因不同运输体系，客票信息、数据采集、

交互对接等方面均不互通，不能满足快速、便捷空铁联运服务的需要，给日常空铁联运工作中带来难度，暴露了双方在联运机制、信息沟通等方面的问题，影响空铁联运的工作效率和服务质量。为此，上海铁路局与航空公司认为在建立双方内部沟通服务机制尤为重要，组织铁路航空相关服务部门人员研究开发了“空铁联运”服务管理系统，制定了管理作业流程。该系统实现了联运订票需求、旅客身份信息、订单处理、应急处置等数据化全流程跟踪管理，铁路方面通过该系统提取旅客有关订票信息，解析汇总后进行订单处理及后续账目清算等工作。

“空铁联运”服务管理平台是空铁联运项目的中枢，它为实现联运产品的一体化，为双方运力资源互通、订单信息处理、突发事件处置以及双方内部业务管理创建了一个统一、高效的执行环境。该系统根据不同管理和执行层面赋予了相应的权限和责任，确保了该系统有序运行，也为后续相关功能的健全和优化奠定了基础。目前，已开发运用的“空铁联运”服务管理平台业务流程及基本功能(含待优化)如图 4 所示。

(1)客票销售。客票发售主要面向旅客用户群，通过互联网订票系统或代理点面向全球旅客进行联运产品的推广和销售。

(2)信息查询。实现了为旅客提供铁路及航空基础信息，包括双方班次、时刻、票价、订票需求信息、旅客身份信息、制取票环节信息等。后续还将优化完善该功能，增加联运余票、联程运输延误等一系列信息的共享和实施查询，为其他各功能开发运用提供信息和决策支持。

(3)信息处理。对联运订单需求进行接收、筛选和汇总后传输给铁路，由铁路部门根据订单信息对联运铁路段车票进行制票和送票，每月进行账目清算。

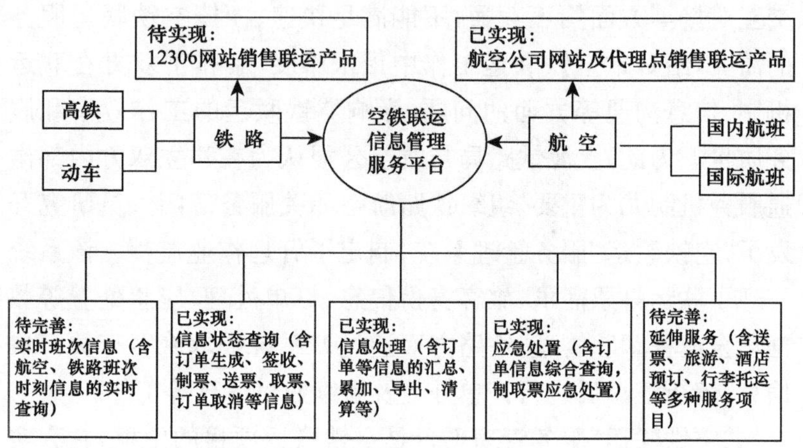

图 4 “空铁联运”服务管理平台业务流程

(4)应急处置。在联运服务中遇特殊状况如不可抗因素造成航班、列车延误需要根据订单状态采取相应的应急处置措施，提高双方联动应急处置效率，提升旅客对联运产品的满意度。

(5)延伸服务。为丰富联运平台对外服务项目种类，目前正在着手与航空公司、上铁国旅等单位研究开发服务延伸项目，包含送票、旅游、酒店预订等内容。

(四)组成高铁航空战略联盟

1. 铁路民航高层积极推动合作联盟

“四纵四横”的高铁网络布局主要覆盖国内中东部地区，而该地区正是民航黄金线最多、运量最大、竞争最激烈的区域。伴随着国家《“十二五”综合交通运输体系规划》纲要和实施国家联程运输战略发展的需要，铁路航空双方高层为能够积极适应市场需求，实现两种运输方式的有效衔接，一体化的融合发展，以优势互补为切入点，一致达成建立战略合作联盟，确立了在空铁联运、商贸餐饮、旅游票务、物流服务、文化传媒、服务标准、员工培训、企业管理、应急机制等领域展开深度合作。

2. 建立合作联络机制

为有效开展具体合作，双方高层建立定期会议制度，举行一年一次的高层互访会晤，研究合作规划，协调推进重大合作事宜。在此基础上，双方领导牵头建立日常联络制度，由各自的投资、业务、法律等部门和相关下属负责人成立联络小组，落实双方合作意向，组织合作项目在各个层面的推进实施，处理其他需要及时沟通和协调的事宜。具体业务执行下属单位一方面通过联运管理平台进行业务数据对接和交换；另一方面通过微信工作群实现了日常业务的沟通联系，实时掌握联运市场需求变化和业务动态，对出现的内部沟通或外部服务等方面的问题及时相互协调沟通和处理，有效提高了合作双方的工作效率。

（五）提供高铁航空联运支持保障

1. 票务运力保障

在现阶段双方票务系统未实现对接、客票信息不互通、销售周期不一致的情况下，为保证空铁联运产品对外有序销售和广泛推广，旅客提前购买联程车票有充分保证，参与联运合作的航空公司与上海铁路局所属的上铁国际旅游公司签署了《空铁联运产品订购协议》，一方面双方对设计开发的联运产品，会在预售期前按市场需求计划一定数量的座席位进行预留，满足铁路航空双向联运产品设计开发需求，确保产品具备可持续销售的保障，有效提高联运产品信誉度；另一方面，针对预售期内航空公司提报的额外“空铁联运”团队购票需求，双方达成一致，通过建立日常联络机制，实现了“有需求即申请、有票额优先购”的模式，动态增加预留座席数量。通过联运票务保障机制满足联运旅客购票需求，努力打造长三角地区空铁联运产品品牌知名度。

2. 客运培训资源保障

铁路与东航加强客运培训合作，根据双方客运资源特点开发培训课程、邀请培训师、组织培训活动，通过专项培训提升服务质量。联运合作期间，上海铁路局陆续五次邀请东方航空培训师资队伍对上海铁路局站段、客运段领导班子成员、车队队长以及高铁管理人员和乘务人员进行全面系统的培训，培训内容重点包含服务礼仪、服务规范、特殊旅客服务、旅客心理研究及案例分析等，传授新的服务理念和服务技巧，课程效果反应积极良好，提高了客运人员的总体服务水平。

3. 应急处置机制保障

从前期对长三角地区空铁联运市场调研情况看，较多旅客除了关心不同交通运输方式间购票、换乘问题外，还非常在意联程运输过程中突发应急状况的处置能力，如雷暴天气导致航班无法按时起飞，洪涝灾害阻断线路导致列车无法按点发车等。因此，要提升联运产品整体品质，不仅仅停留在旅客购票、乘车等环节的服务上，还应建立联运企业之间的联动应急处置机制，确保联运旅客在遇铁路、航班运行秩序不正常时，畅通信息传递，为联运换乘旅客提供绿色通道、免费签转、优先改签等服务。为此，2012 年 11 月铁路局还与东方航空公司等签署航班非正常情况下的服务保障协议，并制定应急服务流程，对航班或铁路班次延误造成联运旅客后续班次变更、航班大面积延误造成旅客滞留等情况，采取免费签转、优先改签等应急处置，双方通过快速反应机制和各个业务部门间沟通协调，最大限度降低突发情况给联运工作造成的不利影响，提升旅客出行体验度。上海局自 2012 年至 2016 年，上海虹桥站为空铁联运旅客做好应急处置服务达 967 批次，合计 2 159 人次。

上海铁路局与合作的航空公司推广应用的高铁航空客运联程运输管理，优化了铁路和航空部门运输组织方式、营销模式、客运服务流程等，基本实现旅客一次出行、一个订座、一个运价、一次购买、全程无缝旅行的目标。

三、成果实施的效果

“空铁联运”综合了铁路和飞机的各自特点和优势，为旅客提供一体化、高效的联运服务，使两种交通方式科学协调发展，推进长三角综合交通枢纽的持续发展，具有明显的社会效应和经济效益。

(一)在国内首创的高铁航空联运模式起到示范引领作用

首创和实施开展的国内“空铁联运”组织管理运行模式，获得了社会广泛好评，得到了媒体和专家的大力肯定。新华网、中央电视台、凤凰网等多家媒体也对长三角地区空铁联运项目进行了专题报道。交通运输部、民航局前往上海铁路局、东方航空公司等单位对空铁联运组织模式进行专项调研，为交通运输部推进综合交通运输标准体系建设中“旅客联程联运服务标准”提供决策支持。同时国内其他铁路局如武汉、成都、兰州铁路局、广铁集团等也纷纷前往上海铁路局学习铁路航空联程运输合作经验，效仿长三角地区的空铁联运组织模式，结合当地实际情况与航空公司或机场推广空铁联运项目，示范引领作用显著。

(二) 适应了长三角高品质服务的需要

《“十三五”现代综合交通运输体系发展规划》提出坚持服务人民的价值导向，突出现代化、综合化、多样化、高品质发展内涵，积极发展新领域新业态，致力增强有效供给和高端供给，提升百姓出行消费的满意度与获得感。解决旅客联程运输问题就是努力深化服务改革，满足多元化、个性化、智能化的消费需求。长三角地处我国经济发达区域，因区域间商旅等活动频繁，高端客流比重日益增长，他们对出行的客运服务方式和质量的要求也越来越高。而高铁航空联程运输正是在这样的情况下，伴随着旅客多样式出行方式孕育而生，通过运力组合为旅客提供更便捷、顺畅、一体化的高品质服务。

（三）取得了显著的经济效益

高铁航空联程运输不仅为旅客提供了便捷出行的选择，为旅客提供了高效的、多样性的、一体化的运输服务，也有效减少了航空运输与铁路运输尤其高速铁路之间的直接竞争，避免高速铁路的开通直接导致部分航线停航的局面，实现了双方运力资源的优化配置和经济共赢。长三角地区高铁航空联运组织模式适应现阶段市场需求，其产品经过市场推广和多次优化、调整，截至2016年，长三角地区已实现了温岭、台州、宁波、绍兴北、杭州、义乌、桐乡、嘉兴南、上海虹桥、昆山南、苏州、无锡、常州、丹阳、镇江、南京、合肥南17个铁路车站、128趟列车与东方航空公司、中国国际航空公司、春秋航空公司所属的国内、国际500余个航班的双向联运服务，日均服务“空铁联运”旅客400人左右。2015年至2017年上半年，长三角地区开展的空铁联运项目累计为上海铁路局增加铁路客运收入3 241万元，年均1 296万元。同时还利用虚拟航班的模式积极发展“高铁＋国际航线”的海外市场联运产品销售。经统计，2017年1～6月份有海外联运产品销售的东方航空公司和春秋航空公司，其海外销售比例分别占本公司空铁联运销售总量的9 ％和14％，分别上升3个和5.5个百分点。

（四）提升了交通枢纽竞争力

长三角地区实施开展的“空铁联运”项目，不仅能够提高进出枢纽的公共交通比例，改善地面交通和机场可达性，使各种交通运输方式的整体优势和综合效率得以充分发挥，同时还不断拓展了枢纽的市场辐射范围，扩大和稳固客运市场资源，提高综合竞争力，有利于综合运输体的完善和可持续发展，提升运输服务质量，提高交通基础设施的使用率和经济效益。现阶段正是各种运输方式融合发展转型升级的黄金时期，各种运输的组合效率将大幅提高，“十三五”时期，空铁、公铁、空巴等旅客联程服务模式将进一步加快融合发展，形成更加安全、绿色、高效、便捷、经济的运输服务产品，促进综合交通枢纽的提质降本增效，有效提高综合竞争力。

（本成果获2017年上海市企业管理现代化创新成果一等奖。成果创造人：杨励民、何志根、朱文忠、宋超、陶芳、郭晨煜、王兴华、赵龙、苑兴明、朱晓燕。）

高铁建设工程质量“一图四表”风险管理

宁安高铁东起南京枢纽南京南站，西至安庆站，上海铁路局在宁安高铁的建设中，对建设工程中的风险管理进行了积极的探索和实践。通过引入质量分析预防性管理思想，建立质量风险三维空间管理体系，并采用“一图四表”等管理方法和手段，极大地促进了宁安高铁建设质量、安全、工期、投资、环境保护、技术创新的“六位一体”管理目标的实现，确保了宁安高铁建设的顺利进行。

一、成果实施的背景

（一）实施中国高铁“走出去”战略的需要

中国高铁“走出去”面临强大的竞争对手，必须依据高质量、零风险战胜竞争对手，取得客户信任，拓展中国制造装备、工程建设国际空间，实现中国经济发展战略目标。李克强总理在访问泰国、澳大利亚、中东欧、非洲、英国、美国等国家地区期间不遗余力地推动中国高铁走出去，目前已经与欧洲、美洲、亚洲和非洲的多个国家建立了高铁合作关系，2015 年 5 月宣布中方将参与俄罗斯首条高铁的建设与投资更是标志着中国高铁“走出去”开始进入实质进展阶段。在中国高铁“走出去”的过程中，除了高铁车辆制造技术、线路建设技术和系统控制技术等硬件水平之外，运用先进的风险管理思想和方法实施高铁建设全方位管理，确保高铁建设工程的质量，探索出一条中国特色的高铁建设质量风险管理模式，则是中国高铁重要的“软实力”之一。有利于提高我国高铁“走出去”竞争力，对我国“一带一路”倡议实施具有重要的政治意义和战略意义。

（二）提升高铁建设工程质量管理水平的需要

中国高铁在过去的十年中完成了里程碑式跨越，截至 2014 年底中国高铁运营里程已超过 1.6 万 km。上海铁路局在其中扮演了重要的角色，拥有京沪、沪宁、沪杭、沿海、合宁、合武等六条高铁，是目前全国高铁运营里程最长的铁路局。纵观我国高铁建设过程，仍存在路基沉降、岩溶、大型轨道板裂纹等问题，造成运营限速或安全风险。2014 年 5 月 13 日中国铁路总公司发布了《铁路建设工程风险管理技术规范》，对新时期的高铁建设工程风险管理工作提出了新的要求。为了有效提升高铁建设工程质量管理水平，上海铁路局积极响应铁路总公司的要求对技术规范进行实践应用，针对高铁建设深大基坑、安庆长江大桥工程特殊性复杂性、高空作业、水上作业、高薄墩、长大梁裂纹等安全质量风险，建立一套完善的高铁建设工程质量风险管理体系和模式对工程实践进行指导，提高质量风险预防意识，建立质量风险管理体系并使用有效的质量风险管理手段和工具，开展高铁建设质量风险全方位管理，提升高铁建设工程质量管理水平。

（三）打造宁安高铁建设品牌的需要

宁安高铁建设具有线路长、规模大、施工作业点分散的特点，使得其建设管理工作量巨大，建设工程质量风险潜伏期长、隐蔽性强、难以测度。而宁安高铁作为建设单位，管理人员较少，如果按照传统的人力管理方法，不仅将导致宁安高铁建设管理工作的组织难度极高，而且会由于管理的实时性不足造成工程质量安全隐患不能及时发现，从而引发工程返工和施工成本上升。宁安城际铁路作为国家中长期铁路网规划中的重要组成部分，是长三角快捷铁路网的延伸，同时也是长三角地区的一条高速快捷的大通道，其建设工程的质量对打造中国、上海铁路局以及其自身高铁建设品牌具有重要影响。高铁建设品牌需要完整的品牌设计和创建模式，需要创建具有中国高铁建设特色的工程安全质量风险控制模式，才能打响国际品牌。而品牌打造是一项系统工程，必须突出特色、精心设计，形成符合实际和社会认可的品牌内容。对于质量风险的严格把控，做到无安全质量事故地按期完成建设工程，是宁安高铁建设打造高铁品牌、塑造良好社会形象的重要内容。

二、成果的内涵和主要做法

提出了质量风险预防性管理思想，依托系统工程理论，基于霍尔三维结构模型，建立了高速铁路建设工程质量“一图四表”风险三维空间管理体系，并据此提出高铁建设工程质量“一图四表”风险管理的目标要求，创建了具有沟通顺畅、信息共享、表现直观、管理规范、强化质量意识、动态实时管理特色的“一图四表”分层管理工具，即质量风险公示图、质量风险识别分析登记表、质量风险应对计划责任展开表、质量风险动态过程监控表、质量风险处置结果评定表，建立健全管理制度体系、组织保证体系和全方位远程信息平台，全面推进高铁建设工程质量“一图四表”风险管理，有效地规避和控制各项质量风险，从而最大限度地降低高速铁路建设质量风险。主要做法如下。

（一）高铁建设工程质量风险管理的目标与原则

1. 高铁建设工程质量风险管理目标

（1）尽早识别项目的各种风险

尽早识别项目的各种风险，这是风险潜伏阶段的管理目标。项目实施前，根据工程环境风险和技术风险的调查结果，尽早识别工程风险重点控制项目，从人员素质、岗位作业、管理制度等方面分析原因或分析作业流程的方法，分专业系统排查识别可能导致安全或质量事件的各类风险因素，按科学、简明、实用、有效的原则，确定风险的预警线，按风险消除、事件预防、后果降低、事故应急的策略，分系统、分层次制定预防、控制、消除风险的措施。各类工程风险被认识得越早，就越有控制它的主动权。

(2)尽力避免风险事件的发生

尽力避免风险事件的发生，这也是风险潜伏阶段的管理目标。按照“逐级负责、专业负责、分工负责、岗位负责”的要求，建立权责明晰、运转高效、落实到位的管理体系，把风险责任和风险措施落到各层级、各专业、各工种、各岗位，加强对风险控制措施落实情况的量化检查，确定风险事件是否处于受控状态。定期对风险因素进行动态评估，根据评估情况重新分析风险因素、风险等级，形成有效的循环控制体系。

(3)尽量降低风险造成的损害

尽量降低风险造成的损害，这是风险发生阶段的管理目标。加强对各类突发和非正常情况的风险控制，对非正常情况下可能出现的风险和潜在后果超前预想，分系统、分层次、分等级、分岗位编制应急预案，完善风险点应急救援处置预案和应急救援网络，明确处置流程、处置措施和职责分工。对已发生的风险处置，做到“应急有备、响应及时、处置高效，规范有序”，最大限度地减少风险的危害性和负面效应。

(4)尽快总结风险带来的教训

尽快总结风险带来的教训，这是风险后果阶段的管理目标。风险管理必须适应发展变化要求，不断改进完善，针对人员配备、规章制度、过程控制、现场管理等出现的新情况、新问题，及时分析，完善管理措施。把日常发生的事故、重大隐患等教训形成文档，及时评价安全风险措施有效性和适用性，补充遗漏，调整完善风险控制措施，使风险管理得到持续改进。

2. 高铁建设工程质量风险管理的原则

（1）前延后伸的原则

保证施工安全及工程质量，关键在于加强建设全过程的安全及质量控制，最大限度地消除或减少安全/质量隐患。必须从建设前期抓起，把加强工程安全/质量风险管理贯穿于前期规划、项目立项、勘察设计、工程实施、竣工验收、运营管理等各个环节，实施对工程安全/质量风险点的全面研判评估，逐项制定风险控制措施，不让任何一个环节失控，不给工程、运营埋下安全/质量隐患。

（2）准确研判的原则

风险研判是实施安全/质量风险管理的基础，必须研判准确，体现全员性、区分层次性、突出重点性。其中，体现全员性是对管理层到执行层的每个岗位存在的安全/质量风险，进行全员性排查；区分层次性是针对不同控制层面安全/质量风险的差异性，建立风险清晰、级别分明的风险点数据库，实行分级控制；突出重点性是采取自下而上、上下结合的方式，层层筛选，反复研判各参建单位的管理层、作业层的风险控制重点，控制了重点也是就把握了关键。

（3）标准化管理的原则

加强安全/质量风险控制，必须以标准化管理为手段，从安全/质量风险的组织论证、分析研判，到动态管控、责任落实，及时制定、完善、矫正各项规章制度，及时动态掌握变化、动态化解风险，规范现场管理，实行统一管理制度、统一工作流程，努力实现工程安全/质量风险管理的标准化。

(4)科学实用的原则

风险控制是实施安全/质量风险管理的核心，必须科学实用、易于落实。针对风险的等级、性质等不同，本着“对症下药”的原则，逐一制定防范控制措施，既要体现全面，对一个风险点要结合人员、设备、管理、现场等实际情况，从不同层面制定措施，形成职责分明、横向到边、纵向到底的安全/质量风险控制体系，又要突出有效，使每条措施符合实际、具体简洁，便于操作。

3. 高铁建设工程质量风险管理的基本思路

基于系统工程理论的霍尔三维结构模型，针对高速铁路建设工程质量风险管理系统化、动态化、集成化的特点，创造性地构建了高速铁路建设工程质量风险三维空间管理体系。其中，时间维覆盖了高速铁路工程项目建设的全过程，逻辑维表示解决高速铁路建设工程质量风险问题的所有管理步骤，$(6M)^2$维表示高铁建设工程质量的影响因素，包括人力(Manpower)、机械(Machinery)、材料(Materials)、方法(Methods)、环境(Mother-nature)和测量(Measurement)，涵盖了高铁建设工程质量风险管理的各个影响因素及其关联关系。与传统的“人、机、料、法、环”影响因素不同的是，$(6M)^2$维中不仅增加了广义的“测量”影响因素，即各种检测、检查、考核、评定等对质量风险产生影响的因素，还考虑了各种影响因素之间的相互关联与相互影响。因此，这个三维空间中的每个空间坐标点，都代表着在高铁建设工程的某个阶段和解决质量风险问题的某个管理步骤条件下，在各个影响因素及其关联关系方面所采取的大胆实践与有效做法。

4. 创建“一图四表”管理手段与工具

创建高铁建设工程质量风险管理工具“一图四表”的基本思路是，针对高速铁路建设工程质量波动性大、处理质量问题的成本大、质量标准的模糊性和临界性的特点，宁安公司基于前述构建的三维空间管理体系，从时间维、逻辑维、$(6M)^2$维三个维度对高铁建设工程的质量风险进行分析：在时间维上，以时间作为主轴线，整个高铁建设工程分为设计交底、施工准备、工艺试验、大面积铺开施工和检查验收等不同建设阶段，如何对工程施工生命周期的质量风险进行管理，需要一个系统、全面的工具。在逻辑维上，质量风险管理的每一个步骤——质量风险识别、质量风险分析与评估、质量风险应对、质量风险监控和质量风险后评估，都需要一个简洁、直接、明了的工具作为展开实际风险管理工作的抓手。由此，宁安公司创建了高铁建设工程“一图四表”质量风险分层管理模式。同时，在设计和使用“一图四表”的过程中，始终考虑“人、机、料、法、环”等因素以及广义的“测量”影响因素，即各种检测、检查、考核、评定等对质量风险产生影响的因素，从而形成一套完整的闭环管理模式。

宁安公司基于前述构建的三维空间管理体系，从建设阶段角度、质量风险影响因素层面和逻辑思维方式上，对高铁建设工程质量风险管理的各个阶段及其管理成果进行细致地集成分析，创造性地提出了与质量风险管理各阶段相适应的“质量风险公示图”“质量风险识别分析登记表”“质量风险应对计划责任展开表”“质量风险动态过程监控表”及“质量风险处置结果评定表”等一套质量风险管理应用工具，统称为高铁建设工程“一图四表”质量风险分层管理模式。这个管理模式能够解决因果图、检查表、矩阵图等传统质量管理工具存在的表现形式不直观、信息流通不畅、缺乏规范等问题，实现了高铁建设工程质量风险管理的形象直观、简洁明了的可视化操作。

5. 建立分层组织体系

“一图四表”质量风险分层管理模式的创建过程，是对质量风险及其管理信息的不断叠加过程，也是质量风险管理分层组织体系的创建过程。“一图四表”在使用时首先要对质量风险信息进行公示，接着，以上述公示的质量风险信息为基础，将随后的质量风险管理各个阶段的应用工具的使用成果在其上进行层层叠加，从而分别形成了高铁建设工程质量风险管理各个阶段的分层管理工具及其管理成果。最终的质量风险处置结果评定表，以及在针对“一图四表”使用中对管理人员和工作人员进行的培训、评价和考核，使得整个质量风险管理形成管理闭环，确保了风险管理的效果。

6. 建立高铁建设工程质量风险管理实施流程

应用高铁建设工程质量风险分层管理工具“一图四表”开展风险管理，首先将风险管理过程进行任务单元划分，将风险管理过程划分为第一步风险识别、第二步风险分析与评估、第三步风险应对、第四步风险监控及第五步风险后评估五个相对独立的过程。其次，由于高铁建设工程质量风险管理是贯穿于高铁建设工程建设过程全生命周期的一项连续活动，要体现风险管理的集成性和动态性，必须将质量风险管理中的各个过程阶段有机结合起来，以应对不同时间内、不同阶段的不同类型的风险。在高铁建设工程质量风险分层管理工具“一图四表”应用过程中，风险管理循环过程在各个时间段的循环滚动推动着高铁建设项目质量管理的不断前进，形成一个连续的、实时的、动态的过程。另一方面，逻辑维度和$(6M)^2$维度集成在一起，不断地为风险管理的循环运转提供所需信息和方法与工具，保障风险管理的运作。

(二)推进高铁建设工程质量“一图四表”风险管理

1. 建立宁安高铁建设工程质量风险公示图

“质量风险公示图”是指运用风险识别的方法，把高铁建设工程项目的质量风险工点识别出来，并将这些质量风险点标注在工程平面示意图上，实现项目质量风险的可视性。宁安公司安质部作为宁安高铁建设工程风险管理的主体，是宁安高铁建设工程质量风险管理的责任部门，其工作职责是对质量风险管理工作进行组织和协调，负责质量风险管理的组织与督查，对质量风险管理全面负责，明确各参建设计、施工、监理等单位为质量风险管理的实施主体，在宁安公司安质部的指导下开展质量风险管理工作。根据上述管理工作要求，宁安公司安质部成立了由参建各方主要负责人组成的“一图四表”分层管理工具贯彻落实领导小组，参建各方分别建立由分管领导、工程、安质部长、架子队长组成的“一图四表”分层管理工具管理组，负责项目的“一图四表”分层管理工具的具体实施。据此，宁安公司安质部建立了完善的日常工作机制，每年初结合年度工作会议进行专项部署，每半年召开一次推进会，每月结合月度安全生产例会、每季结合安委会作专题部署，认真总结上阶段“一图四表”分层管理工具推进情况，梳理、分析存在的问题，结合下阶段生产实际，制定对策措施。

有了上述组织体系的保证，宁安高铁建设工程在率先开展的质量风险预判、质量风险关键点管理等创新实践做法的基础上，贯彻高速铁路建设工程质量风险三维空间管理体系的思想，运用头脑风暴法、核对表法等多种风险识别方法，识别出宁安高铁建设工程项目的 1 016 个质量风险点。

与此同时，宁安公司利用信息化手段，开发了“宁安高铁建设全方位管理集成信息化平台”。在这个信息平台上，将上述识别出来的 1 016 个质量风险点按照不同尺度分层标注在电子工程平面示意图上，实现宁安高铁建设项目质量风险的可视性和信息化控制。宁安高铁建设工程中建立的《质量风险公式图》，既可以在管理人员的计算机上显示，也可以在现场实时下载用于指导施工，能够让工程管理人员方便快捷地了解项目中的风险点和风险事件，为质量风险识别提供了基础数据支撑和方向指导，进而为下一步进行的质量风险关键点管理打下坚实的基础。

2. 建立施工现场质量风险识别分析登记表

“质量风险识别分析登记表”是指依据公示的“质量风险公式图”中高铁建设工程各个质量风险工点，通过风险识别、分析和评估的方法，把每一个质量风险工点的风险事件、风险因素、风险成因、风险程度识别出来，列出相应的清单明细表。具体而言，在已经建立的“质量风险公式图”的基础上，根据质量风险的发生概率(P)、危害性(S)、可检测性(D)等三个方面对风险事件、风险因素进行比较全面的评估。将质量风险的风险优先度定义为上述三个指标的乘积，即：质量风险优先度 $\mathrm{RPN}=P\times S\times D$，据此可以划分质量风险等级，其划分标准一般为：A 级质量风险：RPN＝31～125；B 级质量风险：RPN＝16～30；C 级质量风险：RPN＝6～15；D 级质量风险：RPN＝1～5。

通过上述工作，可以分析评估出前述 1 016 个质量风险事件的对宁安高铁建设工程目标的影响程度，从而据此对已识别的质量风险事件进行排序，列出清单，编号、登记、汇总成清晰、明了、直观的“质量风险识别分析登记表”。在宁安高铁建设项目过程中建立了“质量风险识别分析登记表”，进而为制定质量风险应对计划提供了充实的依据，并为参建各方开展质量风险控制各项后续工作奠定了坚实的基础。

以宁安高铁安庆长江大桥3号主塔墩建设工程项目为例，在安庆长江3号主塔墩施工阶段，项目基于设计阶段识别、分析、评估出来的安庆桥3号主塔墩质量风险点向施工、监理单位等予以交接。施工单位组织技术全面、经验丰富的工程技术骨干、管理干部成立专门团队，根据设计文件、设计阶段质量风险识别分析与评估成果、设计交底及现场调查核对情况，在对安庆桥3号主塔墩进行施工组织设计的同时，对3号主塔墩的施工阶段重大质量风险进行识别、分析与评估，建立了“安庆长江大桥3号主塔墩施工阶段重大质量风险识别分析登记表”。

3. 建立施工现场质量风险应对计划责任展开表

根据“质量风险识别分析登记表”，运用风险管理的应对方法，针对“质量风险识别分析登记表”的风险问题，制定对应措施，落实责任部门、责任人，形成“质量风险应对计划责任展开表”。在宁安高铁建设项目过程中共建立了128个“质量风险应对计划责任展开表”，施工单位据此逐项落实预防控制措施，强化现场管理干部、作业人员、设备等资源配置，加强技术条件保障，全面落实过程控制标准化和现场管理标准化，切实开展质量风险应对工作。

以宁安高铁安庆长江大桥3号主塔墩建设工程项目为例，针对“安庆桥3号主塔墩施工阶段重大质量风险识别分析登记表”中的每一项质量风险事件及其质量风险影响因素，各参建单位运用高铁建设工程质量风险三维空间管理体系进行充分分析，从质量风险的可转移性、可接受性、可规避性和可缓解性等四个要素出发，逐一制定出每一项质量风险因素的应对策略，确定相应应对预防措施，通过质量终身责任制分层次落实责任部门、责任人，形成“一图四表”质量风险管理应用工具中的“质量风险应对计划责任展开表”——“安庆桥3号主塔墩施工重大质量风险应对计划责任展开表”，并在施工现场进行明示，从而建立了权责明晰、运转高效、落实到位的质量风险应对管理体系，把质量风险应对责任和质量风险应对措施落实到建设、施工、监理单位的各层级、各专业、各工种、各岗位。由此对安庆桥 3 号主塔墩施工工点中存在或潜在的质量风险重点应对控制对象，全面落实逐级负责制和岗位责任制。

4. 建立施工现场质量风险动态过程监控表

质量风险因素的不确定性，决定了质量风险管理必须动态跟进，原有的质量风险消除后，可能会存在着残余质量风险，甚至可能产生新的质量风险。因此，根据前述制定的“质量风险应对计划责任展开表”，结合质量风险管理计划、质量风险应对计划、工程变更申请、质量风险识别和分析报告以及工程项目的实际进展情况，各参建设计、施工、监理等单位的分管领导、工程部长、安质部长、架子队长分别从各自的管理层面上，综合运用审核法、监视单法、质量风险检查法和质量风险预警系统等，对“质量风险应对计划责任展开表”中的预防控制措施展开动态监控，并对动态监控过程进行跟踪、纪实、分析，检验应对、防范措施是否有效，是否出现新的残余风险，不断修正风险应对策略，从而形成“质量风险动态过程监控表”。在宁安高铁建设项目过程中共建立了 136 个“质量风险动态过程监控表”，对已确定的质量风险因素，通过监测的手段来对其进行控制、消除，并发现新的质量风险，从而为质量风险控制提供采取风险应对策略的最佳时机，实现质量风险监控从“救火式”向“消防式”的发展。

为了将上述质量风险动态过程监控落到实处，从而实现质量风险预防性管理的目标，宁安公司创建了宁安高铁建设工程质量风险看板监控管理模式，将看板管理与现代远程监控技术、智能短信技术相结合，建立远程看板监控平台；通过看板拉动，实现质量风险管理信息的采集和传递，并利用计算机、电子屏、手机等终端设备，作为远程信息接收的载体和看板形式，远程接收看板信息，根据看板上相应指令进行对应的质量风险管理，从而实现动态、直观、及时、主动的高铁建设工程质量风险预警式智能化看板管理，以提前感知质量风险，及时做出提醒和预警，以便于项目人员预备应急措施，提高管理效率，发挥管理效益，实现高速铁路建设工程所有质量风险管控的可视性。

质量风险看板监控管理模式的实施包括看板信息录入、系统风险评估、三色预警等三个关键环节。质量风险关键环节信息、时间节点安排信息、质量风险评估模型参数等，由宁安公司分管质量工程师梳理维护。根据上述信息和参数，远程看板监控平台系统自动进行质量风险评估，并按照评估等级，首先采用蓝、黄橙、红色在有关负责人的计算机屏幕上提示预警信息，其次利用短信平台自动发送手机短信通知有关负责人，同时在电子大屏幕实时显示蓝、黄橙、红色警示信息。通过这种直观、公开的看板预警，推动有关负责人及时处理质量风险关键环节，并使得建设单位、监理单位和施工单位都能够通过计算机、电子屏、手机等多种方式，对质量风险关键环节的管理情况进行监控。

5. 建立施工现场质量风险处置结果评定表

在“质量风险动态过程监控表”的基础上，运用风险管理的后评估方法，进一步对“质量风险应对计划责任展开表”“质量风险动态过程监控表”中的质量风险处置结果进行评定，对质量风险管理成效进行综合评价，对残余质量风险进行认定，制定需关注问题提示卡和特殊养护维修指导性手册，并最终形成“质量风险处置结果评定表”。在宁安高铁建设项目过程中共建立了166个“质量风险处置结果评定表”，其及时地反馈性以及其余“质量风险动态过程监控表”之间的紧密呼应，成为质量风险后评估的重要组成部分，同时也是综合评定的重要依据之一。

为了保证上述质量风险处置结果评定工作的顺利开展，宁安公司主要采取了“三全”检查、问题库闭环管理的手段与方法。

“三全”检查是指在宁安高铁建设全线推每月一次的全员、全过程、全项目的“三全”检查制度，并根据检查结果开展月度标准化评定，奖优罚劣，从而强化了施工现场质量风险应对的效果，提升了施工单位、监理单位质量控制检查的理念，确保了质量风险始终处于管控之下。

对于在“三全”检查中发现的每一项问题，宁安公司建立了问题库闭环管理系统，由监理单位利用数码相机对每一项问题的发生部位进行图片采集，然后通过互联网上传到宁安公司的影像档案数据库中，作为必需的工程内业存档；同时，在“高铁建设全方位管理集成信息化平台”的工程问题录入和整改阶段提交数据信息时，由监理单位选中相应的工程问题整改前后的照片上传到宁安公司的影像档案数据库中，作为工程内业存档，并供相关单位浏览查看和对比分析，从而对工程问题是否完成整改、是否可以销号做出更加准确的判断。对于监理单位的上述工作，宁安公司定期或不定期地进行抽查，以监督上述工作实施的效果。

（三）建立高铁建设质量风险管理保障机制

1. 建立健全管理制度体系

(1)建立完善制度

一是先后将宁安公司印刷的《营业线施工手册》《宁安铁路检查手册》《宁安铁路管理制度》《捍卫质量保卫安全文件汇编》

等书籍分发至各参建单位，快速整合建设力量和资源，对所有参建队伍的资质、人员、设备进行排查，严格兑现投标承诺，加快推进试验室、拌和站、施工便道等大临设施建设，并以工厂化标准设施保障永久性工程质量，全面推进宁安铁路建设标准化管理。

二是根据上海铁路局"三全"检查的要求，宁安公司结合月度考评和劳动竞赛，严格落实《宁安铁路建设工程项目经理和总监质量风险抵押金考核实施细则》，全面执行《宁安铁路风险抵押金考核通知书》《宁安铁路现场安全整改通知单》《宁安铁路现场安全整改反馈单》制度，确保管理的常态化、动态化。

(2)创建源头控制制度

在宁安铁路建设过程中，首先注重设计深度，坚持提前介入设计勘察和设计文件审查，认真听取专家意见，结合现场实际，加强与设计协调沟通，不断深化、优化设计；其次注重施工方案审查，认真组织编制施工方案，重大方案采取专家论证，落实各参建单位责任，层层把关，及时优化施工方案，强化技术措施；再次注重工艺性试验，公司成立专项整治领导小组，邀请专家对宁安一标岩溶路基地段论证及工艺性试验工作，从试验源头抓起，起到样板引路的作用；最后落实分级管理机制，指挥长、副指挥长(总工)、部门负责人、专业工程师各个层面实行分层分级管理，安全质量进度检查必须做到定人、定期、定岗、定责、定点，所有检查活动统一部署、统一记录、统一分析，并推行首查负责制。

(3)建立过程控制制度

在宁安铁路建设过程中，注重围歼八大质量通病，即围歼地材石子不冲洗、路基填料超粒径、桥梁桩基不规范、制梁模板不标准、隧道漏水、隧道支护厚度不足、精测网设置不规范、工艺性试验覆盖面不足等质量问题，及时排除质量隐患；注重开展现场管理混乱六项专项整治，整治泥浆随意排放、整治材料乱堆乱放、整治弃土随意堆放、整治施工便道不标准、整治工装设备（器具）乱堆乱放、整治配电线路乱拉乱接，努力创建文明示范工地。

（4）创建责任追溯制度

在宁安铁路建设过程中，推行工程建设终身实名制，全面推行主要工序的交接验收确认、签认和留名制，建立每个施工工序与环节的质量责任界定、追溯体系，每一个工程、每一个项目都把责任分解到人；实行建设、施工、监理等单位安全质量检查人员在现场检查的签认登记制度，切实提高安全检查人员的责任心；通过作业、确认、检查等环节的全过程、全覆盖签认留名、存档，实现工程全寿命期安全、质量责任的可追溯。

2. 建立健全组织保证体系

从理顺组织机构角度出发，在宁安公司、各参建单位中分别建立负责决策的质量风险管理工作领导小组和负责具体事务办理的质量风险管理工作办公室；按照责任到人的思路，在宁安公司、各参建单位中分别创建“一把手亲抓”的责任制；根据人人会操作的原则，在宁安公司、各参建单位中推行全覆盖的培训机制，从而保证高铁建设质量风险“一图四表”管理手段与工具能够成为工作好帮手。

首先，在宁安公司成立了由总经理挂帅的质量风险管理工作领导小组，下设由副总经理挂帅的质量风险管理工作办公室。

其中，质量风险管理工作领导小组负责统一领导和协调指挥宁安公司质量风险管理工作的规划、开发和推广实施工作；质量风险管理工作领导小组组长负责建立宁安公司质量风险管理工作组织机构，研究确定宁安公司质量风险管理工作实施目标、实施内容、总体规划，指导质量风险管理工作办公室日常工作；质量风险管理工作领导小组副组长负责宁安公司质量风险管理工作的具体实施工作，动态掌握实施过程中存在问题，研究解决办法；质量风险管理工作领导小组成员则负责宁安公司、分管部门、本部门质量风险管理推进工作。

与之配套的是，质量风险管理工作办公室负责动态掌握质量风险管理工作实施过程中存在问题，研究解决办法，并负责质量风险管理的日常工作；质量风险管理工作办公室主任负责质量风险管理工作推进的具体实施，动态掌握实施过程中存在问题，研究解决办法；质量风险管理工作办公室成员负责本部门质量风险管理工作的推进，指导和监督本部门质量风险管理工作的执行，制定本部门质量风险管理办法，研究本部门质量风险管理工作推进过程中发现的问题及解决办法，每周总结质量风险管理工作推进实施情况。

其次，在宁安公司的直接指挥下，承担宁安城际高铁建设任务的各个施工单位、监理单位，参照上述宁安公司质量风险管理工作组织机构，成立相对应的组织机构，承担相对应的职责。

再次，以上述组织机构为基础，宁安公司在公司内部和各个参建单位中推行"一把手亲抓"的责任制，将质量风险管理工作融入日常的建设管理工作中去，由各单位一把手领导担任第一责任人，分管领导作为具体负责人，及时协调解决质量风险管理过程中出现的问题。依据该责任制，宁安公司将高铁建设质量风险管理工作情况，纳入各单位的月度考核，并在年终进行表彰。

除了上述做法之外，宁安公司不仅建立了参建各单位定期召开的质量风险管理专题会议的协调机制，而且通过讲座会议、视频会议、专题会议等集中培训方式，以及下现场、电话、QQ 等一对一培训方式，建立了全覆盖的培训机制，保证从一把手领导到一线工人，都能够比较熟练地运用高铁建设“一图四表”分层管理工具，使其成为他们必不可少的工作助手。

3. 建立全方位管理远程信息化平台

为了确保高铁建设质量风险“一图四表”管理手段与工具能够顺利实施，宁安公司借助于现代信息化技术，创建了高铁建设全方位管理集成信息化平台。该集成信息化平台是按照高速铁路建设工程质量风险三维空间管理思想，将逻辑维、时间维、$(6M)^2$维等管理信息整合集成于一个统一的信息化平台，具有客户层、模块层、功能层、系统层的四层结构，其主要功能模块包括：

(1)集成看板模块：各参建单位将安全、质量、投资控制及环保风险点和关键工期节点等录入系统中，系统自动分析临近程度，进行预警，自动发短信通知有关负责人，并在施工现场通过电子屏显示预警信息，督促有关负责人及时完成相关工作。

(2)质量风险模块：各参建单位将各类质量风险源及时上传到管理模块中，并根据工程进展及时进行动态更新，实现各参建单位共同对质量风险源进行监控。

(3)影像档案模块：对于包括质量风险点在内的工程问题，由各监理单位录入整改前后的照片、影像，实现对现场发现的质量风险工程问题的信息化闭环管理和质量风险点的影像化监控。

(4)工程问题模块：检查人员及时将检查发现的各类质量风险工程问题录入子模块中，对相关单位的检查整改情况进行实时监控，从而达到质量风险工程问题闭环管理目标。

(5)质量标准模块:对工程施工质量验收进行网络化工序质量签认;对人员、大型机械设备和材料等管理要素进行实时管理,动态掌握这些管理要素变动情况。

三、成果实施的效果

(一)确保宁安高铁准时开通

高铁建设质量风险"一图四表"管理手段与工具在宁安高铁建设工程管理中的成功应用,有力地推动了宁安城际高铁建设保质保量、如期完工管理目标的实现。高铁建设工程质量风险的三维空间管理体系对质量风险管理思想的引入,"一图四表"质量风险分层管理模式对工程实践的具体指导,客观上有效加强了项目参建各方的质量风险管控意识,加深了对项目设计文件、施工图及相关资料的理解,可以做到对项目质量状况的总体把握和及时应对。同时还促使高铁建设项目参建各方目标统一,行动一致,并潜移默化地起到了提醒、警示、教育培训的作用,从而在日益复杂的高铁建设工程形势下,保证科学的质量风险管理手段的有效运用,进而确保高速铁路建设品质,保证施工进度,提升铁路建设工程质量管理水平。目前宁安城际高铁已确定将于 2015 年 11 月 1 日按期正式开通,上述高铁建设质量风险"一图四表"管理手段与工具在其中扮演了重要作用。

(二)解决高铁建设中存在的质量风险难以管理的难题

针对高铁建设工程质量风险具有潜伏期长、隐蔽性强、难以测度的特殊性,宁安公司创建的高铁建设质量风险"一图四表"管理手段与工具,不仅能够有助于风险管理理念在高铁建设工程质量管理中的应用,而且由于其独特的优势,以及简洁明了的图表表现形式,可以广泛推广应用到今后的各种高铁建设工程质量风险管理中，并根据实际情况不断发展和完善。

高铁建设质量风险“一图四表”管理手段与工具是将质量风险管理的理念和方法贯穿到高速铁路建设管理过程，以“一图四表”的表现形式将风险管理的重点、卡控措施等重要信息在办公区和施工现场的醒目位置公示，做到质量风险管理流程公开可视化，使得高铁建设工程的各个层次的管理体系及人员对项目存在的质量风险和采取的对策一目了然，有利于总揽全局和系统管理。同时，根据工程环境变化和工程进度的推进，及时对“一图四表”公示内容进行更新，使现场管理和作业人员对质量风险状态和控制措施做到实时掌握。

宁安公司提出的高铁建设质量风险“一图四表”管理手段与工具有较强的实用性和较为广泛的适用性，不仅为当前紧迫的高速铁路建设工程质量风险管理问题的解决提供了理论依据与应用方法，而且也可为包括高速铁路、普速铁路、城市轨道交通等在内的各类轨道交通系统建设工程质量风险的管理提供指导性建议和决策支持。更进一步地，高铁建设质量风险“一图四表”管理手段与工具还可为公路、港口、机场等其他工程领域的建设质量风险管理工作的科学开展起到一定的参考和借鉴作用。它的有效应用，能产生良好的经济效益和社会效益，具有重要的推广应用价值。

如：课题组运用“一图四表”开展风险管理方法，以宁安铁路钟鸣一号、二号隧道为工程背景，对软弱浅埋隧道风险评估、控制与管理进行了系统研究，建立软弱浅埋隧道风险评估程序和风险评估体系。结合软弱浅埋隧道工程地质条件和施工具体情况，对隧道不同施工工法及特殊施工条件区段进行围岩变形监控分析，建立了相应的围岩变形风险控制量化指标体系，采用风险动态化管理的方法对软弱浅埋隧道施工和设计提供指导。提出以标准化管理为主导、以信息化管理为特色、以动态化管理为依据、以全过程化管理为保障的软弱浅埋隧道“四化”风险管理模式，形成软弱浅埋隧道工程风险控制和管理手段，成功解决了软弱浅埋隧道容易发生塌方等事故的难题。

（三）经济效益

首先，通过应用高铁建设质量风险“一图四表”管理手段与工具，提高了各参建单位的质量意识，规范了各参建单位质量风险管理的做法，形成了一整套标准化的质量风险管理方法与工具，提高了管理效率，减少了人为差错，降低了管理成本。

其次，通过应用高铁建设质量风险“一图四表”管理手段与工具，可以十分方便、可靠地分析高铁建设过程中可能出现的质量风险问题，以便于有针对性地采取应对措施，进行工程质量的预防性管理，从而减少工程质量问题的发生，降低了质量事故成本。

（四）社会效益

通过高铁建设质量风险“一图四表”管理手段与工具在宁安铁路建设工程上的实际应用，使得具备预防性管理思想的高铁建设工程质量风险管理体系和管理应用工具的有效性与实用性，在实际工程中得到了验证。高铁建设工程质量风险管理的思想与理论，逐渐被各个参建单位所认可和接受，在宁安铁路工程建设过程中得到普遍而广泛地应用，发挥了积极而重大的作用，并在工程实践中得到了持续不断地改进，可以预见其将会在更大范围内推动质量风险管理科学的进步，进而产生更大的社会效益。

（五）风险意识提高

以往的高铁建设工程质量管理往往依托管理人员的管理

水平和施工人员的技能水平，往往是事后管理为主，对于工程质量的风险管理意识不足。当管理人员责任心不强、技术管理水平薄弱时，高铁建设工程质量将难以保证。宁安铁路建设工程按照高铁建设质量风险“一图四表”管理手段与工具的要求，对全线所有工程项目实施统一的质量风险管理流程、统一的质量风险管理模式，应用统一的质量风险分层管理方法，实施程序化施工、模块化管理，从而可以有效降低因管理水平、技术水平不足或人为差错导致的质量风险，进而产生一定的风险效益。

（本成果获 2015 年上海市企业管理现代化创新成果一等奖。成果创造人：李迎九、孙健家、金武、汪水清、张骏、郭玉坤、许兴明、柯文柱、陈坤友。）

基于集成信息化平台的高铁建设全方位远程管理

宁安高铁东起南京枢纽南京南站，西至安庆站，于2009年开工，计划于2015年竣工。宁安公司从2009年开始，以实现远程、实时、痕迹管理为目标，整合多种信息化管理手段，搭建集成信息化平台，对宁安城际高铁建设过程中的人员、机械设备、材料、技术方法、环境保护和检验检测等进行全方位远程管理。通过该集成信息化平台近五年运行，极大地促进了宁安城际高铁建设质量、安全、工期、投资、环境保护、技术创新的“六位一体”管理目标的实现，确保了宁安城际高铁建设的顺利进行。

一、成果实施的背景

（一）实现宁安高铁建设“六位一体”管理目标的客观需要

宁安城际高铁的建设目标是无安全质量事故、按期建设成宁安城际客专。通过该集成信息化平台，第一，各参建单位及时将各类安全风险源上传，并根据工程进展及时进行动态更新，从而实现各参建单位共同对安全风险源进行监控；第二，对关键部位施工过程和重大风险源进行24小时远程实时视频监控和动态智能预警，以保证关键部位工程质量和施工安全；第三，各监理单位及时将施工现场的人员、大型机械设备、材料和供应商等信息及其变动情况及时上传，实时掌握它们的动态变化情况，从而从源头上保证工程质量；第四，利用远程实时影像及其对比功能，对隐蔽工程质量和工程质量问题闭环管理进行监控；第五，各监理单位提前录入投资控制点、环保风险点、关键工期节点和技术创新里程碑等信息，系统会自动分析临近程度，进行预警，并自动发短信通知有关负责人。由此可见，该集成信息化平台有效地实现了宁安高铁建设“六位一体”管理目标。

(二)宁安高铁建设管理实时化、集成化的内在需要

宁安城际高铁建设具有线路长、规模大、施工作业点分散的特点，使得其建设管理工作量巨大。而宁安公司作为建设单位，管理人员较少，如果按照传统的人力管理方法，不仅将导致宁安城际高铁建设管理工作的组织难度极高，而且会由于管理的实时性不足造成工程质量安全隐患不能及时发现，从而引发工程返工和施工成本上升。此外，目前经常使用的多种高铁建设管理信息系统，往往每一个信息系统只是针对性地解决一个管理问题，如质量管理信息系统、进度管理信息系统等，它们各自为政，信息资源不能有效地共享与整合，不能发挥集成效应。由此可见，搭建集成信息化平台，并依托该平台开展高铁建设全方位管理，是宁安公司推动高铁建设管理实时化、集成化的内在需要。

(三)为中国高铁“走出去”奠定基础

中国高铁在国内大发展的同时，也积极谋划“走出去”，目前中国已经与欧洲、美洲、亚洲和非洲的多个国家建立高铁合作关系。除了中国高铁车辆制造技术、线路建设技术和系统控制技术等硬件水平之外，运用集成信息化平台实施高铁建设全方位管理，则是中国高铁重要的软实力之一。它的构建、实施和推广，能够为中国高铁走出国门奠定坚实的基础，具有重要

的政治意义和战略意义。

二、成果的内涵和主要做法

引入系统工程的思想，以实现高铁建设管理信息化、精细化和标准化为出发点，首创了高铁建设全方位管理的集成信息化平台，并成功应用于宁安城际高铁建设工程；创建了人员、大型机械、材料和供应商实时远程管理模式，从人、机、材的源头上保证了宁安城际高铁建设工程的质量与安全；运用看板拉动管理方法，创建了“六位一体”看板监控管理模式，实现了宁安城际高铁建设管理中质量、安全、工期、投资、环境保护、技术创新的主动管理；通过影像监控管理模式的成功应用，实现了对宁安城际高铁建设工程中的隐蔽工程、工程问题等具有事后不可见特点的管理难点和重点问题的可视化闭环管理；在已有的风险视频监控管理功能基础上，增加了远程数据传输和复杂问题分析计算能力，实现了风险视频监控的升级管理，达到了风险预防控制和风险实时控制相结合的管理目标；将传统的事后质量统计和质量检验流程，转变为基于实时远程监控和智能分析为主的现代化质量管理决策分析流程，实现了质量关键环节管理流程的重构，提高了质量管理效率，提升了质量管理水平；通过建立运作保障组织体系、责任到人的责任体系、参建单位之间的协调机制、全覆盖的培训机制、完善的考核机制等，保证了高铁建设全方位管理的集成信息化平台顺利运转。主要做法如下。

(一)首创高铁建设全方位管理的集成信息化平台

在中国高铁建设历史中，宁安公司是第一家创建了并成功应用了高铁建设全方位管理集成信息化平台的建设单位。该集成信息化平台是按照系统工程思想，将人、机、料、法、环、检测等管理信息整合集成于一个统一的信息化平台，具有客户层、模块层、功能层、系统层的四层结构。

1. 集成看板模块：各参建单位将安全、质量、投资控制及环保风险点和关键工期节点等录入系统中，系统自动分析临近程度，进行预警，自动发短信通知有关负责人，并在施工现场通过电子屏显示预警信息，督促有关负责人及时完成相关工作。

2. 安全风险模块：各参建单位将各类安全风险源及时上传到管理模块中，并根据工程进展及时进行动态更新，实现各参建单位共同对风险源进行监控。

3. 影像档案模块：各监理单位录入工程问题整改前后的照片、影像和隐蔽工程照片、影像，实现对现场发现的工程问题的信息化闭环管理，以及对隐蔽工程的影像化监控。

4. 工程问题模块：检查人员及时将检查发现的各类工程问题录入子模块中，对相关单位的检查整改情况进行实时监控，从而达到工程问题闭环管理目标。

5. 质量标准模块：对工程施工质量验收进行网络化工序质量签认；对人员、大型机械设备和材料等管理要素进行实时管理，动态掌握这些管理要素变动情况。

（二）创建人员、大型机械、材料和供应商实时远程管理模式

1. 人员实时远程管理模式

其基本思路是：由参建各单位将到岗的管理人员的电话、学历、职称、执业资格证书、照片等信息，以及到岗的特种操作人员的操作证书、照片等信息，上传到人员管理子模块，并及时将上述人员的变化情况输入到人员管理子模块中，使得建设单位能够动态掌握现场人员情况，并对参建单位是否按照中标合同规定配备现场管理人员与技术人员进行监督与考核。

通过人员实时远程管理模式，宁安城际高铁工程的 24 个

参建单位的 1 899 名管理人员和 562 名特种操作员的档案信息、培训信息、变动信息等，全部录入到了集成信息化平台中的人员数据库里，为落实工程质量终身制打下了基础。

例如，对于安庆长江铁路大桥钢梁架设工程中的高栓施拧这一特种操作人员，首先建立高栓施拧特种操作员数据库和远程实时管理系统；其次，由施工单位将培训考核合格的高栓施拧特种操作员的姓名、年龄、特种操作工龄、操作证书、照片、到岗时间等档案信息及其动态变化情况，如培训状况、当班时间、离岗时间等，及时远程实时输入到数据库中，建设单位和监理单位可以随时远程查阅；最后，建设单位与监理单位定期或不定期地对高栓施拧施工现场进行巡查，并将巡查当天高栓施拧操作员到岗情况、当班情况、培训情况等，与数据库中信息进行远程比较核对，以实现高栓施拧特种操作员的远程实时监控管理。

2. 大型机械设备实时远程管理模式

其基本思路是：由监理单位将进场大型机械设备是否符合中标合同规定的检查结果、工作状态、变动情况等远程实时录入到设备管理子模块中，建设单位定期或不定期的进入工地现场进行远程实时核查比对，这样，建设单位、监理单位能够实时动态掌握现场大型机械进场和工作情况。

通过大型机械设备实时远程管理模式，宁安城际高铁建设工程中已经使用、正在使用、即将使用的大型施工机械共计 2 498 台套，其中：提运架梁设备 41 台，龙门吊等大型起重机械 576 台，挖掘机、装载机等厂内车辆 365 台，其他大型机械 1 516 台。大型机械设备的动态实时档案信息，已经被宁安公司完全掌握，为确保宁安高铁建设质量提供了保证。

例如，当承担安庆长江铁路大桥钢梁架设任务的 5 400 t 全回转浮吊进场时，由监理单位将该浮吊的各种证书及验收报告远程实时上传到设备管理子模块中，并对该浮吊的种类、型号、能力等是否符合中铁大桥局中标合同的规定进行检查与纠正，检查与纠正的结果远程及时录入到设备管理子模块中；随后，监理单位对该浮吊的工作状态是否正常进行检查与评估，检查与评估结果远程及时录入到设备管理子模块中，并将施工进行过程中该浮吊的工作状况变化情况和出场情况也远程及时录入系统；此外，建设单位管理人员会通过定期检查、不定期巡查的方式，获得该浮吊在施工现场的工作数据，并在施工现场远程实时与系统中的信息进行比对；这样，建设指挥部、监理单位的管理人员能够远程动态掌握该浮吊进出场和工作情况。

3. 材料与供应商远程实时管理模式

其基本思路是：首先由监理单位将主要进场材料的数量、规格、验收报告、使用情况上传到材料管理子模块中，建设指挥部、监理等人员能够动态掌握现场材料进场与使用情况；其次，按照甲供、甲控、自购的分类，分别由建设单位、施工单位将材料供应商信息（含资质）、合同信息、履约信息、质量信息等输入到物资管理子模块中，实现对材料供应商的动态实时管理。

通过材料与供应商实时远程管理模式，集成信息化平台系统中已经收集宁安公司组织桥梁支座、防水材料、道岔等 10 种甲供物资供应计 10 亿余元，其中钢轨 2.7 亿余元，其他部管甲供物资 6.3 亿余元；钢材、水泥、粉煤灰、外加剂等 7 种原甲控物资计 37 亿余元；纳入宁安公司管理目录的大宗或重要自购物资累计供应 40 亿元；涉及物资设备 300 多个材料供应商信息及其合同履约情况，为从材料源头控制质量奠定了基础。

例如，对于预制轨道板的预应力筋——钢绞线的质量，一方面，在钢绞线进场时，由监理单位将数量、规格、质检报告、验收报告等信息，远程实时上传到集成信息化平台中，供建设单位随时查阅；另一方面，由施工单位、监理单位派专人常驻钢绞线生产厂家，对钢绞线生产状况，如产品质量、生产进度等进行监督，每天采集的生产状况数据远程实时传输到集成信息化平台中，再由相关人员根据工地现场施工进度和使用情况，对钢绞线生产进度、产品质量提出反馈意见，这些反馈意见通过集成信息化平台远程实时传送到钢绞线生产厂家，从而对钢绞线的生产起指导作用。这样，通过上述材料与供应商实时远程管理模式，可以从源头上保证钢绞线生产的质量和数量符合工程建设要求。

(三)创建“六位一体”看板监控管理模式

1. 基本思路

将看板管理与现代远程监控技术、智能短信技术相结合，建立远程看板监控平台；通过看板拉动，实现施工、监控信息的采集和传递，并利用计算机、电子屏、手机等终端设备，作为远程信息接收的载体和看板形式，远程接收看板信息，根据看板上相应指令进行对应的质量、安全、工期、投资、环保和技术创新管理，从而实现动态、直观、及时、主动的高铁建设工程预警式智能化看板管理，以提高管理效率，发挥管理效益，实现相应的管理目标。

2. 实施流程

“六位一体”看板监控管理模式实施流程如图 1 所示。

3. 关键环节看板控制

“六位一体”看板监控管理模式的实施包括看板信息录入、系统风险评估、三色预警等三个关键环节。以质量看板为例，质量关键项目信息、时间节点安排信息、风险评估模型参数等，由宁安公司分管质量工程师梳理维护，根据上述信息和参数，远程看板

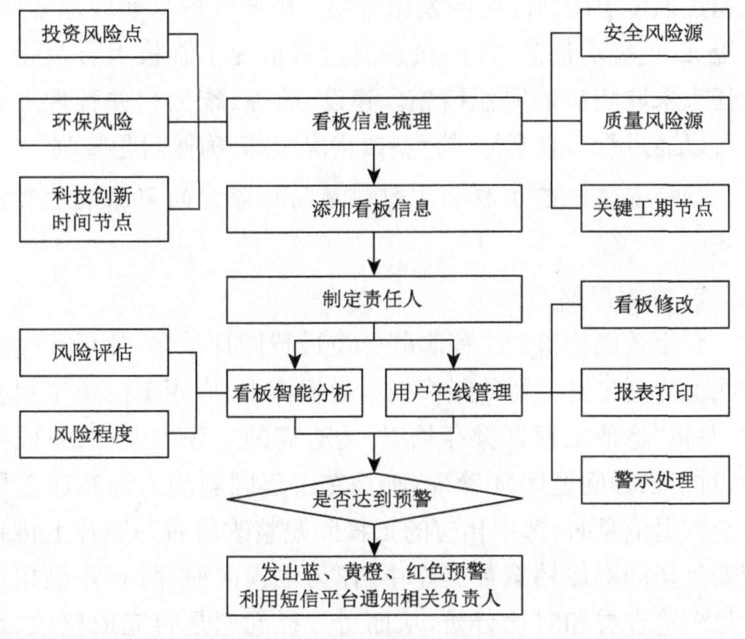

图1　实施流程

监控平台系统自动进行风险评估,并按照评估等级,首先采用蓝、黄橙、红色在有关负责人的计算机屏幕上提示预警信息,其次利用短信平台自动发送手机短信通知有关负责人,同时在电子大屏幕实时显示蓝、黄橙、红色警示信息。通过这种直观、公开的看板预警,推动有关负责人及时处理质量关键项目,并使得建设单位、监理单位和施工单位都能够通过计算机、电子屏、手机等多种方式,对质量关键项目的完成情况进行监控。

例如,江宁板厂蒸汽养护本系统,是由一台中央控制器、108 个小的控制单元组成蒸养前,在电脑中设定一定的理论曲线、温度上限和各项参数,理论曲线最高温度设定为 45℃,温度上限设定为 55℃,实际温度以理论曲线上下波动为宜,当温度处于安全值时,显示蓝色,当温度在接近上限值时,显示黄色,但超过温度上限值时电脑发出警报。电子大屏幕实时显示蓝、黄橙、红色警示信息，并能自动通过短信提示制板人员及相关责任人采取相应的降温措施。建设、监理、施工相关管理人员也可以通过看板直观地进行整改情况跟踪，确保问题整改。

（四）创建隐蔽工程和工程问题闭环管理的影像监控管理模式

1. 基本思路

利用数码相机对工程隐蔽部位进行图片采集，然后通过互联网上传到宁安公司的影像档案数据库中，应用于隐蔽工程验收，并将“隐蔽工程影像存档”作为必需的工程内业存档；同样地，对于工程问题闭环管理，则是在工程问题录入和整改阶段提交数据信息时，选中相应的工程问题整改前后的照片上传到宁安公司的影像档案数据库中，作为工程内业存档，并供相关单位浏览查看和对比分析，从而对工程问题是否完成整改、是否可以销号做出更加准确的判断。此外，利用隐蔽工程和工程问题闭环管理的影像监控管理模式，还可以将隐蔽工程管理、工程问题闭环管理等关键控制点的影像化信息，在工程竣工后移交给高铁运营部门，为今后的高铁运营维护通过直观的影像参考资料。

2. 实施流程

首先，在宁安高铁建设过程中，由各监理单位在每一道隐蔽工程转工序前的检查验收过程中，按照隐蔽工程影像化的要求，对关键点、关键部位进行拍照，及时上传到远程影像监控管理平台上。

其次，当监理单位在检查过程中，发现了隐蔽工程或非隐蔽工程存在质量、安全问题时，马上责令施工单位现场进行整改，并通过该远程影像监控管理平台，进行工程问题的录入、接收、指定责任人、整改、领导审核、复核、销号等全过程的信息化闭环管理，在此过程中，特别注意将上述工程问题处理前后的对比照片，及时上传到远程影像监控管理平台上，以便于各个参建单位利用该平台远程实时影像化监控工程问题的闭环管理过程。

再次，该远程影像监控管理平台还可以对工程问题整改日期进行自动的统计分析，对于未能及时进行整改的工程问题进行预警，以督促工程问题的及时整改处理。

最后，宁安公司作为建设单位，则利用该远程影像监控管理平台，对监理单位、施工单位的隐蔽工程管理和工程问题闭环管理进行远程实时影像化监控考核。

3. 应用实例

2013 年 6 月 30 日，监理站现场监理工程师在对合意中桥(DK262+610.86～680.87)连续钢构施工进行旁站监理时，发现 3 号墙身钢筋绑扎间距不符合设计、规范要求。该问题会导致在浇灌混凝土时发生钢筋弯曲或者变形最终导致混凝土结构容易出现裂缝、块状脱落甚至断裂。严重影响工程质量、行车安全。发现该问题后，监理人员立即对问题部位进行拍照影像资料，上传到影像系统中，公司调度及相关部门通过系统跟踪整改过程，未整改完成或未经监理工程师检验合格不准进入下道工序施工。施工单位对该问题整改完成自检合格后，报监理工程师验收合格后，监理单位上传整改后的现场照片，确保整改效果。

(五)风险远程视频监控的升级管理

1. 基本思路

在宁安城际高铁建设管理中，一方面对施工场地内重要部位的事态、人流、物流等动态状况进行远程视频监视控制，以实时掌握各监控部位现场施工人员、设备、材料、成品和半成品的状态，及时发现纠正及制止施工现场人的不安全行为、物的不安全状态和不符合标准规范的做法；另一方面，在上述远程视频监控数据实时传输的基础上，在集成信息化平台上升级增加了复杂问题分析计算能力，即首先建立安全风险分析预警数据库，然后运用风险评估模型对数据库中的远程视频监控数据进行分析测算，得到各个风险监控点的风险程度，并据此通过短信平台、电子屏等手段进行预警。这样两方面结合，可以将宁安城际高铁建设过程中的各种风险消灭在萌芽状态。

2. 实施流程

(1)建立安全风险分析预警数据库

宁安公司在宁安城际高铁建设过程中，利用风险远程视频监控预警平台中的施工风险事件信息采集系统和有线或无线的远程数据传输技术，并配合以宁安公司制定的要求各参建单位严格执行的施工风险信息采集规定，建立并逐步完善了宁安城际高铁建设项目安全风险分析预警数据库，从而为实现安全风险远程视频监控预警提供了坚实的数据支撑。

(2)构建安全风险远程视频监控预警机制

宁安公司利用风险远程视频监控预警平台，对宁安城际高铁建设过程中包括路基沉降、桥梁徐变、隧道围岩位移等在内的366处Ⅰ、Ⅱ、Ⅲ级风险源进行了不同方式的远程视频监测数据采集，并传输到上述安全风险分析预警数据库中。利用这些定量的监测数据和风险评估模型，风险远程视频监控预警平台自动进行施工风险动态信息化评估，及时发现位移、受力等异常先兆，并利用不同的颜色表示各个风险点的风险程度，实现了对各个风险点异常台账的预警功能。随后可以通过自动短信平台向相关责任人发送预警信息，以确保工程施工安全。

3. 应用实例

例如，隧道工程施工是高铁建设质量安全的“火山口”，通过风险远程视频监控预警平台，由施工单位和检测单位定期上传隧道超前地质预报（含地质素描、超前探孔、地质雷达（TSP）等）和监控量测（含围岩收敛、拱顶下沉等）的文字、数据、图片和视频，实现监测数据电子化，每条记录上报之后，只能修改不能删除，由此保证数据的真实性和有效性。

再如，在路基沉降风险监控预警中，宁安公司经分析研究确定了以单期沉降值 2 mm 作为风险临界点。通过风险远程视频监控预警平台，对采集到的路基沉降观测记录进行对比分析，实现了通过不同颜色对观测信息进行预警：在平台系统页面中，观测记录底色为黄色代表单期沉降值超过正负 2 mm，观测记录底色为橙色代表观测日期超过 7 天，观测记录底色为红色代表该记录观测日期超过 7 天且单期沉降值超过正负2 mm。接着，风险远程视频监控预警平台自动进入路基沉降值异常记录页面，要求填写异常情况、异常内容和处理措施，并在提交后短信通知相关责任人。随后，相关责任人进入该页面对所有异常观测点进行查询，通过关键字和观测日期过滤，相关责任人可以迅速定位宁安公司异常台账信息，查看异常原因和处理措施，同时可以通过“导出 Excel”将显示结果以 Excel 格式导出，进行进一步处理和分析。

（六）重构质量关键环节的流程管理

1. 基本思路

首先，通过远程实时传输功能，将宁安城际高铁建设工程施工工地现场的施工许可、工序质量签认单等施工质量保证资料和工程质量的验收评定资料，及时上传并存储在宁安公司质量数据库中，再由相关人员进行远程实时工序质量签认。其次，对质量关键环节的施工生产，实行生产数据远程自动采集、自动计算、自动与标准对比、自动调整生产指令并远程发布。通过这两方面的工作，实现了重构质量关键环节的流程管理和远程质量监控的目标。

2. 实施流程

重构质量关键环节的实施流程如图 2 所示。

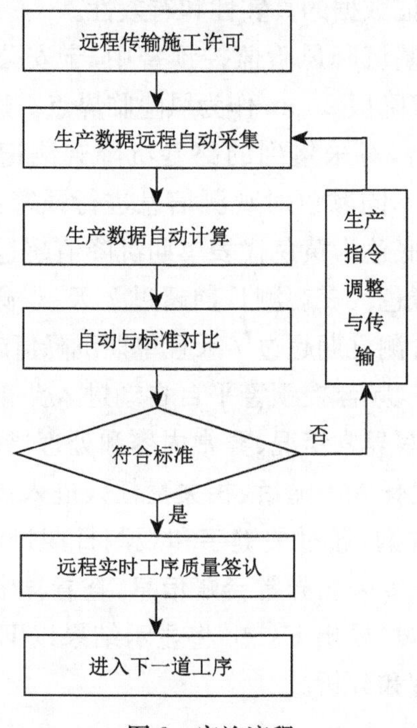

图 2　实施流程

3. 应用案例

(1)远程网络化工序质量签认

对高铁建设工程工序质量的控制，主要采用检查、试验及工序过程管理的方法实现。对此，利用远程质量监控平台，一方面通过便捷的远程网络传输设施和数据库海量的数据存储功能，将宁安城际高铁建设工程中隧道、连续梁、路基岩溶注浆等重点工程的施工许可和工序质量签认单，每天实时传送到宁安公司质量数据库中存档，并刻成光盘作为验交资料备存；另一方面，通过远程数据传输技术，按照“一方干、三方看”的原则，将四方工序质量签认资料当日实时远程上传到宁安公司质量数据库，生成不可修改文档，实现了远程网络化实时工序质量签认。

(2)远程质量信息化动态监控

在宁安城际高铁建设工程的施工区域内，溶洞非常复杂，主要表现为地下的浅埋覆盖型溶洞，数量较多，分布较广泛。根据先导勘探钻孔资料显示，区域内共施钻 1 107 个，有溶洞的钻孔有 397 个，占总钻孔数量的 35.8%。在 DK168＋405.9～DK168＋850 标段内岩溶率超过了 70%，岩溶发育较为强烈。由于宁安城际高铁岩溶路基分布广泛，处理地段长，工程投资巨大，因此，如何保证注浆质量，从而控制施工成本、保证施工工期成为一个必须解决的问题。

对此，宁安公司首先对路基岩溶注浆施工现场按照工厂化统一布局，配备先进施工设备、现代化厂房进行施工作业，建设移动式标准化加工厂，同时在施工现场装配远程视频监控设备，通过远程质量监控平台进一步加强对施工现场的掌控。

其次，注浆施工采取工厂化、标准化的浆液拌和及注浆工艺。浆液由自动计量拌和站集中生产，混凝土车运输至现场注浆池，采用与浆液相匹配的计量注浆泵进行压力注浆；通过配备标准电子计量设备，准确控制浆液配合比，确保浆液质量，并在现场通过电子计量准确记录注浆工程数量；同时为了有效控制注浆量，防止浪费成本，采用现代化计量设施对成本进行监控，即水泥浆计量采用搅拌站标准电子计量设备，对每一盘水泥浆材料用量进行准确计量，并记录出厂水泥浆量，注浆设备上配备电磁流量计及台式定值控制仪，通过双仪表进行注浆计量，有效保证了施工材料的质量。由上述各种电子计量设备采集的数据、各施工单位网上填报的每日数据和以图片形式上传的数据记录表格等，会在第一时间通过有线或无线网络实时传输到远程质量监控平台中，为下一步远程质量信息化动态控制打下了基础。

最后，根据上述电子计量设备自动采集和传输的岩溶注浆的工程量、浆液质量、注浆工艺的详细参数，以及各施工单位上报的每日数据及其数据记录表格等，远程质量监控平台能够自动计算出各个单位工程的累计数据，并进行数据统计和分析，及时获得相应的路基岩溶注浆施工工序质量的评定，并据此对是否转入下一道工序或对工序质量缺陷应采取的措施，远程发布相应的指令，从而实现远程质量监控的目标。

(七)建立集成信息化平台运作的保障机制

1. 基本思路

从理顺组织机构角度出发，在宁安公司、各参建单位中分别建立负责决策的信息化工作领导小组和负责具体事务办理的信息化办公室；按照责任到人的思路，在宁安公司、各参建单位中分别创建“一把手亲抓”的责任制；根据人人会操作的原则，在宁安公司、各参建单位中推行全覆盖的培训机制，从而保证该集成信息化平台能够成为工作好帮手。

2. 具体做法

首先，在宁安公司成立了由总经理挂帅的信息化工作领导小组，下设由副总经理挂帅的信息办。

其中，信息化工作领导小组负责统一领导和协调指挥宁安公司信息化工作的规划、开发和推广实施工作；信息化工作领导小组组长负责建立宁安公司信息化组织机构，研究确定宁安公司信息化工作实施目标、实施内容、总体规划，指导信息办日常工作；信息化工作领导小组副组长负责宁安公司信息化推进的具体开发、实施的研究，动态掌握实施过程中存在问题、研究解决办法，负责编写宁安公司信息化规划，并与软件研发技术人员对接；信息化工作领导小组成员则负责宁安公司、分管部门、本部门信息化推进工作。

与之配套的是，信息办负责动态掌握信息化实施过程中存在问题，研究解决办法，并负责信息管理的日常工作；信息办主任负责信息化推进的具体研究，动态掌握实施过程中存在的问题，研究解决办法，负责编写宁安公司信息化规划，研究、开发、优化、推广信息化工作；信息办成员负责本部门信息化推进，指导和监督本部门系统的运行，制定本部门信息化管理办法，研究本部门信息化推进过程中发现的问题及解决办法，每周总结信息化推进情况。

其次，在宁安公司的直接指挥下，承担宁安城际高铁建设任务的各个施工单位、监理单位，参照上述宁安公司信息化组织机构，成立相对应的组织机构，承担相对应的职责。

再次，以上述信息化组织机构为基础，宁安公司在公司内部和各个参建单位中推行“一把手亲抓”的责任制，将信息化工作融入日常的建设管理工作中去，由各单位一把手领导担任第一责任人，分管领导作为具体负责人，及时协调解决信息化过程中出现的问题。依据该责任制，宁安公司将高铁建设全方位管理的集成信息化平台使用情况，纳入各单位的月度考核，并在年终进行表彰。

除了上述做法之外，宁安公司不仅建立了参建各单位定期召开信息化专题会议的协调机制，而且通过讲座会议、视频会议、专题会议等集中培训方式，以及下现场、电话、QQ 等一对一培训方式，建立了全覆盖的培训机制，保证从一把手领导到一线工人，都能够比较熟练地运用高铁建设全方位管理的集成信息化平台，使其成为他们必不可少的工作助手。

三、成果实施的效果

(一)全路首创基于集成信息化平台的高铁建设全方位管理模式

宁安公司在全路首创的基于集成信息化平台的高铁建设全方位管理模式，首次应用于宁安城际高铁建设工程，形成了多层次、多专业、全覆盖、全方位的高铁建设工程信息化管理体系。高铁建设管理涉及人员、机械设备、材料、技术方法、环境保护和检验检测等多种管理要素，涵盖了质量、安全、工期、投资、环境保护、技术创新等多个管理目标，通过该管理模式，首次通过信息化集成手段，将宁安城际高铁建设的上述管理要素和管理目标系统地整合在一起，实现了这些管理要素与管理目标之间信息快速传递、共享与协调处理，发挥了集成整合优势，达到了对宁安城际高铁建设进行全方位管理的目标。

(二)推动了宁安城际高铁建设“六位一体”管理目标的实现

自 2008 年上半年开始研制开发，2011 年 5 月全面投入运行，基于集成信息化平台的高铁建设全方位管理模式的成功应用，有力地推动了宁安城际高铁建设“六位一体”管理目标的实现。具体来说，在质量方面，宁安城际高铁分项工程质量均达到了优良；在安全方面，宁安城际高铁自开工建设以来，没有出现过一起安全事故；在投资效益方面，由于应用了基于集成信息化平台的高铁建设全方位管理模式，节约了物资和人员成本，节约了现场监控、交通、办公等费用，避免了事故损失费用，共产生了经济效益 1 625.1 万元。

(三)提升了宁安城际高铁建设管理水平

通过基于集成信息化平台的高铁建设全方位管理模式在宁安城际高铁建设工程的广泛应用，已经形成了一个的多层次、多专业、全覆盖的高铁建设管理远程监控集成信息化平台。该平台实现了建设单位和各参建单位之间信息的有效关联，达到了各类工程数据信息共享，使信息交流速度大大加快，减轻了项目参与人日常管理工作的负担，加快了项目管理系统中的信息反馈速度，工程技术人员能够适时监控工程进展情况，进而及时地发现问题、做出决策，提高了工作效率，从而极大地提升了宁安城际高铁建设管理水平。具体来说：

第一，通过其中的远程视频监控功能，不但可以对各施工点及各参建各单位的人员、设备、材料进行实时监控，从而减少了员工现场巡视作业次数，起到了保证员工人身劳动安全、降低员工劳动强度的作用，而且能够实现安全风险源的动态监测，以及对高铁建设生产安全状态的全天候实时监测、随机监控，达到了现场安全管理有效监控，预防或杜绝了事故的发生，保证了施工的安全进行。

第二，通过其中的远程看板监控功能，实现了工程质量、安全、进度、投资和环保的智能提醒功能，有效弥补了管理人员在繁忙的工作中可能出现的遗漏疏忽，大大方便了员工的日常管理任务。

第三，通过其中的远程影像监控功能，不但实现了隐蔽工程影像化，从而达到了严把质量关的目标，而且还建立了专门的工程问题库对问题照片进行存档、处理，并据此制定对策，跟踪落实，次周进行复查、拍照对比，从而有效杜绝了安全隐患，实现了闭环管理。

第四，通过其中的远程监控预警功能，建立了安全管理数据库，实现了对隧道工程，路径沉降观测，人、机、料管理等的日常安全风险监测和预警，从而将事故风险降至最低，为高铁建设的安全施工和铁路的安全运营提供了可靠保证。

（四）为高铁运营维护工作提供了技术支撑

通过基于集成信息化平台的高铁建设全方位管理模式，宁安城际高铁建设过程中的各种数据资料，特别是隐蔽工程和工程问题闭环管理的影像资料和视频资料，得到了有效保存和完善的分类整理，通过这些数据资料，宁安城际高铁运营维护人员可以有针对性地快速获得施工期间的文字、数据、影像和视频等资料，为解决运营维护问题提供有效地帮助，从而为宁安城际高铁今后的运营维护提供了可靠的技术支撑。

（五）具有重要的推广应用价值

基于集成信息化平台的高铁建设全方位管理模式在宁安城际高铁建设工程中得到了成功应用之后，产生了辐射效应。合肥枢纽指挥部、杭黄公司等建设单位专门组团到宁安公司观摩学习，获得了在信息化平台建设、日常管理方面的宝贵经验。

（本成果获 2014 年上海市企业管理现代化创新成果二等奖。成果创造人：孙健家、汪水清、许兴明、徐平、金连新、毛义成、王永芳、陈坤友、倪进仁、梁跃进、周海虹、谢源。）

打造两网融合的长三角高铁客站智慧商业

上海新上铁实业发展集团有限公司

上海新上铁实业发展集团有限公司系上海铁路局直属非运输企业，注册资金7 000万元，机关设9个部门，下设杭州、闵行、闸北、苏州、无锡、常州、南京、合肥及徐州等9家分公司，下辖直属二级企业18家。主营业务于2012年8月开始重组整合为上海铁路局全局客站商业开发、经营及服务，依托京沪高铁和沪宁城际等铁路网线，负责全局所有客站(含既有线、城际、高铁客站)商业等业务的统一规划、开发、经营和管理，同时涵盖物流钢贸、装卸修造、生活服务、集体经济、园林绿化、土地综合开发等七大板块业务。目前，新上铁集团公司拥有在册全民职工1 017人，集体职工62人，劳务派遣工102人。截至2016年年底，局管内14条营业线、95个车站，开发商业面积8万多平方米，拥有800多家租赁和自营商铺，营业收入达7.4亿多元。同时依靠“互联网+”发展理念深挖客站商业资源价值，积极打造高铁车站智慧商旅服务，再全路率先实现移动支付上线运营的同时，不断深入推进“旅途易购”自营品牌的建设。

中国高铁自2007年“和谐号”正式上线运营以来，已经走过了10多个年头，已经从一条条运营线逐渐形成了“高铁网”，更以长三角沪苏浙皖地区的高铁网最为繁密，与此同时依存在高铁车站上的高铁车站商业也飞速发展了起来。随着互联网尤其是移动互联网的飞速发展，给中国的商业经济带来了飞速发展，“高铁网”与“互联网”相互融合也已是时代发展所向，因此新上铁集团公司以“互联网＋”为契机，打造了智慧高铁车站商业的创新模式。

新上铁集团公司坚持“满足旅客需求，展示地域特色，提升经营品质，实现路商共赢”的经营宗旨，“品质新上铁、增辉高铁站”的服务理念，“大众化、品牌化、专业化”的经营方针，注重客运服务与商业服务、环境形态与商业布局、硬件设施与软件管理的有机结合，优化升级商业信息管理、商家信用评价、商业招商平台等专业化管理体系，努力打造环境一流、服务一流、管理一流的现代化铁路客站商业。

一、成果实施的背景

高铁客站商业作为传统实体零售模式商业，在“互联网＋”潮流大势下，外部环境和内部环境都发生了很大的变化，高铁客站商业应站在客户角度服务客户，利用电子商务先进理念，结合高铁自身优势和特点来发展铁路多种经营、满足消费者需求。

（一）契合长三角高铁客站商业发展智慧铁路建设的需要

2015年年中，国务院印发了《国务院关于积极推进“互联网＋”行动的指导意见》，目的在于充分发挥互联网的优势，将互联网与传统产业深入融合，以产业升级提升经济生产力。“互联网＋”计划的应用范围为互联网与其他传统产业，它是针对不同产业间发展的一项新计划，应用手段则是通过互联网与传统产业进行联合和深入融合的方式进行；另一方面，“互联网＋”作为一个整体概念，其深层意义是通过传统产业的互联网化完成产业升级。互联网通过将开放、平等、互动等网络特性在传统产业的运用，通过大数据的分析与整合，试图理清供求关系，通过改造传统产业的生产方式、产业结构等内容，来增强经济发展动力，提升效益。

随着我国经济社会的高速发展，移动互联网已然成为众多老百姓生活出行中的重要一环，2016 年中国的移动支付市场规模达到将近 3 万亿美元，在 4 年内增长了 20 倍，规模大约为美国同期的 50 倍。为响应国家供给侧改革、“互联网＋”的发展战略，新上铁集团公司迎合时势正式开展以移动支付为入口的高铁智慧商旅项目，建设长三角高铁站新型智慧商业管理体系，借助移动互联网平台，提升客户体验与服务水准、搭建属于集团自身的会员系统、积极探索商业运营新模式。

新上铁集团公司在“互联网＋”的趋势下，根据自身原有情况，认真分析并进行市场调研，为顺应时代发展，贯彻国家政策，自 2015 年起，将开展电子商务工作作为了集团公司重要的项目之一，利用电子商务先进理念，结合高铁自身优势和特点来发展铁路多种经营、满足消费者需求。

(二)满足旅客日新月异需求的需要

随着手机移动端 3G 乃至 4G 技术的不断发展，中国移动互联网迅速崛起。移动互联网时代颠覆了桌面互联网时代人类生产、生活的方式，创造了新的信息传播模式和商业模式。移动互联网加速发展，相关行业也经历着深刻的变革，各大商业均意图趁行业变革之际，率先进入移动互联领域，争夺市场份额，其中移动支付这块大蛋糕，涉及金融业、餐饮业、零售业等多类行业，支持从线上到线下支付的多种应用场景，是重要的移动互联应用入口。

现在，越来越多的人出门不再携带现金，或仅携带少量现金，购物消费都使用刷卡以及移动支付。作为长三角高铁车站商业的管辖公司，新上铁集团公司将旅客需要放在第一位，联合支付宝、微信、银联等在所辖沪苏浙皖一市三省接入移动支付，改善旅客消费体验。

（三）顺应集团公司经营发展的需要

上海铁路局作为客运大局、高铁大局，消费者人数众多，亟需提升自身服务品牌形象，应走在各铁路局的前列，达到“释放引领，高标定位”的要求。

新上铁集团公司高铁客站商业经过近十年的发展，依旧处于“租赁＋极少量自营”的商业模式和外延式的发展道路，高铁车站商业开发工作也基本完成，在管理方面，随着移动互联网经济的兴起，无法对商家的移动支付入账进行有效管控，且传统的商业模式已经不能满足高铁客站商业的发展需求。新上铁集团公司所辖的沪苏浙皖高铁车站商业圈，包含多达 811 家商铺。长期以来，商户销售数据主要靠 ERP 系统进行收集，且仅对商品销售情况进行统计。在移动支付日益普及的情况下，商户通过第三方支付完成的交易所占比重越来越大，仅靠 ERP 系统，不仅无法对商铺的实际收益进行有效监测，同时，单一销售金额的数据价值也十分有限。

在新上铁集团公司推行整体移动支付项目前，站内许多餐饮门店已经通过其总公司接通了支付宝、微信等移动支付工具，但这一举措对整体财务管理以及高铁站商业管理有所影响，因此，在新上铁集团公司统一运营下，大多高铁车站商铺已加入新上铁集团公司的移动支付平台，由新上铁集团公司分发配置专用智能 POS 机进行移动支付收款。统一收银妥善保持了移动支付的便利性，同时保证了财务与商业管理的流畅性，更是有效地以各高铁站为主体聚沙成塔整合了所有参与门店的数据，做到了流量与数据的统一化管理。

于是，新上铁集团公司通过电子商务工作的开展，以高铁网与互联网融合为契机，谋求企业转型发展，改变战略，提升管理内涵。

二、成果的内涵和主要做法

新上铁集团公司以高铁网与互联网融合为契机，着力打造“旅途易购”品牌的 OAO 高铁智慧商圈，以线上“4S”平台建设为基础，依托线下高铁客站商业建设，实现“点线”“区域”“跨业”三融合的创新发展。在线上建设以智慧（smart）为核心，集销售（sale）、服务（sevice）、分享（share）为一体的高铁客站商业“4S”平台。

新上铁集团公司首先对线下上海局管内 14 条高铁运营线，95 个高铁站内的 811 个商铺纳入移动支付线上平台进行管理，初步形成了高铁商业网。移动支付平台的接入，将给新上铁集团公司带来更多更广的旅客消费数据，为新上铁集团公司开展电子商务工作打好基础，为引流长三角高铁车站 5.6 亿人次旅客至线上、打造“线上超级客站”做好入口准备。接着，新上铁集团公司通过支付宝、微信的平台会员累计，在搭建自身会员平台系统的同时，进而输出了大量的消费者数据成像，这些数据的整合能够有效地让商业从更多维度了解自身经营状态，以数据为考量依据帮助商业门店更好地制定经营计划。新上铁集团公司通过线下线上结合，来谋求企业战略转型。最后，新上铁集团公司通过大数据系统分析，在支付宝、微信、“旅途易购”自有会员平台的基础上，为各门店提供增收改善建议，来迎合当下的消费习惯，进而增加门店客单和消费频率；通过支付宝、微信等平台的异业交叉营销、券码推广等营销工具，对站内商户进行互相导流，提升高铁客站商业销售额。主要做法如下。

（一）建设以移动支付为入口的高铁站智慧商圈

1. 移动支付全面覆盖长三角高铁客站

新上铁集团公司通过在商铺收银系统中接入统一的移动支付前端，联合支付宝、微信、银联等公司，打造了全路第一的集中收银的移动支付系统，并因此与支付宝、银联、微信等大型移动支付公司形成了战略关系。如图1所示。

新上铁集团公司已对所辖有商业的65个高铁车站全面覆盖移动支付系统，总计上线530家商铺，占商铺总数的65%。累计实现的交易笔数为560万余笔，交易金额达2.7亿元，交易额占商户总营业收入的25%。在五一小长假期间，4月28日移动支付销售额和笔数分别为208万元和5.6万笔，创历史新高，实现营业时间秒秒有交易。

通过这套系统，商户移动支付销售额将先进入新上铁账户中，新上铁作为整个清分系统的数据中心，在对账完成后再将钱款清分至各个商户，不仅带来了“T＋3”沉淀资金的收益，亦能全面收集商户销售数据，掌握其经营动态，对日后的租赁管理乃至指导商户经营活动都大有裨益。

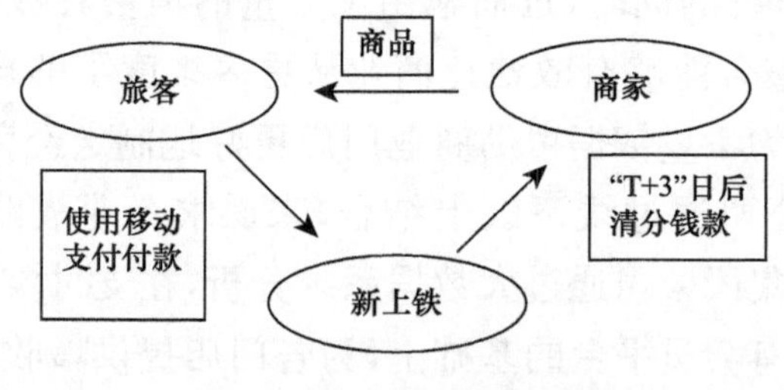

图1 移动支付示意图

2. 开设支付宝生活号、微信公众号、打造“旅途易购”会员系统

随着移动支付的接入，新上铁集团公司逐步对高铁客站内的商家进行整合优化，将传统的一对一管理转变为对整个商圈的整体化管理。通过开设支付宝生活号，在各大车站建设线上口碑商圈，增强了高铁车站商业的知名度，并聚拢高铁客站站内商家，为各个商家进行引流，提升商家销售额，增加高铁客站商业商铺价值。

目前“高铁旅途易购”微信公众号已有42万粉丝，支付宝生活号已有219万会员，新上铁集团公司“旅途易购”自有会员平台已有3.2万会员。

在2017年春节，新上铁集团公司在所辖高铁车站商业中开展了“消费集卡赢大礼”“回家的味道”等活动，引入场内场外资源提供奖品，取得了良好的反响，吸引众多消费者成为“旅途易购”会员，并打通了新上铁集团公司与B端(站内商家、场外资源)的联系。

3. 建设支付宝口碑商圈提升旅客消费体验

在有效管控线下消费人流的基础上，新上铁集团公司也积极探索了线上流量的搭建，并在支付宝口碑频道上线高铁商圈的产品，为广大消费者提供一站式的O2O消费体验，真正的在线上将高铁站升级为有商业属性的枢纽综合体，打造新一代的线上“超级车展”。目前，大部分上线统一收银的高铁站已经正式上线口碑商圈，在这些高铁站出行的乘客，只要打开支付宝口碑，进入各高铁站口碑商圈页面，所有商业服务将一应俱全，包括商圈头条主推信息、各时令活动提升互动、口碑好店推荐消费、时下特惠聚焦优惠等。后续还将陆续测试上线各项个性化定制功能，逐渐开放线上预订进站通道、行李搬运寄存等全程商旅服务促进消费能力，还可获得商品折扣信息、出行建议和提示等服务资讯，成为万千旅客的出行指南。

(二)实现大数据驱动的商业化转型

1. 融合ERP和大数据系统(图2)

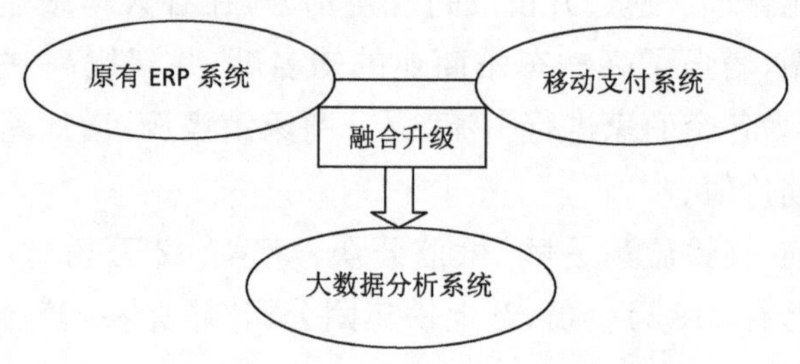

图2　ERP和大数据系统

新上铁集团公司在升级原有ERP系统的基础上,接入了大数据系统,可以此作为数据支撑,对高铁客站商圈内商业布局、商业业态、商业形象进行更加合理的规划,扩大消费群体,提高消费水平,提升各商铺的销售额,增加了新上铁集团公司的租金收益。

2. 大数据驱动的精准营销

支付宝、微信每个月提供数据分析报告到新上铁集团公司,包含一次性消费人数、男女比、消费情况等数据,新上铁集团公司根据这些数据,结合自身大数据系统及会员平台,以内外部数据结合的方式对高铁车站商圈的特点进行分析。基于现高铁车站商圈消费者流动性强、常旅客比例不高、线上转换率低等特点,通过开展精准营销活动(推送符合旅客出行消费习惯的优惠券,打造节假日主题活动等)提升转化率和客单价。

(三)打造自有"旅途易购"品牌

1. 建设自有"旅途易购"集成化会员平台

新上铁集团公司联合了支付宝、微信、银联,克服种种技术困难,建设了自有的"旅途易购"会员平台,成为国内首个打通支付宝会员、微信粉丝并集一身的会员系统，实现了新上铁集团公司自有的会员统一营销、统一积分、统一管理，自有会员平台已有3.2万会员。

2. 开展全方位品牌营销

新上铁集团公司通过联合支付宝、微信、银联进行商圈整体营销活动，吸引旅客消费，成为“旅途易购”微信公众号及支付宝生活号的会员，并导流至“旅途易购”会员平台注册，增加会员数量，便于后续精准营销。比如在餐饮门店就餐的消费者可以获取一张站内百货的优惠券，站内百货购物完的消费者能够获得一张咖啡优惠券等，这能够引导消费者进行更多的合理消费；在未来，可以基于苏浙沪皖的高铁站进行异站导流，例如虹桥站、杭州东、南京南出发的消费者能够带领一部分小站点的消费层次；在系统新一轮对接完成后，“旅途易购”会员平台的积分也能够与支付宝、微信平台进行无缝对接使用，为整体会员导流至“旅途易购”做好铺垫工作。

最后，新上铁集团公司结合高铁商圈特点，联合商圈内商家，自主开展营销优惠活动。2017年，精心设计了“旅途易购”品牌卡通形象，制作了与旅行相关的商品、微信表情包等系列周边产品。春节期间，开展了“金鸡报晓迎新春，旅途易购来拜年”的新春主题营销活动，对在沪苏浙皖一市三省高铁车站使用移动支付消费的旅客进行积分双倍奖励，并在各大车站开设了“旅途易购”会员积分兑换点，旅客可使用积分兑换多种精美礼品。

新上铁集团公司还在“高铁旅途易购”微信公众号中，推送《旅途易购高铁默契度测试》，完成测试免费领用优惠券，让旅客在高铁站消费得到实惠，同时增强与旅客的互动，提升公众号的趣味性，了解旅客关于高铁出行消费的需求及感受，维护好C端(消费者)的粘性。通过系列活动,实现线上线下相互引流,也提升了“旅途易购”品牌在旅客中的知名度。

三、成果实施的效果

1. 打造了全路第一的两网融合高铁智慧商业

新上铁集团公司与阿里巴巴、腾讯、银联形成了战略合作关系,实现多方共赢,并有效提升高铁服务品牌形象,获得了高铁网互联网两网融合的全路范围内首创成果。移动支付系统上线近一年来,部分跨国企业等大型商铺由于需要与其总部数据库打通,涉及他们企业数据安全技术方面的原因,因此,这些企业暂时未接入新上铁集团公司的移动支付平台,目前正在与他们进行沟通协调中。目前“高铁旅途易购”微信公众号已有42万粉丝,支付宝生活号已有219万会员,新上铁集团公司“旅途易购”自有会员平台已有3.2万会员。

2. 提升高铁商业服务满意度

在拥有众多粉丝会员的基础上,新上铁集团公司开展的各类营销活动都取得了良好的效果,通过线上营销引流,吸引旅客消费,增强新上铁集团公司自有品牌“旅途易购”的知名度,并对高铁车站内商家进行宣传,提升了商铺客单量,从根本上有效改善了以往高铁车站内商铺为了宣传自身、吸引旅客消费而采取发传单、派人叫卖、随意树立易拉宝等屡禁不止且难以有效管理的商家自发营销行为,而且由于新上铁集团公司的支付宝会员、微信粉丝、自有会员平台会员数量众多,总计近250万人,因此可覆盖的营销范围更广,较原先商铺自行的、零散的营销活动效果更好。

3. 统一布局电商实现多方共赢

新上铁集团公司通过移动支付的营销活动,提高了高铁车站内商户的营业额，直接增加了新上铁集团公司提成租金收入。通过大数据分析发现，在高铁客站商业中，快消品是主力消费产品，且高铁候车时间短，在人工成本升高的趋势下，自助购物更适合于高铁客站商业，是一个为线上引流的良好入口。因此，新上铁集团公司在各大高铁车站及时铺设了“旅途易购”自助售货机，至今已铺设 229 台机器，销售量不断增长，最高单日已达 23 万元，移动支付占比超 50%。

新上铁集团公司通过建设移动支付统一入口，并布局 600 多台移动支付 POS 机以占据高铁客站商业电子商务入口，因此，在 2016 年，微信和支付宝分别提供了 30 万元的优惠补贴费用。为将银联云闪付接入新上铁集团公司的移动支付平台，中国银联向新上铁集团公司提供了 50 万元，并将在 2017 年增加 250 万元，用于新上铁集团公司开展活动来补贴旅客消费，提升了高铁客站商业的商铺价值，增加了商铺销售额，并因此提升了新上铁集团公司的租金提成等收益，体现了新上铁集团公司统一收银集中布局移动支付战略价值。

4. 提升新上铁集团公司自身经营效益

新上铁集团公司通过移动支付平台采取集中收银后，新上铁集团公司通过“T＋3”清分资金系统，沉淀资金存量可达 400 万，将商家资金归集既可产生资金效益，也可在商户发生租金欠款时及时抵扣，减少应收款风险，在获得沉淀资金经济利益的同时，增强对商家的管理能力，便于租金收缴、现场管控、合同续签等工作的开展。

同时，新上铁集团公司改变过去仅靠 ERP 采集商家销售情况数据的单一管理手段，通过移动支付智能 POS 机的布点，掌握商家移动支付销售情况的大数据，不仅避免商家在未接入新上铁移动支付体系平台前利用移动支付进行飞单的情况，还可根据相关移动支付销售情况的大数据，进行测算以及分析，最终可给予到商家依托大数据分析的相关营销建议，帮助商家优化销售产品的种类、货品摆放、店内展示等方面，提高商家销售额的同时，挖掘商铺价值，提升新上铁集团公司自身租金收益。

新上铁集团公司在移动支付接入后，在各站各个商铺于统一时间开展了统一的线上线下营销活动，比原先传统单店营销效果更好，声势更大，营销氛围更强烈，带动了商户销售额，提升了高铁商铺价值，使更多优质商户愿意到高铁车站开设门店，为新上铁集团公司的客站商铺租赁业务创造了新的盈利点。

新上铁集团公司在支付宝后台知悉总会员数的基础上，能够剖析有多少的二次消费会员、有多少流失客源、每天新增了多少会员，针对这些不同的消费客群，我们的诊断措施分别是什么。每家门店每笔交易的客单能够协助门店知晓自身产品售卖体量的区间分布，进而不断修正货源、售价甚至摆放位置。通过会员属性的数据沉淀，也能够了解到这些消费者的性别分布、职业分布、年龄段分布、年消费能力分布、婚姻状况分布等数据画像，这些每日消费者实际的用户分布可以给到商业门店作为行而有效的营销配置指南。

最后，电子商务工作的开展，使新上铁集团公司高铁客站商业业务不再局限于商铺租赁，公司借助新兴技术可丰富业务内容，如自营自助设备、开设自营线下体验店等。同时，在未来的线上商城中，可以把旅行中的旅客市场拓展到旅行前和旅行后的目标市场，引入更多的场外资源，实现商业价值。

（本成果获2017年上海市企业管理现代化创新成果二等奖。成果创造人：顾燕翔、施伯良、陆志华、魏勇杰、朱建俊、黄敏、张伟明、张瑞英、郑郑。）

高速铁路建设投资控制精细化管理

沪杭铁路客运专线股份有限公司

沪杭铁路客运专线股份有限公司系由铁道部和浙江省、上海市人民政府作为出资人，分别授权上海铁路局、浙江省铁路投资集团有限公司、上海申铁投资有限公司作为出资人代表与宝钢集团有限公司共同组建。公司于2009年5月18日在上海市工商局注册登记，注册资本20亿元，公司主要负责沪杭高速铁路项目的建设和运营管理工作，下设综合管理部、计划财务部、工程管理部、安全质量部、物资设备部五个部门，现有员工43人，其中具有中高级技术职称31人。

沪杭高铁正线全长153.5 km，设计时速350 km，项目总概算301.72亿元，于2009年4月开工建设，2010年10月正式开通运营，目前日均开行动车组列车83对，2010年和2011年分别实现运营收入2.266亿元和15.355亿元，共缴纳税收5 129万元。沪杭高铁开工建设以来，公司结合项目实际，通过科学管理，有效控制了项目总投资，节约了建设成本，确保了建设任务的顺利完成，取得了预期成效。

一、成果实施的背景

高速铁路建设项目投资控制是一项复杂的系统工程，我国现行的投资控制大多处于粗放式、探索性阶段，缺乏对建设项目全过程开展定量模型、并借助金融工具等进行系统综合控制的意识和能力。如何有效控制并合理利用建设资金，实现铁路建设投资效益最大化，成为当前高速铁路建设亟需研究的问题。公司在综合分析沪杭高铁工程项目投资控制需求和特点的基础上，对项目投资控制系统的安全性能进行了深入的分析和探讨，创新提出并实施高速铁路建设项目投资控制管理，主要基于以下几个方面的原因。

（一）高铁建设投资管理模式变化的需要

高速铁路作为一种安全可靠、快捷舒适、超大运量、低碳环保的运输方式，已经成为世界铁路发展的重要趋势。然而，高速铁路不同于一般普通铁路，具有投资大、规模大、专业多、标准高、施工技术复杂等特点。它的投资控制是复杂的一项系统工程，涉及建设项目各阶段的方方面面，对创新高速铁路建设投资控制管理提出新的要求。沪杭高铁项目由于工期的调整，公司以沪杭高铁投资控制为研究对象，深入调查铁路项目建设投资控制管理现状、融资模式、征地拆迁和施工阶段投资控制现状，以国内外现代项目投资控制理论为指导，创造性提出了高速铁路建设投资控制管理新方法，制定了项目投资控制新措施，并成功应用到沪杭高铁工程建设，使项目投资一直处于可控状态，有效节约建设资金，实现投资效益最大化，为日后做好高速铁路投资控制工作提供全面的、科学的理论依据。

（二）确保沪杭高铁按期开通的需要

沪杭高铁项目可研批复建设工期为 48 个月，为了配合世博会的召开，根据部、省、市要求，沪杭高铁世博期间要投入运营，对项目建设工期进行了合理优化，建设工期调整为 18 个月，2009 年 4 月开工建设，2010 年 10 月正式开通运营。如此大幅度调整工期的项目在国际上罕见，国内也没有针对此类项目的系统性研究，因此成了一个理论和实践盲点。由于工期变化，导致项目前期推进快，设计周期短，有些桥方案还未完全稳定，尤其是沿线跨路、跨河工程，导致施工图数量与初步设计招标数量的变化很大，给工程投资带来很多不可控因素，直接影响项目总投资。在确保沪杭高铁按期开通的前提下，需要创新投资控制管理，实现投资效益最大化。

（三）合理利用资金节约建设成本的需要

沪杭高铁位于长三角经济发达地区，人口稠密，高速公路、铁路四通八达，河道水道密如织网，征迁成本高，协调难度大；全线征地 7 534 亩，拆迁 130 万 m^2，迁改管线电力 4 130 处，费用约 72 亿元，项目征地拆迁工作复杂，参与主体众多，征地拆迁是否顺利关系到建设项目的速度和工期，直接影响到项目的投资控制效果。为了确保工期，各施工单位通过合理安排施组的同时，必须通过加大人力和机械的投入、加大工程措施费的投入、改变施工方法等手段，如吊篮法改支架或鹰架法，在基坑维护、桥梁钢板桩防护、模板用量的增加等，都将不同程度造成费用的增加。因此，征地拆迁和施工过程投资控制成功与否是沪杭客专项目投资控制的关键。需要深入分析项目投资控制的主要影响因素，采取有效措施，控制项目投资成本。

二、成果的内涵和主要做法

公司立足于沪杭高铁项目工期的特殊要求，从融资安排、征地拆迁、设计、施工、合同管理等等各个环节，运用 ABC 分类法、角色利益群落法以及统计分析、偏差分析等方法，探究和总结了沪杭高铁项目实施阶段投资控制的主要问题和关键控制环节，并提出了控制项目投资的有效措施。其主要特点有：

(1)根据实地调研的数据资料，在分析项目施工阶段各参与主体间的利益关系及对投资影响的基础上，创造性地提出了划分角色利益区间的投资控制方法。

(2)在铁路投资控制领域，运用ABC分类法，分析沪杭客专项目投资费用要素，进行分类排队，确定影响项目投资的关键因素，采取相应的控制策略，以达到控制投资的效果。

(3)依“法”定性动拆投资控制方法。在动拆迁过程中，为了保证顺利完成同时有控制投资，对动拆迁关键环节，首先进行法律分析，运用法律武器来进行控制。

(4)根据实际调研，识别影响沪杭高铁项目施工投资的可控因素，在分析其作用机理基础上，提出控制项目投资的有效措施。

主要做法如下。

(一)建立Fast-Track高速铁路建设项目投资控制的原则

与一般铁路项目投资不同，沪杭高铁项目采用了极具特色的Fast-Track建设实施模式，保证了项目按期完工并顺利开通运营，并取得了巨大的社会效益和经济效益。

传统的建设模式下，项目的实施从前期策划到设计，再到招投标，接着进入施工准备阶段，然后施工，最后竣工验收。每一个环节的开始建立在前一个环节完成的基础上，必须先完成项目的整个方案设计，再进行招投标，最后进入施工阶段。

在快速路径建设模式下，设计部门将整个标段的设计工作分为几个阶段，分阶段完成设计，首先将设计工作分为初步设计和施工图设计两个阶段，设计部门完成初步设计后，项目公司便组织招投标，让施工承包商参与进来，承包商随即可以展开项目的施工准备工作，如现场准备、采购订货等。然后，设计单位、施工方、设计咨询方等协商合作，共同完成施工图的设计工作。施工图的设计工作按照施工流程分为若干个阶段，设计部门按照施工进度逐步完成施工图设计。施工方则按分阶段给出的施工设计图进行施工，不必等待所有流程的施工图设计结束后再施工，缩短了等待时间，因此建设工期大幅度缩减，这显然是一种高效的建设模式。

影响高速铁路建设项目投资的主要因素有质量、工期、价格和管理组织水平等。一般说来，质量、价格和投资正相关，而管理水平和投资负相关。间接费用和工期正相关，而直接费用和工期负相关。需要在保证工程质量的前提下，通过工期的优化、管理组织效率和水平的提高来节约成本。因此在快速路径建设模式下，高铁建设项目投资控制必须遵循以下原则：

1. 遵循动态控制原则。高铁建设项目具有一次性的特点，项目产品的完成是渐进的，一旦失去控制就很难挽回，或者造成重大损失，所以对建设项目的动态控制尤其重要。

2. 分阶段设置控制目标原则。高铁建设项目投资控制目标的形成和投资控制目标的实现是经过不同阶段完成的，投资控制目标需按建设阶段分阶段设置，且每一阶段的控制目标值是相对的，随着工程项目建设的不断深入，投资控制目标也逐步具体和深化。

3. 主动控制原则。时常分析投资发生偏离的可能性，采取积极和主动的控制措施，防止或避免投资发生偏差，主动地控制铁路建设项目投资，将可能的损失降到最小。

4. 立足全寿命周期的控制。高铁建设项目的投资控制，不仅仅是对工程项目建设直接投资的控制，还需要从项目建成以后使用和运行过程中可能发生的相关费用考虑，进行项目全寿命的经济分析，使建设项目在整个寿命周期内的总费用最小。

（二）确定 Fast-Track 实施模式下影响项目投资的关键因素

Fast-Track 建设实施模式与传统的建设模式相比，缩短了

建设工期,确保了高铁按期建成,但是,这种建设模式也给投资控制带来了不利影响:

1. 施工图预算与施工合同之间变化显著。传统建设模式下,项目投资控制目标是随着工程项目进度分阶段设置的,可研和初步设计阶段设置投资控制目标是建设项目的投资估算;施工图设计阶段设置建设项目投资的控制目标是设计概算,在建设项目施工阶段设置的投资控制目标是施工图预算。项目各阶段的投资目标是相互联系、相互补充、互相制约的,前一阶段的投资目标控制后一阶段的投资目标,前一阶段投资控制的结果,就成为后一阶段投资控制的目标,相互衔接,不断细化与深化。沪杭高铁项目采用 Fast-Track 建设模式,此时环环相扣的投资控制流程发生了一些变化,施工图设计工作是在招投标之后开始进行的,投资控制环节出现倒序,导致投资控制流程出现脱节,施工图预算脱离了工程合同预算,产生了显著的变化。

2. 施工图纸的优化设计收益效应丧失。传统的建设模式下,项目动工前,施工方已经获得整套或绝大部分的施工设计图纸,根据施工图纸,施工方可以合理地安排工程进度,适当进行施工设计优化。而在沪杭高铁项目 Fast-Track 建设模式下,施工方只能获得一小部分施工设计图纸,处于相对被动的位置,无法提前参与到设计中进行施工图优化,因此失去了施工图优化带来的潜在收益。

3. 管理负荷和费用增加。采用 Fast-Track 建设模式,由于项目分阶段招标,分阶段施工,这将使施工招标工作量显著增加;同时,众多的专业单位参与项目施工,承包合同的数量明显增加,合同的管理工作变得复杂;同时对建设单位在加强合同单位的管理、组织和协调工作增加了成倍的负荷和难度。

(三)创建高速铁路建设融资新模式

高速铁路建设既是技术密集型项目,也是资金密集型项目,资金问题是建设高速铁路成败的关键。当前,我国高速铁路建设投资主要以“合资建路”的投融资模式为主,但大规模的铁路建设给铁道部带来了巨大的债务危机及造成地方政府财政资金紧张。因此,探索一种高效而又行之有效的融资模式是确保高速铁路建成的关键。

1. 创新高铁建设融资模式,确保项目建设资金需求。

沪杭高铁建设项目由铁道部、浙江省、上海市和宝钢集团共同发起成立和建设,项目总投资约 300.3 亿元,为保证建设项目资金需要,确保沪杭高铁项目顺利推进,项目发起人采取直接安排融资的方案,各股东方支付资本金 139.53 亿元,确保项目先期启动,其余部分为银行贷款。利息支出因此成为影响项目融资成本的一个重要因素。通过合理的措施降低建设期的利息,有利于降低整个项目融资成本。

2. 优化融资成本结构,降低项目投融资成本。

(1)合理优化资本结构。一般而言,负债(主要是银行存款和发行债券)融资筹集的成本率较低,而权益(主要是股票)融资筹集的成本率较高,而使用成本则正好相反。负债比率不同,平均负债成本也就不同。在综合考虑相关因素的基础上,确定了一个科学合理的资金结构,在满足项目建设运营的资金需求的同时,实现了融资成本最低。同时,建立了资金应急机制,一旦资金缺口,及时通过短期筹款来调节,进一步优化资本的期限结构,从而减少项目的利息支出费用。

(2)盘活运营收入资金。采取动态跟踪和预测资金流量措施,利用资金使用时间差减少贷款余额,杜绝高存款、高贷款现象。同时,在安排资金使用方向上,将有限的资金用于刀刃上,避免了盲目使用资金而造成浪费和资金沉淀。在项目运营期，利用运营收入资金投入未完工的剩余建设工程中，既减小了贷款的规模，又节省了贷款的利息支出，有效地降低了项目融资成本。

(3)合理优化贷款期限组合。利率是影响项目贷款利息支出的一个重要因素，贷款期限越长，相应的贷款利率越高。通过预测现金需求量，编制动态资金使用计划，在满足项目建设资金需求的前提下，尽可能地减小长期贷款的规模，用短期贷款弥补资金的需求，从而有效减少了利息支出，融资成本费用得到了控制。

(4)优化资本结构减少利息支出。沪杭高铁项目初步概算计划工期为 48 月，安排建设期利息 15.9 亿元，实际建设期缩短到 18 个月即 1.5 年，通过优化资本结构和选择合适贷款期限组合，建设期贷款利息共减少 13.26 亿元。

(四)基于角色利益群法的征地拆迁投资控制

沪杭高铁项目地处上海、杭州经济发达地区，全线征地拆迁费用 71.6 亿元，占项目总投资的 23.84%，是控制项目总投资的关键之一。抓好征地拆迁投资控制，主要做好以下两方面的工作：一是加强征地拆迁程序的控制，保证参与各部门严格按照规章制度和合法的程序进行征地拆迁工作。二是加强对参与主体的控制，协调利益相关者之间的关系，从而有效地控制投资。沪杭高铁项目留给征迁的时间只有 3 个月，为了在有限的时间内协调好各参与主体之间的关系，有效地控制好投资的关键环节，我们提出了组织层面上投资控制的方法——角色利益群落法。

1. 角色利益群法的含义。角色利益群落是指在一定的社会关系基础上，为了实现某种共同的利益而结成的具有一致追求和意识的利益主体。沪杭高铁项目征地拆迁工程参与主体众多,并且随着征地拆迁的推进,多元化的利益主体不断分化重组,逐渐形成了相似利益诉求的利益群落。利益群落内部具有一致利益追求,利益群落之间存在利益冲突,征地拆迁实际上就是利益群落追求自身利益最大化的博弈过程。

2. 征地拆迁主体利益群体分类。本文以沪杭高铁上海段为例,阐述角色利益群落法的实施应用。沪杭高铁项目上海段征地拆迁工作复杂,从上至下参与主体众多,利益关系错综复杂。我们将参与主体按其角色划分为六个利益群落,见表1。

表1　沪杭高铁上海段征地拆迁参与主体利益群体一览表

群　落	沪杭高铁项目参与主体
第一群落	沪杭客专公司、造价咨询单位、施工监理单位
第二群落	上海申铁投资有限公司、正弘管理咨询公司
第三群落	区级建设和交通委员会、县镇村级建设管理办公室 征地拆迁公司、资产评估公司
第四群落	施工单位
第五群落	设计单位
第六群落	被拆迁户(民户和企业)

3. 建立征迁保障机制。铁路建设项目的征地拆迁涉及国家、集体和个人三者之间的相互关系,如果处理不当就会损害各方利益,影响征地拆迁的正常进行,致使工程目标无法实现。为充分保障被拆迁户的利益,沪杭公司与上海申铁投资公司签订征地拆迁总协议,按上海市有关文件执行,按照综合单价总包干,即经第三方评估后,征地与房屋拆迁一并捆绑折算出单价,对民户和企业的补偿,做到补偿合理、程序透明、安置到位,确保了征迁工作顺利推进,维持了社会和谐稳定。

4. 平衡群落各群体之间的利益。

(1)优化线路设计方案,从源头控制征迁量。在征地拆迁实施过程中，设计单位基本上参与很少，但该群落在征地动拆迁投资控制中起着关键作用。设计单位在线路规划中，应充分考虑征地拆迁的经济性，合理优化线路和降低征地拆迁费用。

(2)建立约束机制，避免形成利益共同体。第三群落和第四群落之间利益联系紧密，应建立适当的约束机制，避免两者形成利益共同体。在征地拆迁工作中，施工单位在对拆迁范围界定、补偿标准适用和拆迁量的认定方面具有一定的控制能力，但在涉及拆迁建筑物归地方政府或者相关利益圈个人所有时，极易发生两者形成利益共同体。因此建立征地拆迁管理约束机制，严格控制拆迁范围，确保征地拆迁费用使用安全。

(3)引入第三方，加强征地拆迁费用审核。沿线各地方政府向申铁有限公司申报征地拆迁费用支出时，必须通过正弘管理咨询公司审核。建立了多方的监督审核制度，形成多方相互制约机制，确保了控制征地拆迁投资有效合理。

(五)基于 ABC 分类管理法的施工阶段投资控制管理

1. ABC 分类法内涵。ABC 分类法是根据研究对象在技术或经济方面的主要特征，进行分类排队，分清重点和一般，从而有区别地确定管理方式的一种分析方法，如分成 A、B、C 三类，A 类因素发生频率为 70%～80%，是主要影响因素；B 类因素发生频率为 10%～20%，是次要影响因素；C 类因素发生频率为 0～10%，是一般影响因素。对事物影响因素进行分类，有利于人们找出主次矛盾，有针对性地采取对策。

2. 施工阶段投资控制的主要因素分析。施工阶段投资控制是指对项目施工过程所涉及的费用进行管理和控制，主要有设备费、材料费、人工费、施工管理费等，这些费用共同构成了项目成本的主体。通过运用 ABC 分类法对沪杭客专项目施工阶段投资控制分析，可以确定施工阶段投资控制的关键对象，并采取相应的对策。沪杭客专项目施工阶段的主要费用因素,包括人工费、机械费、材料费、管理费、税金等。首先收集相关数据,然后对数据进行加工整理,绘制成 ABC 分类表(表 2),计算各种费用占用总费用百分比,按从大到小的顺序排列各个费用因素。这样就可以将影响投资的因素分为 A 类、B 类和 C 类因素。现在分析施工阶段对投资有重要影响的费用要素,作为投资控制的关键点。

表 2　沪杭高铁建设项目施工成本要素 ABC 分类

序号	项目名称	占总成本比重	累计比重	类别
1	材料费	43.19%	43.19%	A
2	机械费	15.91%	59.10%	A
3	人工费	14.26%	73.36%	A
4	临时设施费	8.56%	81.92%	B
5	管理费	4.64%	86.56%	B
6	夜间施工费	4.43%	90.99%	B
7	其他费用	9.01%	100.00%	C

根据分析结果,可以看出材料费、机械费、人工费累计的成本总百分比为 73.36%,可以确定为 A 类成本因素;临时设施费、管理费、夜间施工费为 B 类成本因素;其余的为 C 类成本因素。因此,在项目施工阶段,要重点控制材料费、机械费和人工费用,严格管理临时设施、管理费和夜间施工费用支出,从而有重点的控制施工阶段的项目投资。

3. 开展施工阶段投资控制要素偏差分析。现以人工费为例,采取典型调查方法,抽取具有代表性的沪杭高铁建设项目 HHZQ-5 标段研究对象,统计分析该标段人工费用数据。沪杭高铁建设项目 HHZQ-5 标段正常工期与实际工期下人工费用对比分析见表 3。

表 3　沪杭高铁项目 HHZQ-5 标段人工费对比分析

工程内容	正常工期(48 个月)			实际工期(18 个月)			费用变化(元)
	数量(工日)	综合单价(元/工日)	合同费用(元)	数量(工日)	综合单价元/工日)	实际费用(元)	
框架涵	50 400	24	1 209 600	64 000	120	768 000	—441 600
地基处理	19 200	23.5	390 720	24 800	120	2 976 000	2 585 280
筏板施工	18 000	23.5	36 630	21 600	120	2 592 000	2 555 370
路基填筑	6 000	23.5	122 100	8 400	120	1 008 000	885 900
步云特大桥	98 746	24	2 369 904	101 549	120	12 182 280	11 945 376
嘉桐特大桥	268 887	24	6 453 288	279 405	120	33 528 600	33 249 195
合计			10 911 912			52 147 680	41 235 768

由表 3 可知,人工费增加额为 4 123.6 万元,人工综合单价和用工数量的普遍增加,其构成受多种因素的影响,其主要影响因素为:定额滞后、项目工期变更、合同工程变化大、技术标准要求高。

4. 对施工费用要素偏差的整改控制措施及成效。加强人工费用控制主要包括以下两个方面的工作:一是对人工单价的控制;二是对项目消耗人工数量的控制。在项目实施过程中主要采取合理控制人工单价、合理控制人工消耗数量、提高人工素质及工作效率、强化合同管理等一系列控制措施。在剔除国家政策(人工单价定额标准)和项目工期等不可控因素的影响外,以 18 个月工期下沪杭高铁建设项目的理论投资费用,作为衡量投资控制效用的标准(表 4)。

表 4　沪杭高铁项目 HHZQ-5 标段人工费控制效果对比分析

工程内容	理论估算(工期:18 个月)			实际费用(工期:18 个月)			费用变化(元)
	数量(工日)	综合单价(元/工日)	理论费用(元)	数量(工日)	综合单价元/工日)	实际费用(元)	
框架涵	75 600	102.3	7 733 880	64 000	120	7 680 000	—53 880

续上表

工程内容	理论估算(工期:18个月)			实际费用(工期:18个月)			费用变化(元)
	数量(工日)	综合单价(元/工日)	理论费用(元)	数量(工日)	综合单价元/工日)	实际费用(元)	
地基处理	28 800	102.3	2 946 240	24 800	120	2 976 000	29 760
筏板施工	27 000	102.3	2 762 100	21 600	120	2 592 000	−170 100
路基填筑	9 000	102.3	920 700	8 400	120	1 008 000	87 300
步云特大桥	148 119	102.3	15 152 573	101 549	120	12 185 880	−2 966 693
嘉桐特大桥	403 330.5	102.3	41 260 659	279 405	120	33 528 600	−7 732 059
合计							−10 805 592

注:1. 据有关专家估算,在沪杭客专项目工期条件下,实际用工数量(理论估算)比概算上浮35%～50%,暂定40%。

2. 据有关专家建议,人工综合单价采用调整后市场综合单价,暂定为102.3元/工日。

由上表可知,沪杭高铁项目HHZQ-5标段通过采取一些措施,有效控制了人工费用的支出,比18个月工期条件下理论人工费用支出减少近1 080.6万元,取得了良好的经济效果。

(六)建立高铁建设投资控制法律保障体系

1. 建立合同管理制度

为了规范合同管理,公司自成立后就制定了《沪杭铁路客运专线股份有限公司合同管理办法》,并设立合同管理领导小组,公司总经理为领导小组组长,公司副总经理、总会计师为副组长,各部门负责人为小组成员,协助做好各专业合同管理工作。公司计财部为合同归口管理部门,并配有合同专业管理人员,进行合同的审查、把关,建立合同管理台账,使各类合同做到有序、可控,并及时反馈合同履行情况,定期向相关领导汇报合同管理情况。

2. 重视合同条款的订立

合同约定条款是投资控制的关键,是验工计价和投资控制管理的基础。所以，在招标阶段就重视对合同条款的订立，使合同订立既能符合铁道部的有关要求，又能体现风险合理风担的原则，既能满足工程量清单计价的要求，又要达到总价控制的目的。

3. 严格按照程序签订合同

公司建立了大合同集体讨论及合同会签制度，严格按程序签订合同。通过招投标确定中标单位签订工程施工、监理、甲供物资等合同。公司按照招投标程序完成招标后，严格按照招标文件中的合同示范文本及时与中标单位签订合同。合同额未达到50万元以及合同额超过50万元的一些技术服务以及其他合同，公司将及时进行总经理办公会议讨论，并严格审查合同文本，完善合同条款，尽量降低合同价，并对合同对方的资信情况进行了解、审查，确保合同的完整性，并形成总经理会议纪要，然后抓紧时间按合同管理办法签订合同。

4. 重视合同谈判及效率

合同谈判是合同管理的重要组成部分，在合同订立过程中起着举足轻重的作用，通过谈判不仅规定了合同的主要内容、目的，更限制着订立双方的职责范围。公司高度重视合同谈判，缩短合同的签订时间，加快内部的流转时间，提高合同的签订效率，为工程按期快速推进创造条件。

5. 加强合同履约管理

建立合同履约情况的检查、监督制度，定期或不定期地组织开展合同检查工作，检查中一旦发现有违背合同条款的事项，立即责令整改。及时跟踪、掌握合同履行的动态情况，对于合同价款的调整，必须符合合同条款约定的条件。定期对合同履行情况进行考核，并将考核结果纳入各单位的“六位一体”考核中。

三、成果实施的效果

1. 确保了沪杭高铁按期开通运营。沪杭高铁项目由于建设工期大幅度调整，给资金筹措和投资控制带来巨大压力，沪杭公司采用精细化管理措施，解决项目融资难题，加强征地拆迁和施工阶段投资控制，降低了建设成本，确保了沪杭高铁项目总投资控制在项目批复概算范围内，实现了沪杭高铁按期开通运营的目标。沪杭高铁的建成开通运营，在两地间形成了一条更加快捷的铁路运输通道，从根本上缓解了沪杭交通走廊运输紧张状况，在长三角地区构建了一个现代化的快速客运网，实现各主要城市的“同城效应”，对推动区域经济和社会经济快速发展，具有深远的社会和经济意义。沪杭高铁 2010 年开通以来，日均开行动车组列车 83 对，2011 年本线发送旅客 422 万人次，实现运营收入 15.39 亿元，缴纳税款 4 402 万元；2012 年预计发送旅客 600 万人次，运营收入 16.62 亿元，缴纳税款 5 400 万元。

2. 有效控制高铁建设项目投资。通过加强投资控制管理，在项目财务成本、材料费用、机械费用、人员费用、大临设施费用以及征地拆迁费用控制方面均取得良好成效，有效地控制了项目的总投资。沪杭高铁项目概算安排建设期资金利息 15.9 亿元，通过优化贷款期限组合等措施，实际利息支出为 2.64 亿元，节省利息支出 13.26 亿元。此外，在剔除了价差和设计量差等不可控因素之后，项目征地拆迁费用比理论估算费用支出减少了 13.91%。

3. 创造了多项高铁建设新纪录。沪杭高铁全线采用具有世界一流水平的无砟轨道技术、列车控制技术、客站建设技术、调度指挥技术、客运服务技术、牵引供电技术等一系列高铁先进技术，创造了多项中国高铁建设新成果。沪杭高铁在建设中坚持科技创新，在高铁大跨度连续梁施工、软土地基施工、联调联试等技术方面取得了重大突破。特别是跨沪杭高速公路160 m大跨度连续梁，采用转体施工方式，不仅减少了对高速公路车辆通行的干扰，降低了安全风险，而且大大缩短了施工工期，比同类跨度桥梁约节省了6个月以上的时间，实现了我国乃至世界高速铁路施工技术的突破，创造了拱桥跨度、自重和软土地基建桥三个世界第一。在2010年9月28日沪杭高铁试运行中，“和谐号”CRH380A新一代高速动车组列车在沪杭高铁上创下416.6 km/h的世界运营铁路新时速。在全体建设者的共同努力下，实现了18个月建成了一条时速350 km的高速铁路建设的新纪录。同时沪杭公司共发表论文56篇，获上海铁路局科技进步一等奖一项、二等奖两项。

（本成果获2012年上海市企业管理现代化创新成果二等奖，成果创造人：钱桂枫、程飞、彭桂琴、王虎、陈尚平、许欣锋、余晓阳。）

高速铁路信号设备修程修制再造

中国铁路上海局集团有限公司电务处

高速铁路信号设备是指挥列车运行、保证行车安全、提高运输效率、实现铁路行车现代化的关键设施，直接关系到高速铁路的运输安全、正点和畅通。集团公司管辖范围内共有京沪、沪昆、沪宁等18条高速铁路的258个车站(含中继站和动车所)、相关区间自动闭塞以及978套动车组列控车载等信号设备。作为高速铁路信号设备的养护维修管理部门，集团公司电务处从高铁信号设备现场运用和技术装备发展实际出发，在多年高铁信号设备维修管理实践的基础上，通过修程修制再造，实施设备等级维修改革修程，创新维修生产组织，提升维修保障能力，不断强化设备质量保安全、保正点、保畅通，促进企业创新发展。

一、成果实施的背景

开展高速铁路信号设备修程修制再造创新研究与实践，主要基于以下背景。

(一)铁路企业适应公司化市场化改革的需要

根据《国务院机构改革和职能转变方案》，中国铁路总公司2013年3月正式成立，铁路迈入公司化、市场化运作的新时期。以市场为导向的新形势，对铁路基础设施维修管理在安全、质量、效率、效益等方面提出了更高的要求。面对市场化挑战，原有粗放的维修管理以及固化的维修模式已经无法满足更加注重投入产出效率效益的市场化竞争需要，尤其是在维修人工成本（包括工资、工资附加费和其他用工等）逐年攀升的情况下，传统的设备修程修制不适应企业发展需要等问题日益凸显。既要确保铁路运输安全，又要挖掘市场潜力提高效率效益，这对于以设备维修管理为主要任务的电务系统来说，不仅要转变企业干部职工的思想观念，同时也要求必须在用人用工、维修成本管理等方面精打细算，实施更精细化的管理。

（二）解决信号设备修程较为粗放问题的需要

信号设备维修一直以来未全面考虑设备使用寿命、源头质量、使用频率、列车速度、使用环境等因素进行针对性维修，而是采取预防性周期性的计划修，导致现场维修与设备运用实际状态保障需要不相符的现象较为突出。检修项目抓不住重点，分不清主次，均按规定时间安排维修的计划修不仅造成可以暂时不修理的设备被反复多次修理、该修理的设备没有及时安排修理等问题，即部分设备“过剩修”、部分设备“不足修”。“过剩修”不仅浪费人力、物力、财力，由于过多的检修拆装加速了设备的磨损，人为地缩短了设备的使用寿命（如动车组车载列控设备日常检修中频繁开关机试验等），容易引发设备故障影响铁路运输；同时粗放的维修也浪费运输等资源，计划维修的时间周期不能准确反映设备磨损发生故障的实际周期，盲目检修过多，降低了设备利用率；另外，频繁的上道作业还存有较大的作业人员人身安全风险。“不足修”容易导致设备故障，进而影响运输安全和效率效益。

（三）提高电务维修资源利用效率效益的需要

近年来，信号设备检测监测系统的覆盖面不断拓展，检测监测的功能不断完善，而且智能化水平持续提升。集团公司管内高速铁路258个车站均安装了集中监测系统，对高铁地面信号设备运用质量状态能够进行实时检测监测，通过监测管理人员浏览分析能够及时发现设备质量问题，指导现场职工进行针对性的维修整治，消除质量隐患，防止高铁设备故障影响动车组运行。其中有11%高铁车站已经安装集中监测智能分析系统，利用专家系统分析判断能及时发现设备质量异常变化情况，通过终端报警提醒相关人员及时采取措施预防故障。另外，道岔转换装置缺口视频监测系统、区间监测系统、站场视频监控系统、轨旁设备智能巡检系统等检测监测装备逐步推广使用。虽然“以机代人”的手段和措施不断丰富，但是在日常维修中“以机代人”措施在提高劳效等方面的作用发挥仍有较大空间。

（四）确保高铁运输安全畅通的需要

规模小而且散落在高铁沿线的现场工区一直以来是组织实施信号设备维修的最小单元。现场工区组织生产，能够较好地发挥其紧贴现场一线组织设备维修生产、设备故障后迅速进行应急处置等优势。但是在高铁一线维修生产中，现场工区组织生产不利于作业人员劳动安全和设备质量控制，而且生产单打独斗资源不集中、重点工作落实困难、设备结合部管理较为薄弱、自检自修缺少验收监督等弊端或局限性逐渐暴露出来，人力资源总体控制情况下现场工区组织生产的困难越来越大。

（五）市场化形势下企业适应未来发展的需要

规划到2020年，集团公司管内铁路新线建设达到3 800 km，新一轮的铁路建设高潮已然到来，铁路建设项目的体量非常大，电务有关工程前期介入、施工配合、检查验收、联调联试、接管运营、设备维护等工作量将进一步增加。在大规模铁路建设持续推进的同时，既有信号设备的养护维修体量同样非常大。据统计，集团公司电务维修工作总量已达到64万组换算道岔，排名全路第一。因此，新线建设项目全过程介入和兼顾日常维修的任务艰巨，挑战空前，而且风险较大。

二、成果的内涵和主要做法

集团公司电务处开展高速铁路信号设备修程修制再造管理创新研究与实践，就是以设备差异化、机构扁平化、生产集约化、修理专业化、维修一体化为核心，以推进高速铁路信号设备维修从完全的计划修向“分等级预防性计划修＋状态修＋专项修”转变为重点，改革高速铁路信号设备修程修制，通过精准施修、精细生产、精益管理，提升维修效率和维修管理水平，解决高速铁路信号设备“过剩修”、“不足修”和“不计成本修”等问题，在保障高铁运输安全、正点和畅通的同时实现企业效益的有效增长。主要做法如下。

(一)重构高速铁路信号设备修程修制体系

高速铁路信号维修是通过日常养护和集中检修保持设备性能，预防设备故障，使设备处于良好运用状态。高速铁路信号设备维修一直以来利用行车天窗实施预防性周期性的计划修，即根据规定的维修周期和内容有计划地实行日常养护、集中检修和入所修。高速铁路动车组列控车载设备按照运用检修(一、二级)、高级检修(三、四级)四个修程进行维护。高速铁路信号设备维护工作实行铁路局、电务段分级管理，电务段实行段、车间、工区三级管理。

1. 工作思路。在原有的高速铁路信号设备修程修制下，存在设备“过剩修”和“不足修”、信号工区组织生产不利于劳动安全和设备质量控制等问题。集团公司电务处在积累多年高速铁路信号设备维修经验的基础上,坚持问题和目标双导向,确立高速铁路信号设备修程修制重构工作思路,即:按照有利于生产过程安全控制、有利于运输效率提高、有利于设备质量提高、有利于结合部管理的原则,牢牢把握状态是前提、计划是关键、组织是核心、手段是保障的认识,建立以设备差异化、机构扁平化、生产集约化、修理专业化、维修一体化为核心的高速铁路信号设备修程修制,着力通过重构高速铁路信号设备修程修制在解决问题的同时促进信号维修专业管理水平的提升和企业经营创效。

2. 修程修制重构。高速铁路信号设备修程方面,将原先预防性周期性的计划修调整为分等级的计划修、以关键设备专项修与依据检测监测及时修为重点的状态修和入所修相结合的修程,进一步做实计划修,做大状态修权重,减少"过剩修"和"不足修"。高速铁路信号设备修制方面,进一步发挥电务段和车间在生产组织中的独特优势,将原先"信号工区是负责现场高速铁路信号设备维修工作的基本生产组织"调整为"现场车间是负责高速铁路信号设备维修工作的基本生产组织",实施机构扁平化、生产集约化、修理智能化的维修工作机制,推进全天窗作业模式中电务段、车间组织下的规模化生产,建立更加科学合理、经济高效的高速铁路信号设备修程修制体系。高速铁路信号设备修程和修制重构的结构如图1所示。

(二)建立信号设备修程差异化的分级维修标准

按照做实计划修、减少过剩修、补强不足修的思路,根据高速铁路信号设备运用状态和运用环境等因素将线路进行等级划分,明确不同线路等级高速铁路信号设备日常养护和集中检修的项目、周期以及维修有关装备配置和应急标准,建立更科

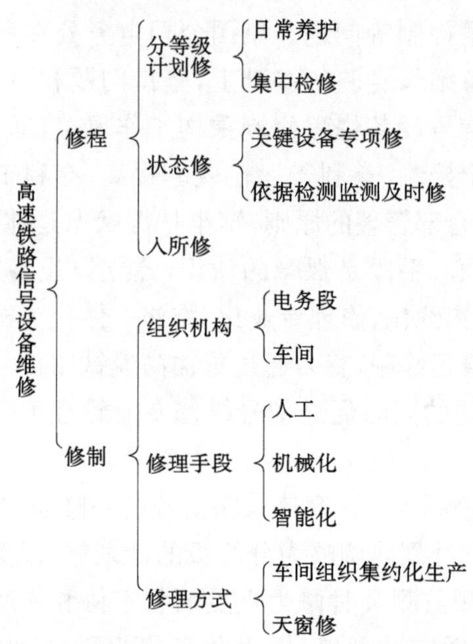

图 1　创新高速铁路信号设备修程和修制结构图

学、更符合高速铁路运输安全畅通保障需求的高速铁路信号设备周期性预防性维修的修程体系。

1. 明确高铁地面信号设备线路维修等级。根据高铁信号设备重要性、运输组织繁忙程度、维护难易程度等因素，结合不同的设备运用状态（如有砟高铁和无砟高铁等）将现场信号设备按不同线路、不同设备分为不同的等级，确定不同的装备标准、维修周期和应急处置等级。将京沪高铁信号设备等级划分为示范线，其他高速铁路信号设备以及集团公司中心设备确定为Ⅰ级（普速铁路信号设备另外分级）。同时根据不同线路等级明确设备日常养护和集中检修的项目、周期。等级划分及相关计划维修周期项目内容详见表 1。

表 1　高铁信号地面设备等级划分及计划维修周期项目内容

<table>
<tr><th>等级划分</th><th>主要设备
集中检修周期</th><th>主要设备
日常维护周期</th><th>主要设备
状态检查周期</th></tr>
<tr><td>京沪高铁（示范线）</td><td>1. 道岔：每季不少于 1 次，保养点道岔半年 1 次；
2. 信号机：每年不少于 1 次；
3. 轨道电路：每年不少于 1 次；
4. 轨旁设备（电缆径路、各类箱盒等）：每年不少于 1 次；
5. 室内设备：每年不少于 1 次</td><td>1. 道岔：每月不少于 2 次，保养点道岔每月 1 次；
2. 信号机、轨道电路：站内 2 个月 1 次，区间半年 1 次；
3. 轨旁设备（电缆径路、各类箱盒等）：站内 2 个月 1 次，区间半年 1 次（栅栏网外每月不少于 1 次）；
4. 室内设备：有人值守站每日 1 次，无人值守站和区间中继站每月不少于 1 次</td><td rowspan="2">（一）人查
（1）室外主要设备：道岔正线道岔 4 个月不少于 1 次，侧线及枢纽地区半年不少于 1 次。其他设备：信号设备的限界、绝缘节与警冲标距离、轨端绝缘、轨道电路标调，每项每年各抽查 20%。
（2）室内设备：室内电源屏、计算机联锁、列控、CTC/TDCS、监测等电子设备，以及图纸、仪器仪表、备品备件、地线、防鼠、防火检查等，每季 1 次。中继站机房：每年 1 次。
（二）机查
（1）按规定完成监测监控调阅，检查分析、掌握车间管内设备运用状态。检查工区监测监控调阅项目、周期。
（2）根据电务段、车间安排，完成临时重点调阅项目。
（3）天窗结束后利用监测监控设备复查设备状态，收集现场设备作业内容及设备维护调整等情况，建立道岔、轨道电路等一设备一档</td></tr>
<tr><td>沪宁、沪昆等其他高铁线路为Ⅰ级</td><td>1. 道岔（有砟）：每季不少于 1 次，保养点道岔半年 1 次；道岔（无砟）：4 个月不少于 1 次；
2. 信号机：每年 1 次；
3. 轨道电路：每年 1 次；
4. 轨旁设备（电缆径路、各类箱盒等）：每年 1 次；
5. 室内设备：每年 1 次</td><td>1. 道岔：每月不少于 2 次，保养点道岔每月 1 次；
2. 信号机、轨道电路：站内 2 个月 1 次；区间半年 1 次；
3. 轨旁设备（电缆径路、各类箱盒等）：站内 2 个月 1 次，区间半年 1 次（栅栏网外每月 1 次）；
4. 室内设备：有人值守站每周不少于 1 次，无人值守站和区间中继站每月 1 次</td></tr>
<tr><td>中心设备为Ⅰ级</td><td>中心设备：每年 1 次</td><td>中心设备：每日 2 次（调度中心、RBC 中心）</td><td></td></tr>
</table>

2. 优化高铁信号车载设备维修等级。调整动车组电务车载设备检修周期及项目，将动车组列控车载设备一级检修结合动车组一级修进行，其中有电作业项目周期由每 48 h(2 天)一次调整为每 240 h(10 天)一次(以动车组一级检修时电务有电作业超 10 天为准)，无电车底信号设备一级检修仍与动车组一级检修同步。如遇动车组列控车载设备二级修时，则列控车载设备一级检修项目周期重新计算。将列控车载设备二级修按 90 天为一个检修周期(原则上最多延长 20 天)，其中列控车载设备二级修部分电特性测试、登顶作业等项目进行分包分期实施(200C 型、200H 型各分三个作业包，300H 型、300S 型、300T 型各分四个作业包，见表 2)，遇动车组二级检修，且未达列控车载设备二级修检修时间时纳入列控车载设备一级检修作业计划执行。

表 2　动车组车载设备(ATP)二级修项目作业包明细

检修周期	200C 型 ATP 设备二级修	200H 型 ATP 设备二级修	300H 型 ATP 设备二级修	300S 型 ATP 设备二级修	300T 型 ATP 设备二级修
90 天	2C1	2H1	3H1	3S1	3T1
180 天	2C1+2C2	2H1+2H2	3H1+3H2	3S1+3S2	3T1+3T2
270 天	2C1	2H1	3H1+3H2+3H3	3S1+3S2+3S3	3T1+3T2+3T3
360 天	2C1+2C2+2C3	2H1+2H2+2H3	3H1+3H2+3H3+3H4	3S1+3S2+3S3+3S4	3T1+3T2+3T3+3T4
450 天	2C1	2H1	3H1	3S1	3T1
540 天	2C1+2C2	2H1+2H2	3H1+3H2	3S1+3S2	3T1+3T2
630 天	2C1	2H1	3H1+3H2+3H3	3S1+3S2+3S3	3T1+3T2+3T3
720 天	2C1+2C2+2C3	2H1+2H2+2H3	3H1+3H2+3H3+3H4	3S1+3S2+3S3+3S4	3T1+3T2+3T3+3T4

3. 建立惯性故障信号设备专有修程。针对特定时期高速

道岔、轨道电路等设备故障多发的问题，在不断摸索积累维修经验、基本掌握季节转换期间温度等因素变化对高速道岔和轨道电路等设备运用质量影响规律的基础上，建立年度道岔适应性调整和轨道电路季节性检查整治制度，即每年5、6月份和9、10月份集中开展两次道岔适应性调整整治，每年4月、11月集中开展两次轨道绝缘检查测试和分解整治，强化关键时段关键设备预防性维修，提高故障预防能力。

4. 强化信号设备器材入所修。结合新设备、新工艺、新材料使用等情况，优化完善集团公司范围内5个电务标准化检修基地的检测、检修装备，规范建立高速道岔转辙机、无绝缘移频轨道电路电子盒、继电器等器材入所检测和检修的流程标准，优化检测检修流程的逐级卡控，严格器材出所质量检查验收和问题问责考核，提高高铁信号设备有关器材上道使用的基础质量，为日常维修打好基础。

5. 建立高铁信号设备维修装备配置和应急标准。对外锁道岔全面安装道岔综合视频监控系统，线路所道岔和车站关键道岔加装自动注油装置。站场咽喉区安装高清视频监控，摄像头数量满足咽喉区设备监控需要。信号机械室出入口安装视频监控，机械室内合理设置视频监控。安装综合监督系统、信号集中监测、动力与环境监控、调度指挥系统维护终端、列控维护终端、轨道电路维护终端、列控设备动态监测系统(DMS)终端、安全数据网网管终端等装备并将检测监测终端应接入车间及电务段安全生产指挥中心。配置上道工机具检查管理系统(含工机具)、智能仪表(台)以及电动带有数字式显示满足设备量化维护需要的工机具。配置满足生产和应急抢修需要的交通工具和抢修材料。明确京沪高铁、其他高铁应急时间，要求接到设备故障通知到赶到故障点的过程时间分别控制在

40 min 和 50 min 以内，可通过登乘动车组以及道路交通等方式赶赴现场。

（三）建立扁平化的维修生产组织架构

将高速铁路电务组织现场生产的责任主体从现场工区转变为现场车间，通过成立专业的检查工区、优化调整工区职责，在分等级实施预防性计划修的同时，进一步做大状态修的权重，强化精准维修。

1. 压缩信号设备维修生产组织层级。按照“状态是前提、计划是关键、组织是核心、手段是保障”的思路，充分发挥现场车间紧贴高铁信号设备维修现场的优势以及在生产计划、组织、指挥、协调、控制等环节中的作用，将传统的电务段、车间、工区三级维修模式调整为电务段、车间两级，即把电务组织现场生产的责任主体从现场工区上移到现场车间。同时进一步做优做强现场车间，优化车间管内的人力资源、维修工具和仪器仪表、交通工具、办公设施、劳动防护用品以及维修天窗等各类生产生活资源配置，为车间组织生产创造条件。

2. 成立地面信号设备状态检查工区。在高铁电务车间既有人力资源条件下成立负责地面设备运用状态检查的专业工区，主要负责采取机查（利用监测监控）和人查（现场检查）等方式，按照机查日覆盖和人查正线相关设备季度覆盖、其他客车进路相关设备半年度覆盖、其他设备年度覆盖的周期对设备进行检查，掌握评价设备状态，分析问题原因，提出维修建议方案；参与车间组织的设备整治和重点任务落实等工作；对现场工区的设备质量、工作质量负有检查、监督和验收的责任。明确现场工区在车间组织下主要负责根据车间编制的维修计划对管辖范围内的设备进行日常养护和集中检修，参与完成车间集中组织的其他生产任务。

3. 优化动车组信号车载设备维修组织。针对动车组车载数据分析利用能力不足、长交路状态下车载故障应急保障不力等问题，从优化生产组织结构入手，进一步提高维修保障能力。按照机车与动车组车载设备维修分开的原则，成立动车组车载设备车间，专业负责动车组车载设备的维修。成立动车组车载数据分析工区（组），实行设备质量和作业质量24小时分析制度，每天对动车组运用报警信息、一级修和二级修作业记录文件进行分析，通过数据分析杜绝作业漏项或错项，同时提前发现质量隐患，为针对性检修提供依据。在徐州东、宁波等枢纽车站设置动车组车载故障应急值守点，配备应急器材和仪表工具，安排专业人员在动车开行时段不间断值守，强化应急保障。针对动车组车载设备源头质量问题，按照上抓一环的思路，优化人力资源配置、设备验收流程和标准，通过修造过程的提前介入提高设备源头质量。

4. 优化调整信号电子设备维修职责。按照做强专业车间工区、做实现场设备维修、做优故障应急处置的思路，发挥现场车间和工区更贴近现场电子设备等优势，优化调整高铁电子设备管理职责，将电子设备集中检修等工作由现场车间成立一个电子设备维修组（归属检查工区）负责，日常巡视、应急处置和配合集中检修等工作由现场信号工区负责，电子设备车间主要负责联锁、列控、调度指挥与调度集中系统、集中监测等全程全网有关设备日常维护管理以及软件数据管理、重点站场集中检修等工作。通过优化调整管理职责，促进加强电子设备维修管理。

5. 创新建立结合部融合一体化维修架构。坚持专业融合，联合工务部门推行工电结合部设备联合作业模式，制定《工电联合作业管理办法》，细化明确工电结合部检查标准，实现道岔、轨道电路等设备工电联合“并表”检查。针对工电结合部问题整治工作量大小和标准要求的不同，联合梳理常见26项联整作业项目，划分成Ⅰ级、Ⅱ级、Ⅲ级三个类别，确立项目维修轻重缓急等次。编制道岔联整作业指导书，明示联合作业标准和流程。按照电务与工务车间、工区管界基本一致（“一对一”或“二对一”）的原则，优化调整管辖范围，优化天窗共用，建立联合计划、联合检查、联合分析、联合整治、联合验收、联合销号的作业模式，通过联合维修提升设备结合部质量。

（四）全面推行车间组织集约化生产

按照检查工区的维修建议方案，根据设备状态并结合依据等级修编制的维修生产年月表，由车间编制维修工作计划，统筹调配资源组织实施维修作业，强力推进全天窗作业模式中车间组织下的规模化生产，落实维修计划明确的所有项目内容。

1. 强化检查管理。检查工区的检查做到“五固化”，即：固化检查方式，通过人查和机查的方式，做好集中监测覆盖检查、监控设备实时检查、现场设备周期检查、工电设备联合检查、重点工作专项检查；固化检查分工，人查和机查的人员相对固定，提升专业查水平；固化检查周期，固化人查和机查的实施周期；固化检查项目，对人查和机查的项目相对固化；固化工作流程，即检查工作从计划编制、联系协调、一次作业流程、问题记录及闭环等流程的相对固化。

2. 强化分析管理。车间是电务现场设备维修生产组织的主体，充分利用安全生产指挥系统的信息单、状态修系统所反映的问题，进行集中分析、评价并制定措施。检查工区在现场检查后形成日检查记录，并及时报车间主管人员；每周五检查工区根据本周检查完成情况形成周汇总资料；每月检查工区根据被查车站及参加的其他工作按站形成设备状态评价报告。

车间根据日记录、周汇总、月评价动态掌握设备状态。车间组织检查工区每周定期召开检查分析会议，综合安全生产指挥系统的质量信息、状态修系统所反映的问题，检查工区人查和机查信息，日常跟班所发现的问题和安全故障信息等维修因素，分析管内设备质量、各工区维修力量、天窗资源应用、结合部配合等情况并进行综合分析评价，制定整治措施，为车间组织生产提出建议和意见。车间每月组织管内各工长、检查工区人员对管内设备状态进行分析，制定次月工作重点。

3. 强化计划管理。将原先由工区负责编制的年度和月度维修工作计划表调整到由车间统一负责编制，方便车间组织，同时减轻现场工区负担。车间安排业务熟、责任心和协调能力强的管理干部具体负责各类天窗、维修任务等计划的编制工作。按照电务段的维修计划编制意见和天窗资源，组织编制管内各工区的年度维修计划。根据年度维修计划、临时重点工作、设备专项整治计划、施工及配合施工计划、运输变化等情况，依据当月天窗资源情况，按照先重点后一般的原则分劈到周，形成月度维修天窗轮廓计划表。按照月度维修天窗轮廓计划表、临时重点工作、检查工区检查的结果和维修建议方案，根据设备状态并结合工务次周天窗计划和管内天窗修资源、劳力资源等情况科学申报天窗周计划，做到“天窗跟着维修计划走”。全面推行维修作业计划单，明确作业负责人仅能由车间管理人员、工长、副工长担任，提高维修计划的可执行性。

4. 强化作业管理。对于年度信号联锁关系检查试验、室内外单套设备更换等高速铁路电务维修天窗信号Ⅰ级维修项目以及道岔大修、电务主体施工、涉及修改或更换配线的配合施工、道岔设备工电结合部题整治等作业，打破现场工区管界的行政界限，由车间组织实施多工区人员参加的维修生产。对于高速铁路电务维修天窗信号Ⅱ级维修项目以及工作量较小、现场工区职工业务技能满足维修需要的作业项目，由车间组织设备管辖的现场工区实施天窗修作业，完成设备维护工作。

5. 强化验收管理。建立三级验收制度，即：每次作业完毕后，由检查工区利用机查、人查等方式对现场设备检修作业质量进行检查验收。车间管理人员结合现场检查、干部包保跟班等方式，按照定期覆盖的要求对现场设备维护质量进行检查验收。电务段每季度结合标准化车间考评组织抽验，对现场设备维护工作质量、运用质量进行检查验收。各级检查验收发现的质量问题，影响高铁设备正常使用的迅速组织整治克服，不影响高铁设备正常使用的纳入下一个天窗进行整治，同时对相关责任人落实质量责任制考核。

（五）丰富完善智能化维修手段

围绕作业、设备、管理、外部环境等要素，以检测监测完备、作业现场透明、数据共享共用、工机具料物联为目标，大力推进技术标准数字化、管理手段信息化、维修方式机械化、分析诊断自动化建设，通过科技手段为修程修制重构创造有利条件。

1. 技术标准数字化。在确保安全性、兼顾可靠性的前提下，按照量化、可操作的要求，将维修经验转化为流程和标准，便于维修管理人员准确理解和执行。紧盯高铁计算机联锁、列控、道岔、轨道电路等关键技术装备的关键环节和关键部位，围绕更好地确保电务安全，运用流程再造等科学方法，遵照流程化、数字化的要求，优化完善维修管理的流程和标准。紧盯道岔、轨道电路等惯性故障多发设备，在确保安全性的前提下，从可靠性方面研究优化完善既有养护维修标准，进一步提高信号设备质量适应外部环境等因素变化的能力，更有效控制惯性故障。

2. 管理手段信息化。适应基于固定周期维修模式向基于设备状态维修模式转变需要，围绕设备状态检查、分析、计划、作业、验收等生产管理环节，利用网络办公等资源条件，将安全调度管理、应急管理、生产管理、监测管理、设备管理等生产过程管理信息纳入基于安全生产指挥平台的管理信息系统统一管理。同时利用网络化、信息化技术信息交互的有利条件，将车间班组工作日志、综合管理等台账进行电子化，实现生产任务与计划的自动生成，提高计划的准确性与合理性，同时减轻台账负担。将设备原理图、接配线图、联锁特殊电路档案等技术图纸资料作电子化处理，纳入安全生产指挥中心管理系统，方便生产组织和应急处置。围绕现场透明，从强化现场施工维修作业监控和应急指挥等方面入手，建设视频监控、智能巡检仪、工机具清点等系统，提高现场可视化程度。

3. 维修方式机械化。围绕节约人力物力、减轻劳动强度、降低安全风险等目标，运用新技术、新工艺等加大可度量的工装机具装备研发运用力度。在用好检测车的同时，进一步推广运用轨旁设备可视化巡检系统，实现对轨旁信号设备的动态测试和巡视，代替人查人巡人测，减少上道作业量和作业安全风险。采取咽喉区和区间信号点处加装高清视频等措施，代替人工对轨旁设备以及中继站等设备进行巡视检查。推广运用道岔自动注油、机房自动巡检等系统，实现以机代人。围绕旅客列车安全、施工作业安全、公路与铁路或铁路与铁路立交外挂电缆槽道等影响电务安全的突出风险，开发和推广运用电缆槽道位移报警等智能监控系统，强化安全风险防控。

4. 分析诊断自动化。在补强完善既有监测监控功能、推广运用各类成熟先进的监测监控系统基础上，积极开展监测监控智能化、一体化技术研究与运用，更及时准确掌握设备运用质量状态。开展集中监测无效报警整治，提高监测监控报警信息准确性。进一步加大人工智能技术运用力度，积极推广集中监测智能分析等功能系统，解放监测监控浏览分析有关的生产力，同时提升事故、故障的预防预控能力。开发检测监测一体化信息交互平台，优化整合各类检测监测系统资源，将不同检测监测系统的信息数据汇集到统一平台进行数据分析，实现集中运用、集中报警，在及时、准确、有效发现设备质量隐患的同时减少人力投入。

（六）强化修程修制重构综合保障

坚持从用人用工、能力素质提升、绩效考核评价等方面入手，深入挖掘维修提质、降本和增效的空间，更好保障高速铁路信号设备修程修制改革措施深入推进实施并取得实效。

1. 改革用人用工制度。优化高铁施工和日常维修上道作业防护制度，强化安全保障措施，更好体现高铁维修的集约高效。坚持“精打细算过日子”，根据电务专业特点，在道岔清扫、车间班组驾驶员等作业岗位探索搞活用工，优化人力资源配置。坚持让合适的人留在合适的岗位上，在优化企业用工、统筹调配挖掘人力资源潜力的基础上，加大存量用工转岗培训力度，通过系统的培训使其在岗位资质和能力上满足高铁新增工作量等方面的需要。

2. 着力提升维修技能。发挥领军人物、专业带头人、专业拔尖人才以及“大师室”“劳模工作室”“首席工程师室”等专家团队为主体的骨干人才梯队作用，围绕高铁电务安全难点问题和重点任务，通过立课题、带队伍、抓攻关、出成果，进一步壮大专业骨干人才队伍。坚持走专家诊断、专家治理道路，集专家智慧研究解决高铁安全生产突出问题，带动整体提升专业队伍素质。大力加强实训设施建设，推行模块化教育系统，促进提升技术技能水平。

3. 优化专业考核评价。适应改革发展新形势、新任务需要，在继续做好绩效考核、标准化作业和规范化管理考核基础上，优化工效挂钩考核评价关键绩效指标（KPI），进一步加大重点任务、维修工作量、天窗利用率、隐患处置临时上道作业、劳动生产率等指标的考核权重，进一步做优工效挂钩和专业管理检查评价，更好发挥考核评价机制的导向作用。突出规章制度管理、应急管理、施工管理等重点，按照每月至少一个专题的部署，常态化开展专业管理检查评价，促进高速铁路信号设备修程修制改革有序推进，在确保高速铁路运营安全的同时提升企业维修管理效率效益。

三、成果实施的效果

高速铁路信号设备修程修制再造管理创新成果在近些年逐步探索的基础上自 2016 年创立，取得的效果主要有四个方面：

1. 全路首创的修程修制填补空白。在全路率先实施设备差异化、机构扁平化、生产集约化、维修一体化、修理专业化的修程修制，得到中国铁路总公司的充分肯定。在 2017 年 2 月和 2018 年 1 月的中国铁路总公司全路电务工作会议上，集团公司电务处分别以《坚持创新驱动改革修程修制，积极主动适应电务工作需要》《发挥车间主体作用推进修程修制改革，提升养修效率效益和安全保障水平》为题作经验交流，2018 年 7 月中国铁路总公司在合肥召开现场会，在全路推广上海局集团公司电务处修程修制改革的经验。

2. 确保了高铁电务安全的持续稳定。通过全面实施车间组织生产以及“分等级预防性计划修＋状态修＋专项修”等高速铁路信号设备修程修制再造管理创新措施，进一步强化了高铁设备质量保安全的能力，有效防控了铁路交通事故。据统计，集团公司电务处消灭了铁路交通责任一般D类及以上事故，消灭了职工伤亡事故，为高铁旅客出行提供了更安全更可靠的运输保障。

3. 取得较好经济社会效益。实施高速铁路信号设备修程修制再造管理创新，为集团公司高铁提质增效提供了积极的支撑。据统计，2017年集团公司旅客发送量在全路首家突破6亿人次，同比增长11.1%，其中动车组发送4.67亿人次、同比增长15.4%，占比达到74.3%。京沪高铁成功开行时速350 km"复兴号"，创造了世界高铁商业运营最高速。习近平总书记在新年贺词中说："'复兴号'奔驰在祖国广袤的大地上"，这是对铁路工作的充分肯定。实施高铁电务维修精益管理创新，维修成本得到节约，2017年电务维修成本每换算道岔组直接费支出环比上年下降3.5%。

4. 高铁设备质量稳步提升。据统计，2017年集团公司动车组上线率达到76.5%，比全路平均高1.4个百分点；全年通过检测监测系统发现并整治消除可能导致信号设备故障的质量问题736个，故障预防预控能力有效提升；全年信号设备综合故障率每百组换算道岔0.014件，信号设备故障率每百组换算道岔0.023件，两项指标均继续保持全路最低；车载ATP设备故障率每百万公里0.32件，质量位居全路第三。

（本成果获2018年上海市企业管理现代化创新成果二等奖。成果创造人：张杰、陈伟革、胡细东、艾武、方升炜、陈政军、李砾、赵宏军、刘世太、胡正明、康毅、吴根财。）

高铁车站现代保洁系统化管理

上海华铁旅客服务有限公司

上海华铁旅客服务有限公司成立于 2009 年 10 月 18 日，是上海铁路局多元经营投资中心出资组建的一家国有独资企业，注册资金 500 万元。作为上海铁路局一家从事客运服务的专业型企业，公司的主要职能是：负责对全局客运站车保洁、高铁和动车组餐饮、洗涤等业务实施统一经营管理。目前，公司保洁业务已覆盖全局 4 个客运段和上海、南京、杭州、合肥等地区主要客站，以及京沪、沪宁、沪杭、宁杭、杭甬、杭长、合蚌高铁沿线 92 站。餐饮业务共担当着上海至北京、福州、汉口、长沙、郑州等铁路局以及局管内上海至南京、杭州、温州、合肥等共计 275 对高铁和动车组列车。

公司成立以来，紧紧抓住东部铁路现代化建设发展的宝贵机遇，大力弘扬“敬业、高效、创新、和谐”的企业精神，坚持遵循“安全第一、旅客至上、质量为本、效益优先”的经营理念，立足当前，着眼长远，精心实施企业发展战略，不断开拓创新，与时俱进，努力做大经营规模，提高服务质量，提升企业核心竞争力，朝着专业化、集约化、规模化的现代企业发展目标拓展奋进。

一、成果实施的背景

2012 年下半年起，公司在对车站保洁传统作业模式进行反思的基础上，立足高标定位，主动探索创新，着力构建符合我局高铁车站实际的现代保洁体系，通过破旧立新，实行精简、集约、现代化、系统化型管理，主要基于以下原因。

（一）提升高铁车站服务品质

自2008年国家发改委批准了《中长期铁路网规划》以来，我国逐步建成了“四纵四横”快速客运网重要体系，上海局管内相继开通了京沪、沪杭、宁杭、杭甬、杭长、合武、合蚌等高铁客运专线。借助东部铁路快速发展的局势，打造一流高铁车站保洁服务品牌，对公司立足铁路走向市场，具有重要意义。

当前，现代化的保洁概念已经从传统的保持清洁转化为保持环境清洁，甚至创造美好环境这一更广泛的概念，车站卫生环境直接影响旅客出行的体验和感受。随着高铁发展和社会进步，旅客对出行品质的要求越来越高，传统的保洁理念已无法满足旅客日益增长的物质文化需求。为此，公司提出了“让车站更明亮、让动车更靓丽、让旅行更精彩”的伟大目标。围绕这一目标，公司立足我局高铁车站特点，主动适应高铁服务工作的新标准新要求，破旧立新，创新保洁模式，大力推进车站保洁作业标准化、机械化、专业化，并与路外专业保洁公司联手，研发出适合高铁车站保洁作业特点的清洁剂，改进传统保洁工艺。这一系列举措极大提升了公司在行业内地位，并实现经济效益、劳动效率最大化，充分展示出公司在高铁站车服务中“保洁专业化、服务特色化”的能力。

（二）提高公司核心能力的需要

公司于2009年成立，成立初期仅有上海、上海南、昆山3站保洁业务，随着高铁动车新站新线开行，到目前已承揽上海局管内92站。其中，城际高铁站66个，既有站26个。城际高铁站保洁覆盖沪宁城际、京沪高铁、宁杭高铁、沪杭高铁、杭长高铁、杭甬高铁共计 57 个站；既有车站保洁 19 个；监管既有车站金山线 7 个，高铁车站合蚌线 3 个、宁杭线 6 个。年保洁收入约 2.01 亿元。

公司成立之初，沿用传统保洁模式，效率低下、质量不高。随着高铁城际站陆续承揽，92 站中既分为高铁站、城际站、既有站，也有一类、二类、三类站，各站站房结构、客流均不相同。每一次新站新线开通，公司要不断投入大量的劳动力、物资和管理人员，若采用单一的保洁模式简单的复制，不仅保洁质量难以得到保证，而且无法有效整合资源，发挥劳动潜力，势必造成上述资源的极大浪费。同时，作为专业性公司，也需要通过转变传统模式，打破既有格局，优化创新，建立一套符合高铁站车实际的行业标准和运作模式，以不断适应新时期铁路对保洁的需要，形成自身的核心能力和竞争优势。

（三）实现公司可持续发展的需要

公司作为劳动密集型企业，人力成本的控制好坏直接影响着经营的良性发展。近年来，保洁工作量由最初的 1 344 000 m^2 增加至 8 482 920 m^2，年均递增 93%；车站保洁从业人员从最初的 500 余人发展至 2 808 人，年均递增 81%。自 2012 年起，上海铁路局在既有站清算上每站按 20%左右的比例进行了削减，削减总费用为 750 万/年。而高铁城际站费用清算标准仍旧沿用 5 年前标准，一直未上调。随着最低工资水平、社保缴费基数、设备耗材购置费用逐年提高，造成公司经营难度和压力不断增大。因此，如何加快改革步伐，通过保洁作业模式的转变来提升效率效益、降低运营成本，是摆在公司面前一个重要课题。

二、成果的内涵和主要做法

当前，高铁车站保洁的主要特点是：车站现代化的硬件设施大量投入使用，劳动力人工和物耗成本逐年上涨，旅客对舒适旅行的需求日益上升。而传统的保洁模式是建立在以“扫帚+拖把”为基础的高负荷体力劳动，这种方式效率低下、质量不高、重复劳动和重复污染现象严重，已无法满足人们对高品质候车环境的需求。所以，高铁车站现代保洁需要变革传统保洁管理模式，大力推进现代化保洁设备、工艺、材料的运用，采取高效、科学、集约的先进管理手段，全面实现系统化的管理。

公司针对高铁车站保洁作业特点和保洁要求，实施以“三主三辅”保洁理念为核心的现代保洁系统化管理，即“以深度保洁为主、日常保洁为辅；以机械保洁为主、人工保洁为辅；以流动保洁为主、岗位包保为辅”。“三主三辅”保洁理念中所涵盖的三项内容，是一个发展递进的关系，其中：以深度保洁为主、日常保洁为辅，是对车站传统保洁理念的一次革新，是改进保洁质量的基础。以机械保洁为主、人工保洁为辅，是在改进保洁质量的基础上，对改进保洁手段的深化和发展。以流动保洁为主、岗位包保为辅，是改进保洁手段的基础上，通过再深化再创新，建立的一种高效保洁新模式。

主要做法如下。

（一）建立高铁站现代保洁新理念

1. 创建美好环境新理念

现代化的保洁理念是建立在“深度保洁”基础上，是以保养维护被清洁的物体表面为基本工作准则，以不破坏物体表面的清洁方法为标准，通过受过系统培训及具备实际工作经验的合理数量的专业从业人员，与专业机械、工具、耗材等配备相结合，按照科学的方法和严格程序，对各种物体表面进行周期性的护理与清洁，以求最大化的保持其应有的表面光泽和高洁净度的一项专业化的工作。所以，现代保洁概念已经从传统的

"保持清洁"扩展到了"保持环境清洁"甚至"创建美好环境"这一更为广泛的概念。

公司为适应现代清洁理念需求提出了"深度保洁"这一概念,相比于传统的日常保洁,深度保洁在全面恢复物体本色、维护清洁状态具有更重要的深层意义。

因此,根据车站产生污染的原因和污染程度的等级,将日常保洁和深度保洁范围进行了重新划分。在保洁模式的操作上,实行不同的日常和深度保洁组合模式。

2. 建立污染源和污染程度的等级

高铁车站的污染源主要来自旅客人为造成的和流动粉尘造成的两大类污染。从车站的污染等级来讲,可分为轻度、中度、重度和深度污染,见表1。

表1 污染的等级

等级	名 称	定 义	例 子	保洁形式
Ⅰ	轻度污染	不发生次生污染,仅产生简单的物理接触	纸屑、灰尘等	日常(主)
Ⅱ	中度污染	次生污染程度较小,较容易清除	痰、湿脚印等	日常(主)、深度(辅)
Ⅲ	重度污染	次生污染严重,使用人工短时间较难清除	打翻的方便面、油渍等	深度(主)
Ⅳ	深度污染	发生物理分子渗透,甚至化学变化,产生了不可逆转的污染	由于保洁缺项导致的厕所墙壁、天花板受油烟污染失去本色	物理化学处理

轻度污染:不发生次生污染,仅产生简单的物理接触。如纸屑、扬尘等。该类污染的去除约占日常保洁作业量80%。

中度污染:次生污染程度较小,较容易清除。如痰、湿脚印等。该类污染的去除约占日常保洁作业量 15%、深度保洁作业量 5%。

重度污染:次生污染严重,使用人工短时间较难清除。如打翻的方便面、油渍等。该类污染的去除约占日常保洁作业量 5%,占深度保洁作业量 95%。

深度污染:发生物理分子渗透,甚至化学变化,产生了不可逆转的污染。如由于保洁长期缺项导致的厕所墙壁、天花板受油烟污染失去本色。

(二)实施高铁车站现代保洁新技术

1. 大力推广新设备,实行机械化作业

实行机械化保洁后,一是使个人单位时间劳动效率大幅提升。以上海虹桥站候车室全面清洗为例,同等耗时条件下,洗地机作业量是人工的一倍。二是质量标准得到统一。使用人工作业不仅需要反复培训,而且作业质量因人、因时、因地得不到统一,作业效率和质量都十分低下。三是单位工作量保洁成本大幅下降。随着劳动力成本逐年上涨,目前一线城市当中,一个普通劳动力年成本为一台普通手推洗地机市售价的一倍,而一台普通手推洗地机作业效率是一个普通劳动力的 8 倍,推行机械化保洁后,可大幅降低人工成本。

公司围绕"机械保洁为主"思路,致力于引进"多用途、专业化、系列化"的现代保洁设备。近年来,针对各站保洁不同特点和对设备的需求(如候车室需要大面积快速作业,引进了驾驶式洗地机;如厕所等重难点,引进了微型洗地机,适应快速清洁、干燥需求)结合保洁模式调整和新线新站开通,加快保洁设备更新换代。目前,公司在管内车站共配备洗地机、吸水吸尘机、扫地机、尘推车等 12 种 520 多台现代保洁设备,大型枢纽站白天机械保洁率达到 45%以上,夜间达到 85%以上。

2. 对现有保洁工艺、材料改良创新

公司在大力推广设备机械化作业的同时，也在致力于改良保洁工艺、创新材料，以进一步提升保洁效率。

(1)改良工艺

毛石面保洁是车站保洁工作的重要组成部分，也是车站保洁重难点之一。主要原因如下：

一是毛石面易被污染。由于毛石面造价低廉，结实防滑耐用，故被广泛应用于站前广场、站台、楼梯、地下通道等区域。由于毛石表面毛孔较大，表面污染物容易随颗粒间隙渗透至毛石深层，另一方面在空气压力、湿度较大的情况下，毛石底层泥浆容易通过颗粒间隙反渗出毛石表面，造成反复污染。

二是毛石面污染后恢复能力较差。由于毛石面颗粒间隙较大，污染物充斥在整个毛石面结构中，单次保洁难以彻底将污染物质完全消除，故毛石面一经重度污染后很难再次恢复原貌。

三是毛石面保洁工作量较大。毛石面广泛分布在站台、通道、广场等客流集中区域，整体工作量占到车站保洁总量的70%以上，传统工艺不仅大量消耗清洗药剂，而且单次作业耗时长。

为此，公司采取了毛石面封蜡技术代替传统清洗工艺。使用封蜡工艺后，毛石颗粒间隙间充满蜡质，形成一层高强度的保护膜，阻断污染物渗入和底层泥浆反渗，同时高效防止茶、饮料、油污、痰渍渗入，日常维护仅需简单尘推即可，相比原工艺，减轻劳动强度，减少保洁频次和药剂使用，延长了效果维持时间。

(2)创新材料

传统的车站保洁耗材种类十分庞大，清洁效果难以满足车站清洁需求。一名普通的保洁员工每日需使用十几种保洁耗材，不仅携带不便，而且浪费现象十分严重。为此，公司于2013年底与路外企业合作，成功研制出适用高铁站车保洁的专用清洁剂：分别是高铁1号、2号、3号清洗剂。

高铁1号清洁剂：专为开荒及深度保洁研发，试剂渗入顽渍内部彻底分解，自带除胶功能，去污后清水过净。

高铁2号清洁剂：适用于日常无水化保洁，附带消毒、除异味功效，可留下一道保护层，防止污渍物理渗透。

高铁3号清洁剂：适用于玻璃专用，去除水渍，手印，无需过水，瞬干透亮，并留下一道保护层。

新型清洁剂的使用，不仅能提高去污效率，延缓物体表面老化功能，且符合环保要求，更符合现代保洁意义上"创造美好环境"这一特点。

(3)源头防治

相对普速车站，高铁车站油渍污染几率大大减少，主要污染源是旅客进站时携带的泥沙。候车区域地面一般用花岗岩铺设，这种材料的特点是硬度高、耐磨损，物理性质稳定。但在大型高铁车站，由于客流较大，花岗岩在泥沙等介质作用下，表面磨损十分严重，而泥沙进入空旷的候车区域后，随风飘散，一是加大了工作难度，二是增加了保洁频次工作量。为此从污染源头着手，是解决高铁车站地板磨损的关键。采取高分子材料制成的地垫后可有效进行第一道防护，可以控制旅客鞋底70%的污渍带入高铁站内，减少日常推尘次数，使深度保洁更加轻松。

(三)创建高铁车站现代保洁新模式

"三主三辅"保洁理念中，以流动保洁为主、岗位包保为辅，是改进保洁手段的基础上，通过再深化再创新，建立的一种高效保洁新模式。

实行流动保洁的目的:一是采取科学的“频次”,合理地编排日常、深度保洁计划,及时处理轻度、中度污染,着力解决重度污染,预防深度污染。二是充分发掘员工劳动潜能,严格执行既定的周期计划,消灭顽固死角,从而实现“经济效益”和“保洁质量”最大化。

为实现效率和效益最大化,打造一支高效的保洁队伍,以实现流动化保洁,必须通过划小核算单元,从员工单位时间劳动效率、作业频次、保洁方式、班次、岗位等基础元素进行系统研究。

1. 划小核算单元

通过劳动单元的不断划小,根据劳动效率,精准核定保洁用工数。本内容中劳动定额采用技术测定法和统计分析法,计算出各单元模块中各项作业内容的单位时间劳动效率,形成日常、深度单位时间劳动效率基准表,以此为依据,对劳动用工进行定额,具体做法如下。

(1)作业区域划分

根据车站组成,可将车站构成划分为候车室、票厅、站前广场、出站通道、站台、天桥等六大区域。

(2)作业单位模块与单位时间劳动效率

在作业区域划分的基础上,进一步将作业区域划分为各单元模块,总计十六大模块。各模块含具体作业项目,单位时间劳动效率在熟练员工条件下进行测定,并制成基础数据库。各模块在上述各大区域可以实现整体移植复制。

如此,日常与深度保洁作业范围有效分离率达到95%以上,可以较为精确计算日常与深度保洁工作量。

(3)总工作量核定

根据各站客流情况,设定合理的保洁频次,总工作量即为:

保洁频次×保洁面积(各模块对应的保洁面积)。

(4)岗位核定

$$岗位数=\frac{总工作量}{一个工作日人均连续工作总量}$$

$$=\frac{建筑面积(或个、件、套)\times 保洁频次}{“分”单位时间劳动效率\times\alpha\times(工作制-\beta)}$$

表中劳动效率值均来自现场实测数据,通过“分”单位时间劳动效率乘以效率损耗系数 α(每小时间休及其他时间损耗)得到“小时单位时间劳动效率”。β 为每种工作制中固定休息时间。

2. 流动保洁的几种模式

(1)对高铁沿线小站实行流动飞行深度保洁

由于一些高铁沿线各站主体结构相近,便于开展流动集中深度保洁。根据各站客流和建筑面积综合因素,参考工作量设置日常保洁岗位区域包保小组,主要作业内容是清扫旅客制造的垃圾、地面日常维护保养等;由各站抽调技术业务纯熟员工组成深度保洁流动飞行队,在队长的带领下,根据设定好的流动作业计划,对各站实施飞行流动深度保洁,主要作业内容是车站重难点保洁范围,如厕所、站台毛石面等受客流因素重点污染区域和高空立面等受粉尘污染区域。

在深度保洁作业计划制定方面,因各小站日均到发客流呈现强烈的周期性特点,在制定深度保洁作业计划时,应将易受“客流”污染的重点项目如站台、电梯等安排在客流高峰期后,避免由重度污染转化为深度污染。因粉尘污染的高空等保洁项目,安排在客流低谷期。

(2)对高铁沿线小站实行全流动保洁

随着劳动力成本进一步上升,在保洁费用长年不增长的情况下,优化作业模式,减少用工成本支出,不仅是实现公司可持续发展的需要，更是体现公司保洁服务核心竞争力的能力。公司2014年年初在新站新线开通运行初期便逐步推广这一新模式。该模式下，不再采取岗位片区包保模式，所有保洁人员在不同时间段对站内各区域实现流动保洁。

为实现这一目的，将车站分为站台、地下通道、候车室、售票厅、站前广场、厕所六大区域。由对六个区域分别实施日常或深度保洁扩展为12个子模块，根据各时间段不同模块指令，实施流动循环作业。

现场操作上，采用“展板”形式，项目主管根据节假日、双休日、日常等三个不同客流情况，变换模块组合方式，针对不同客流情况下重点任务不同，发出相应指令。

在保洁作业流程图中，带有“日”右下标的为日常保洁模块，带有“深”右下标的为深度保洁模块。

(3)对大型枢纽站实行区域流动保洁

大型枢纽站的特点是日均到发客流多，各时间段客流变化不大，较难实现全流动保洁，故而采取区域流动保洁模式。

以上海南站候车室区域流动保洁为例，候车室按4个片区设置4个流动作业小组。每个作业小组，根据模块指令实现保洁区域全覆盖。

(4)对部分二等站实行区段时间流动深度保洁

部分二等站每日分时到发客流呈现较强的规律性，故可采用区段时间流动深度保洁的模式。根据每日分时客流情况，当客流降至目标客流以下时，由于此时日常保洁作业任务量较少，故只安排少量人员参与日常保洁，其余人员全部组队实行深度保洁。

上述四种流动保洁模式当中，无论是飞行流动、全流动还是区域流动、区段时间流动保洁，都是建立在对划小核算单元，精确计算劳动力工作量的基础上。流动保洁打破了传统的岗位包保分区单干模式，建立流动保洁小组、合理减少专职深度保洁人员，提高保洁能力和作业时效。

（四）构建高铁车站现代保洁新体系

1. 成立项目部运作管理体系

公司按照“扁平化、专业化”要求，自 2013 年 9 月推进各分（子）公司成立项目部，全面完成整章建制工作，对岗位职责、安全管理、质量标准、作业流程、工作量统计、员工考勤考评等方面加以规范，建立成套的规章制度、运作体系和工作台账，实现标准化管理。通过推进标准化创建，提升项目部自主管理能力，采取计划—检查—考核—教育—整改模式运作，实现现场运作规范有序。

2. 制定保洁作业流程、质量标准

公司区分高铁站、既有站不同等级、规模和大小以及地域的不同，从保洁标准、质量、频次、流程进行系统研究，分类制订作业标准、流程和指导书，并修订完成了《上海华铁旅客服务有限公司保洁标准》和《高铁车站保洁内容及质量标准》，对各工种保洁作业内容、质量、标准、流程做了具体规定。初步形成一套符合我局客站实际、具有公司特点的保洁作业体系。通过此举，提升专业化水平和核心能力，全面构建公司科学、精干、高效的保洁运作体系。

3. 构建高铁车站现代保洁系统化管理保障体系

（1）提高员工培训效果。一是坚持以封闭式培训为主，抓好员工准入培训、岗中培训和专题培训，并加强公司三级教育网的日常管理，逐级明晰培训要求，定期组织考核；二是制作完成车站保洁作业标准教学片，覆盖各主要工种；三是结合班组建设，推行工班长脱产轮训等做法，实行“先培训、后任职”制度，打造一支素质高、业务熟、能力强的工班长队伍。

(2)完善安全关键控制措施。建立车站保洁安全质量考评机制。通过全面梳理安全关键，动态判研安全风险的表现形式和防范要点，深化专项整治，以上道作业、劳动人身、防火防爆、设备质量等为重点，完善落实控制措施，有针对性地做好防范工作。

(3)大力整肃员工“两违”，强化应急处置。对三级应急预案体系进行了修订完善，按“图、项、表”编制应急处置手册，明确各种突发情况下的具体安全措施，提升应急处置能力。

(4)完善日常管理机制。梳理并重新认定保洁合作单位资质，建立准入制度，对质量一直不高或屡次督促整改不到位的，严格按合同处置。

(5)坚持推行站车保洁质量季度考评机制。对发现的问题及时通报整改，奖优罚劣，促进保洁质量达标稳定。

(6)建立健全作业现场监管机制。按照“管方案、管计划、管过程”的思路，由结果控制转变为过程控制：管方案，就是要求保洁方案符合实际，科学高效；管计划，就是要按照日常保洁与深度保洁相结合的要求，指导现场安排好各阶段作业计划，确保计划安排均衡合理，实施有效；管过程，就是要在明确质量标准的基础上，强化日常计划的检查、督促和考核。

三、成果实施的效果

(一)通过科学合理核定用工，实现减员增效

1. 对高铁沿线小站实行流动深度保洁。2012 年四季度，公司在实施金山铁路 7 个站保洁作业的过程中，首次尝试，抽调精干力量组建小分队，设计“飞行交路”，在沿线实行流动深度保洁。这一模式与原先相比，不仅减少用工 37 人，实现精简

压缩 40%，而且还缩短了车站每次深度保洁的时间间隔，促进了保洁质量和效率双提高。在总结试点经验的基础上，公司固化深化这一模式，由飞行深度扩展为全流动、区段时间深度保洁模式，随后将其推广到合蚌、沪杭、宁杭、杭甬等高铁沿线，在强化保洁质量的同时，进一步促进了减员提效。经初步统计，在 4 条客运专线实施流动深度保洁模式后，共减少用工 77 人，每年节省劳务成本支出 350 多万元。

2. 第二步是加以改进提升。在上海虹桥站现代保洁系统化管理模式成熟后，2013 年 4 月公司选择南京南站为试点，对保洁流程、人员班次、工作时段和作业频次等进行优化设计，构建一整套新的作业模式，在保持质量稳定的同时，促进了精简高效，用工从 222 人减至 197 人，减员 25 人，每天劳动时间从 11 h 减为 9 h，同步减少了加班费支出，全年节省劳务成本近 180 万元。在形成南京南站试点经验后，将这一模式引用到杭州东站和上海虹桥站，使大型枢纽站的整体保洁质量和效率得到改进提升。

3. 第三步是实施深层优化。去年，公司在合肥南站开荒保洁中尝试使用了引进的新材料新设备，在开荒保洁仅调动 130 人支援的情况下，现场作业更加有条不紊，实施进度也较以往大站相比明显加快，从而顺利高效完成了这一重点任务。近期，公司正继续以合肥南站为试点，进一步深化新材料新设备的应用，探索大型枢纽站更加精干高效的保洁模式。

4. 对部分既有站调整优化作业模式。一是在苏州站。2013 年二季度，苏州站普速场经过改造后与高铁场贯通启用，公司按照“增加工作量不增加人”的思路，整体设计普速场和高铁场的保洁方案，通过合理并岗、压缩班次、扩大作业范围、调整作业时段、强化深度保洁等，在保洁工作量倍增的情况下，仅新增员工12人，比原计划减少35人，全年仅劳务成本节约近180万元。二是在南京站。去年8月南京站北站房建成后与既有场贯通，公司比照苏州站保洁新模式，核定了南京站保洁项目配备人数，实施了劳务发包，进而有效控制了该项目运作成本。

（二）品牌得到不断深化加强

公司提出“三主三辅”理念实践以来，取得了良好的经济效益和社会效益。人民网、中央电视台对公司站车保洁作业进行了多次专题报道。公司以“三主三辅”保洁理念实施高铁车站现代保洁系统化管理后，示范效应明显，在保洁合作单位强烈要求下，公司于2014年开办了首期保洁业务培训班，安排了车站保洁方案编制、保洁组织和管理、保洁人员岗位核定、“三主三辅”典型保洁模式介绍、常用保洁设备工作原理及使用保养、保洁新工艺新材料实际操作等课程和考试科目。公司领导班子成员、相关分（子）公司党政正职、分管保洁业务的副总、项目部经理及合作单位负责人，公司机关部门有关人员近60人参加。公司在开荒保洁及日常管理阶段，与车站附近同行单位相比质量效果显著，并应地方之邀，陆续承接了合肥南站、杭州站地方广场保洁业务，为拓宽路外市场打下了坚实的基础。

（三）保洁效率效益得到大幅提高

“三主三辅”保洁理念强调以流动化保洁为主，要求员工以团队的形式作业。一是团队凝聚力得到加强，作业者之间彼此分工协作，环环相扣，互相监督，团队凝聚力得到大幅提高。二是作业效率的提升，由于设立了流动深度保洁队，实行了日常与深度的有效分离，员工能够集中精力完成深度保洁作业，作业效率得到大幅提升。三是员工技能水平不断强化，由于实行流动作业，打破了原有按区域划分岗位的模式，使得员工一岗多能，工作量得到均衡，员工专业技能得到不断强化。四是资源得到优化配置，传统保洁模式下，由于实行区域包干制，保洁机具设备要不断重复投入，使用率的低下造成了电器设备频繁启动，加剧了磨损老化，实行流动化保洁后，各岗位日常作业仅需配置简单低价的保洁工具设备，而将高价值高效率的保洁设备工具集中配置到流动作业组中，大大减少了重置成本。

（本成果获 2015 年铁道行业企业管理现代化创新成果一等奖。成果创造人：赵丽建、赵新民、陆永良、盛国伟、王政、唐小军、洪涛。）

高铁时代的铁路客运服务质量管理

2011年以来，面对高速铁路集中投产、技术装备水平快速提升、管内商务和旅游流等高端客流多、旅客对铁路客运服务的品质要求高等新形势新特点，上海铁路局坚持以科学发展观为统领，认真贯彻落实铁路科学发展战略部署，以提升高铁时代客运服务软实力为重点，从更新服务理念、改进服务方式、增强服务能力、强化基础管理等方面入手，大力实施铁路客运服务质量管理，全面提升站车服务品质，努力打造与东部经济社会发展相适应、具有高铁时代特征的客运服务，取得了良好社会效益和经济效益。

一、成果实施的背景

改进和加强高铁发展形势下的客运服务质量管理，提供高品质的铁路客运服务，主要基于以下原因。

（一）履行铁路服务宗旨的本质要求

铁路作为国家重要基础设施和大众化交通工具，是联系民生最紧密、服务群众最直接的行业之一，人民铁路为人民是一贯宗旨。随着高速铁路的快速发展，铁路在国家综合交通运输体系中的骨干地位和作用更加显现，社会各界和人民群众对铁路客运服务有着许多新期盼。铁道部党组作出推进铁路科学发展的重大部署，明确提出以人民群众满意作为根本标准，特别强调服务是铁路的本质属性，要紧紧抓住这一本质属性，努力为人民群众提供安全便捷的运输服务。上海铁路局地处东部发达地区，客流吸引区内广大旅客对服务的要求更高，铁路的本质属性更显突出，承担的社会责任更加重大。实施铁路客运服务质量管理，就是要深入贯彻铁路科学发展战略，以重视服务、改进服务的实际行动，认真履行人民铁路为人民宗旨，打造高品质的铁路客运服务，更好地为经济社会发展服务、为人民群众服务。

（二）顺应高铁时代需求的现实选择

近年来，上海铁路局高铁发展从无到有、快速扩充，管内快速客运网初步成形，国内最先进的动车组配属规模不断扩大，沪宁杭等主要城市间实现了动车组公交化运行，上海虹桥、南京南等一批新型现代化铁路客站相继投产，铁路客运服务的硬件设施得到明显改善。一流的硬件服务设施，既为提升铁路客运服务奠定了坚实的基础，更对提升客运服务质量提出了更高要求。实施铁路客运服务质量管理，就是要以提升高铁时代的客运服务软实力为重点，牢固树立“以服务为宗旨、待旅客如亲人”的新理念，进一步改进服务方式、增强服务能力，着力打造与日益增长的市场需求相适应、与全新的高铁时代要求相适应、与一流的硬件服务设施相适应的铁路客运服务，努力为人民群众提供更加优质的服务，推动铁路客运服务工作上水平，展示铁路客运服务新形象。

（三）铁路企业实现发展的必然途径

推进铁路科学发展的中心任务是提高效益。铁路企业要加快自身发展，必须把确保社会效益摆在首位，并着力提高经济效益。当前，上海铁路局正在全面实施铁道部党组提出的多元化经营战略，做大效益蛋糕，面临难得机遇和巨大考验。一方面，上海铁路局地处东部地区，经济社会一直保持平稳较快发展态势，加之高速铁路不断投入运营，客运市场及其延伸服务业商机无限。另一方面，如何加快服务软件建设，着力打造铁路优质品牌，切实将区位优势和高铁行业优势转化为市场优势，靠服务赢得市场与效益，是摆在全局面前的一项重要任务。实施铁路客运服务质量管理，不断提高服务质量，打造服务品牌，展示铁路新形象，就是要坚持服务也是生产力，切实把提高服务质量作为企业发展的必然途径，强化品牌和服务这个隐形资源，切实提高企业综合实力，为拓展市场份额、提升经营效益创造有利条件。

（四）改进服务质量问题的迫切要求

近年来，铁路客运服务工作有了较大起色，但仍然存在一些不科学、不和谐的问题，比如季节性买票困难，高峰期间仍然一票难求；运输产品单一，多层次的客运产品结构尚未完全建立；服务设施功能不尽完善，无障碍设施等人性化的设备设施还有待加快建设；客车晚点依然存在；一些中小客站环境脏乱现象还没有杜绝，高铁服务质量也亟待提升；旅客投诉问题还时有发生等，与人民群众的需求仍然存在一定差距，迫切需要改进。实施铁路客运服务质量管理，就是要高度重视人民群众对铁路客运服务的期盼和需求，把提高铁路服务质量作为一项重大的战略任务，紧紧抓住人民群众最不满意的服务态度、服务环境和服务质量等问题，集中力量加以解决，切实把铁路客运服务质量搞上去，不断提高人民群众对铁路工作的满意度，努力为推进铁路科学发展营造良好环境。

二、成果的内涵与主要做法

实施高铁时代的铁路客运服务质量管理，必须着眼高速铁路快速发展、人民群众生活水平不断提升、社会公共服务体系日臻完善等新形势新要求，摒弃既有的普速铁路客运服务理念和管理思路，树立先进适用、系统优化、开拓创新、精细精心的思想，围绕更新观念、方便购票、快捷乘降、愉悦旅行、休闲配套、基础建设等六大关键环节，着力构建高铁时代的铁路客运服务质量管理体系，切实打造高品质的铁路客运服务。主要做法如下。

（一）全方位更新服务观念

认识决定行为。加强高铁时代的客运服务质量管理，首先要从思想入手，通过思想观念转变促进服务质量的提升。上海铁路局充分发挥东部地区先进行业企业集中的优势，坚持开放思维，走出去学习先进，开拓视野，全方位更新观念。通过到上海航天局、中国东方航空公司、阿里巴巴集团等先进服务行业企业学习观摩，更新干部职工对服务的认识，逐步强化了三个方面的现代化服务观念，并积极主动地运用于实践。

1. 强化服务基于需求的观念

深刻认识到，高铁时代下的铁路运输工作不是简单的实现旅客“位移”，而是一个全方位向旅客提供服务的过程，旅客是接受服务的主体，满足旅客需求是服务的出发点和落脚点，让旅客满意是审视和评判服务工作的标准，必须坚持一切从旅客的需求出发，服务方式和内涵因旅客的需求而产生、随旅客需求的变化而完善。为此连续开展了旅客行为调查，分站车设计调查表格，分时段现场记录旅客动态，定期汇总梳理分析，找出旅客行为的共性特点和个性化表现，为改进服务质量提供依据。组织各铁路客运站的中层以上干部每人上互联网买一张票、退一张票，真实了解旅客的感受。组织各铁路客运段的中层以上干部每人当一次列车乘务员，在亲身经历中真切了解旅客所需，为改进服务和提升服务质量起到了重要作用。

2. 强化标准体现品质的观念

深刻认识到，要适应高铁时代、东部地区旅客对铁路客运服务的更高要求，必须确定一流服务标准，并按照一切皆有标准、一切执行标准的思路，将标准化服务融入旅客旅行的全过程，寓于每一个环节，切实以标准化促进服务规范化，给旅客以品质服务的感受。为此，对铁路站车服务工作制订了一整套制度标准，用以规范服务。精心组织分解站车服务过程，逐一修订和补充制定每个环节的作业标准，形成了涵盖站车各个服务岗位的作业指导书。例如从文明用语、音调音量、说话时体态等方面对动车乘务员服务语言进行了细化，根据不同场景对站、立、坐、行等举止行为标准进行了细分，切实规范一言一行、一举一动，以高标准体现高品质。

3. 强化管理成就常态的观念

深刻认识到，提升高铁时代铁路客运水平是一项长期性的工作，要不断总结经验，坚持将有效的做法及时以制度的形式加以固化，通过常态化管理，实现服务质量“常态创优”。例如铁路春运是对服务质量全面、严峻的检验，2012 年春运通过加强管理，旅客彻夜排队、站车拥挤不堪等现象得到了消除。按照这一观念的指导，认真总结春运成功经验和做法，将售票组织、实名制验证、乘降组织等方面的有效措施进行提炼固化，制定《高峰时段客运常态化管理办法》，用以指导节假日运输工作，取得较好成效。在清明、五一小长假运输期间单日最高旅客发送量均达到 150 万人次左右，但运输秩序平稳，保持日常状态。同时通过对双休日开行的临客列车进行固化，形成了周末分号运行图，满足了长三角城市群间周末客流增长的需要。通过对干部包保做法进行固化，运输高峰时段干部加强值班，并到现场带班督导，为促进服务常态化提供了重要保证。

（二）在购票上让旅客更方便

针对高铁时代旅客购票要求更加方便快捷的需求，积极运用信息化等先进技术手段，创新售票方式，从传统的增开窗口向扩大互联网购票、电话订票、自动售票等自助售票方式转变，切实方便了旅客。

1. 推行互联网购票

依托全国统一的12306铁路客户服务网站，于2011年6月24日结合京沪高铁开通，在全国铁路率先推行了互联网售票，旅客登录网站即可办理购票，通过电子方式支付费用，让旅客足不出户购买车票成为现实。2011年9月30日起，将互联网售票推广到全部旅客列车，并实施互联网购票预售期比窗口购票提前措施。同时，注重抓好互联网售票的配套服务，针对春运售票高峰网络登录困难的情况，加强硬件设施维护，并采取增加服务器设置、不同地区错时放票等措施，较好加以解决；组织对互联网购票群体取票习惯进行了分析，针对开车前一小时取票量超过40%的情况，实行任一窗口均可取票举措，并弹性增设取票专窗和专用自动取票机，保证旅客随到随取随走，为互联网购票旅客提供了便利条件。

2. 推广电话订票

于2010年在全国铁路率先推行电话订票业务，开通了95105105统一订票电话，管内各地旅客通过拨打电话即可预订铁路车票，为旅客提供了又一方便的购票选择。电话订票系统运行过程中，注意收集旅客反映诉求和主动征求旅客意见，动态补强电话订票软硬件设备和技术，将电话容量由原来的6 000门扩充到10 000门，并精简订票流程，方便旅客便捷的选择服务项目，切实为旅客提供了方便。

3. 推行自动售票机售票

借鉴城市轨道交通系统的做法，在苏浙沪皖三省一市范围内所有高铁车站和上海、南京等高铁与普速共用车站大量设置自动售票机，方便旅客自助购票、随到随走。根据旅客需求和习惯及时调整自动售票机的设置，每月组织对各站自动售票情况进行分析，凡单机平均售票量超过 500 张的，相应增加自动售票机设置，不断扩大自动售票比例。目前，上海局管内已设置自动售票机 519 台，上海、上海虹桥、南京南等站自动售票机数量已多于人工窗口数量。

4. 开展团体预订和送票上门服务

依托上海铁路客户服务中心平台，研制开发了团体票在线预订程序，将订票团体划小单元，最少限额由 20 张减少到 6 张，在预售期外与预售期内两个时段内均可预订，旅客通过拨打 12306 客服电话即可办理。同步推出送票上门服务，根据旅客需求开展客票配送，使旅客足不出户即可拿到车票。充分考虑旅客接受程度和新业务的动态优化，首先在上海、杭州、南京、合肥 4 个城市推出，受到广泛欢迎，并根据旅客反映进行了改进。随即在苏浙沪皖三省一市范围内所有城市全面推行，切实方便了旅客。

5. 优化传统的窗口购票

在推行自助售票方式的同时，根据旅客需求，对窗口购票进行优化。完善售票窗口布局，以集中、便捷为原则，结合自动售票机设置，重新优化了车站售票区域规划。合并窗口功能，实现“一窗有票、窗窗有票”。实施“弹性开窗”，对售票窗口数量、作业时间进行动态调整，满足不同时段旅客购票需求。组织对残疾旅客购票窗口进行改造，为残疾旅客购票提供方便。在售票窗口安装了银行卡刷卡装置，为旅客提供了电子支付选择。同时，还以方便旅客就近购票为原则，合理规划布局，在城市繁华地段、城乡接合部和乡镇开设客票代售点，切实为人民群众出行提供便利。

(三)在乘降上让旅客更快捷

在铁路站车乘降上，改变传统依靠多设问询台、增加引导人员服务旅客的思路，通过采取完善引导系统、改进引导服务、动态优化流程等措施，推行旅客更加自主的“易行”服务。

1. 完善引导系统

针对高铁旅客自主乘降意识强的实际，着力补强硬件设施，完善引导系统，在铁路各客运车站安装了电子显示屏和自动广播等设备设施，设置了标准化的引导标识，并增设盲道、无障碍电梯和坡道等，为重点旅客提供了方便。对车站客运服务设施进行系统集成，引进现代化的客服集中控制系统，设立客运服务综合控制室，建立引导信息平台，开发应急求助系统、电子引导系统等，为旅客提供准确的引导服务信息。在上海虹桥站等大型枢纽客站，还制作了彩色地标，引进了世界先进的3D智能指路机，提供了集声音、图像、文字、色彩于一体的立体化导向系统，使旅客无论身处车站何处都能快速定位，根据引导标示快速满足自身的乘降需求。

2. 改进引导服务

充分考虑旅客不同层次的需求，在致力于实现自主乘降的同时，根据需要在大、中型铁路客站设置了服务台或问询处，配备查询终端、电话等服务设施，为旅客进站、候车、上车、出站提供咨询和引导服务。在大型枢纽客站设置了移动问询车，在候车大厅等地来回巡视，及时为有需要的旅客提供服务。在客流高峰时段，对关键处所采取加岗措施，加强人工引导，确保旅客有序乘降。针对上海虹桥站与虹桥机场紧密相邻的特点，在车站与机场互设了服务台，为中转换乘飞机或高铁的旅客提供便捷的导向服务。

3. 动态优化流程

针对高铁时代铁路客站对安检查危的更高要求，以及实行售票实名制后查验人票证相一致带来的新情况新问题，根据车站候车厅、天桥、地道等硬件设施情况，逐站制定方案，对旅客乘降流程进行优化，为旅客进出站提供最简洁的流线，让旅客走最短最方便的路径。对所有高铁车站，还全部设置了自动闸机，旅客可持二代居民身份证或磁介质车票直接刷卡进出站，避免了传统检票可能造成的拥堵。同时，还邀请老人、学生、农民工等不同群体的旅客进行上下车、进出站的实地体验，根据旅客感受找出存在的不足，动态改进引导系统和乘降流程，真正实现快捷乘降。

（四）在列车服务上让旅客更愉悦

适应动车组先进设备设施和旅客对服务品质的更高要求，将列车服务由传统的关注重点旅客向关注每一名旅客转变，通过细节的优化，努力打造和谐之旅、温情之旅。

1. 推行规范化服务

落实标准体现品质的理念，从细节入手，规范列车服务标准。规范乘务人员的仪容仪表，对发型、妆容、着装、饰物等均有明确要求，如通过分析旅客心理需求，在着装上进行优化，周一至周四着职业制服装，周五至周日及节假日着休闲装，给旅客愉悦的感受。规范乘务人员的语言，从文明用语、音调音量、说话时体态等方面进行细化，努力让旅客感到热情可亲。规范乘务人员的举止行为，制定站、立、坐、行举止行为标准，如做“请”的手势时，规定胳膊与手臂间角度为140°等，让旅客享受专业化服务。规范列车保洁，安排专业化的随车保洁人员，采取按时保洁和随脏随扫相结合，为旅客提供整洁的旅行环境。

2. 推行微笑式服务

根据列车服务过程的关键环节，细分乘务人员不同场景微笑的标准和方式，赋予微笑不同的内涵，使微笑更加动人和谐。一是迎接旅客体现致意。始发迎客时，面带微笑并 30°鞠躬致欢迎词；列车开车后，带着微笑面向旅客以每分钟 30 步的速度缓缓巡视，塑造良好的第一印象。二是沟通征询体现诚意。和旅客交流时，微笑面对旅客 45°鞠躬，一边专心听取，一边微微点头示意，向旅客传递真诚的信息。三是相遇礼让体现敬意。与旅客在车厢内相遇时，快速侧身让道并 15°鞠躬，微笑着用右手示意旅客先行，在展示良好职业素养的同时给予旅客尊贵的感受。四是终点道别体现谢意。旅客下车时，向每一位旅客点头微笑道别、表示感谢，为旅途画上一个完美的句号。通过不同的微笑体现不同的服务，营造了融洽的旅行氛围。

3. 推行无干扰服务

针对高铁时代动车组旅行快速、旅程缩短、旅客旅途需求发生变化等情况，创造性推行“无需求无干扰、有需求有服务”方式。积极引导旅客自助服务，旅客通过图形符号、电子显示、广播、服务指南等方式基本可以获取旅行所需的各类信息，更加自主的安排旅程。实行无需求无干扰，如针对调查发现旅客途中睡觉占 28％的情况，对列车广播内容进行精简，调整播出时段和频次，对乘务人员巡视车厢次数、方式进行优化，减少对旅客的干扰。实行有需求有服务，优化提供服务的时机和方式，注重观察旅客动态，用眼神与旅客交流，主动发现需求和及时提供服务，如始发与旅客交流后，旅客的眼神第二次与乘务员相遇时大多表示需要帮助或解疑释惑，此刻用眼神示意并上前询问，恰到好处地给予帮助。

4. 推行个性化服务

针对旅客对服务的更高品质要求，专门为VIP旅客量身定制了服务流程和项目。一是体现尊敬。通过车票上的信息了解旅客姓氏，根据性别年龄带着姓氏进行称呼服务。二是体现热情。旅客就座后，随即送上毛巾和绿茶，展示中华民族传统文明礼仪。三是体现温馨。推出“温馨下午茶”服务项目，每到下午3点，为旅客送上现煮咖啡和小点心，让旅客在车厢内也能得到享受。四是体现精细。细心观察旅客需求，及时提供针对性的服务。发现旅客看书报时为其打开阅读灯，旅客休息时为其关闭遮光帘、盖上温馨毯，旅客到站前在其身边轻轻提醒、告知室外温度等，以亲情服务为旅客营造特别的尊贵感受。同时，还根据旅客需求提供个性定制服务，为旅客提供宾馆预订、包车租车、旅游票务等延伸服务项目。

(五)在配套服务上让旅客更休闲

深入研究旅客消费需求，改变传统铁路客站的商业服务方式，按照经营和服务相配套、功能和品位成互补的思路，全面抓好商业配套服务。

1. 高标定位设计

坚持功能性、先进性、效益性相统一的原则，科学合理进行站车商业布局。铁路局层面成立了专门的高铁商业开发机构，引进国际一流的设计团队，对高铁车站商业开发实行统一布局、统一招标和统一管理，从源头上保证服务品质。坚持做到商业开发的建设风格、整体布局与车站环境有机统一，新建车站按一流标准设计开发，既有客站结合实际规范布局，既保证舒适的乘车环境，也方便的满足旅客消费需求。

2. 完善功能布局

从满足旅客多方位消费需求出发，区别区域文化、客流成份、大站小站、高速普速等不同情况，优化业态分布，强化服务功能，形成高、中、低不同层次商品服务系列。引进了80多个商家，为旅客提供中西餐饮、超市便利、书刊音像、特产零售等多种配套服务。实施VIP冠名和贵宾有偿服务，满足不同旅客的服务需求。在上海虹桥站还试点了大型客站商业中心管理模式，以近距离的商业布局、多样化的商业品类，方便旅客消费，使旅客在候车中消费、在消费中休闲、在休闲中完成愉快的旅行。

3. 不断提升品位

坚持品牌经营战略，不论商品大小、价格高低，都坚持品牌经营。特别是每个高铁客站都进行深入的市场调研，根据市场需求调整经营项目，增加经营品类，积极引进有品牌、有实力、市场认可度高的经营项目，先后引进了麦当劳、星巴克、哈根达斯等知名品牌。同时，本着优势互补的原则，与东方航空公司开展战略合作，开发了空铁联运服务项目，将东航航班与铁路车次打包形成“空铁通”产品，在东航全球任意一个网点均可购买中国高铁车票，更好地打造中国高铁品牌。

（六）加强客运服务质量管理基础建设

积极打造现代化客户服务中心，大力推进精细化管理，切实强化队伍素质提升，为抓好服务工作奠定坚实基础。

1. 打造现代化的铁路客户服务中心

把握高铁时代特征，结合铁路行业特点，突出长三角区域特色，按照打造服务窗口、营销中心、商务平台的目标，全方位打造现代化的上海铁路客户服务中心。完善服务功能，改变传统的单一接听电话、受理旅客投诉的做法，开发客户呼叫、信息发布和查询、客户管理、在线业务、客户呼出五大系统，旅客拨打12306客服电话，可以办理信息咨询、预约送票、预订站车

VIP 服务、需求反馈等业务，实现了售前、售中、售后的全过程服务。目前，客户服务中心人工坐席由 30 个增加至 120 个，人工电话接通率保持在 95%。突出改进信息服务，与管内 11 个主要城市广播电视台建立合作机制，每天 6 次定时向社会播报公众关注的信息。加强客服中心管理，引入现代企业管理方法和信息化手段，对客户服务人员实行计件式薪酬制度，开发了全电子化的绩效考核系统，以内部管理的优化促进服务水平的提升。

2. 推进客运服务精细化管理

推进客运服务等级管理，细分管理单元，实行“一站一档”和“一车一档”，分站分车建立电子档案，加强信息跟踪，动态整改服务质量问题，促进站车管理不断改善。推进客运服务标准化建设，以“设备、环境、作业、管理”的标准化为主要内容，开展了标准化车站、标准化列车、标准化服务台等创建工作，切实以标准化促进服务规范化。特别在作业标准化建设上，精心分解服务过程，逐一研究制定每个环节的作业标准，形成了涵盖各个岗位的作业指导书，努力做到事事有标准、事事达标准。同时，结合旅客需求变化情况，按照集中讨论、分组修订、逐条通过的固定模式，动态开展标准修订，确保实际、实用、实效。

3. 不断提高员工队伍素质

把强化培训贯穿于客运服务全过程，通过队伍素质的不断提升促进服务水平动态改善。在无锡建设了专业化的客运培训基地，将世博会中国铁路馆动车服务体验区的设备设施迁移改造为实训场所，提高了培训能力。分期分批安排客运人员到上海铁路客户服务中心进行为期 3 周的实习锻炼，通过与旅客沟通交流，使职工增进对服务工作的理解，增强服务旅客的意识，提升服务水平。坚持请进来的思路，邀请东航、中国移动等企业的客服精英培训铁路服务人员。借鉴航空乘务人员培训管理经验，全面推进“一人一档”工作，引入职工职业生涯设计的做法，为每名动车组乘务人员建立电子档案，将其培训经历与成绩作为上岗、晋升、淘汰的重要依据，充分调动了职工参与培训、搞好服务的积极性。

三、成果实施的效果

（一）站车环境整洁舒适

高铁时代的站车面貌实现质的提升，上海虹桥、南京南等现代化高铁车站成为城市新地标，铁路车站与公交、城市轨道交通等更加衔接配套；风驰电掣的动车组列车成为靓丽的风景线，列车旅行环境明显改观，旅客出行条件大大改善。2011 年以来，上海铁路局站车服务中全面实现进站不堵、候车不挤、上下车不乱，特别是多年来铁路春运、节假日高峰时段售票场所彻夜排队、人员拥挤、列车超员严重、沿途上不去下不来等现象，得到了有效杜绝。

（二）客运管理水平提升

高速条件下的铁路客运服务质量管理机制完善，形成了《高速铁路旅客运输作业标准》《动车组列车服务质量规范》《高铁车站服务质量规范》《高峰时段客运常态化管理办法》等一整套规章制度体系。客运服务等级化管理、标准化建设工作深入推进，形成常态机制。上海铁路局客运服务管理得到铁道部充分肯定，在全国铁路客运服务质量现场会上交流推广经验。

（三）服务质量不断改善

“以服务为宗旨、待旅客如亲人”理念真正确立，职工服务宗旨意识增强，服务态度明显改善，服务行为得到规范，服务技能不断提升。互联网售票、电话订票、自动售票、代售点售票等便民利民措施得到推广，2011 年以来，上海局管内有超过 1.8 亿名旅客选择了自助方式购票和代售点购票，接近总量的二分之一。引导式、无干扰、无障碍等新的服务方式全面推行，满足旅客多层次的服务需求。2011 年以来，上海铁路局旅客投诉明显下降，客服中心每天受理投诉仅 3 至 5 件，约占接听电话总量的 0.6‰，投诉处理率达到了 100%。

(四)经济效益大幅增长

高品质的铁路客运服务促进了铁路运输效益的提高。2011 年，上海铁路局完成旅客发送 3.11 亿人次，同比增长 7.7%，成为全国铁路第一个也是唯一一个年旅客发送量超 3 亿人次的铁路局；完成运输总收入 533.6 亿元，同比增长 14.7%；完成非运输业收入 290 亿元，同比增长 38.1%。2012 年一季度，上海铁路局共完成运输总收入 135 亿元，同比增长 7.3%，增幅比全国铁路平均高 2.3 个百分点；完成非运输业共收入 81.47 亿元，同比增长 23.7%。

(五)社会效益十分显著

高铁时代铁路客运服务质量的不断提升，获得了地方政府、社会各界和人民群众的广泛认可，三省一市政府继续要求加大铁路建设力度。中央和地方主流媒体及网络媒体积极宣传报道铁路客运服务工作，2011 年以来进行了大量有广度、有深度的正面报道，其中 2012 年春运中各类媒体先后对上海铁路局春运进行正面报道 3 500 余篇次，中央媒体报道 520 余篇，取得了显著的社会效益，为推进铁路科学发展和中国高铁事业的可持续发展营造了良好环境。

（本成果获2012年上海市企业管理现代化创新成果二等奖，成果创造人：安路生、赵峻、高松、刘胜先、程世付、张杰、李青昊、韩永军、赵建、徐进冬。）

铁路客服中心新型智慧服务体系创建

上海铁路局管辖范围跨苏浙皖沪三省一市，管辖运输站段73个，运输辅助单位5个，直属非运输企业17个，控股合资铁路公司18个，非控股合资公司6个，设客运车站208个。上海局客运承担着全国三分之一的客运周转量，在国家旅客运输中处于举足轻重的地位，对于国计民生发挥着重要的作用。截至2016年末，全局营业里程9 996.6 km；图定开行列车2 139对，其中客车898对（高速列车476对，动车组157对、普速客车265对）。2016年完成旅客发送5.66亿人次，位居全国18个铁路局首位，成为全路第一个年发送旅客突破5亿人次的铁路局；运输总收入813亿元、同比增长9%；营业总收入1 197亿元、同比增长6.9%；三项指标在全国18个铁路局（集团公司）中均排名第1位，凸显了上海铁路局在铁路系统客运大局、高铁大局、建设大局、经营大局的地位。

上海铁路客服中心成立于2009年12月8日，主要负责全局三省一市客户的咨询服务、求助服务和增值服务。客服中心目前有客服代表160名，平均年龄24岁，分设成12个班组，实行24小时全天候服务。2016年客服中心电话呼入数1 591万个，日均4.36万个，其中人工接听服务586万个、日均1.6万个，占总数36.8%，人工服务电话接通率由2011年的46.2%逐年提升，2016年已达99.1%。2014年至2016

年，客服中心连续三年荣获全路“客货运输窗口用户满意单位”称号，也是全路唯一一个获此殊荣的客服中心。

为适应高铁大局和铁路局“智慧客运”的要求，上海铁路客服中心于 2015 年提出“智慧客服”服务理念，2016 年开始全面规划建设智慧客户服务体系。智慧客户服务体系主要以“互联网＋人工智能”为主要突破口，探索新的方法衔接系统，对应现有的系统升级。并以提高客户满意度为主要目标，开发便捷客户的智能服务体系，升级数据流转管理平台，拓展远程客户服务，升级人工智能平台，开发“上铁 12306”手机 APP 多元化服务。智慧客户服务体系显示了铁路客户服务的科技化和优越性，以目前最尖端的科技为基础，最大限度地节约了成本，提高了客服效率，提升了客户满意度，并带来了一定的社会效益，给“智慧客运”带来新的生机和活力。

一、成果实施的背景

（一）高铁大局发展的需要

在国内经济不断发展的趋势下，上海铁路局旅客运输实现了新的突破，应着眼客运大局向强局迈进的目标，不断改进客运产品和服务。2016 年上海局坚持以市场为导向，成为全路首个年客发量突破 5 亿人次的铁路局，共发送旅客 5.66 亿人，同比多发送 7 500 万人次、占全路总增量的 27％，增幅达到 15.2％、比全路平均增幅高 4 个百分点，为全路客发增长作出了积极贡献。并根据客流变化特点和旅客出行需求精准开车，全年阶段性调整运能 210 次，优化动车组开行，动车组客发量占比达到 71.6％、同比提高 7.3 个百分点，多渠道多方式方便旅客购票，互联网购票比例 67.9％、自动售票机 5.8％、代售点 5.7％，窗口购票比例下降到 20.6％。根据第三方测评运服务总体满意度达到81.68%、同比提高1.35%。

上海局定位高铁大局、客运大局，决定了做好客运工作，应持续提升服务质量，既是自身实现经营目标的主攻方向，也是为全路客运多做贡献应有的责任担当。随着铁路服务水平的快速提高，而上海局现有的传统的客服中心已经开始不适应日益发展的以客户为中心的客运服务，应借助高科技手段，转变现有管理策略，向智慧客服中心发展。

(二)铁路"智慧客运"转型升级的需要

上海铁路局"智慧客运"围绕"强基达标、提质增效"主题，以服务旅客、提高效率、提升效益为目标，利用先进的信息和通信技术手段，运用科学的信息化建设理论方法，整合铁路客运的业务流程和管理流程及相关信息链，推进市场、运营、服务、保障和管理五大体系建设，全面建成智慧服务、智慧车站、智慧乘务、智慧协同、智慧管理和辅助决策六大系统，深度融合、全面服务、协同作业、科学决策、精细管理，实现对铁路客运市场需求、营销、运营、服务、管理、决策等全过程做出的智能化响应，促进铁路与旅客、服务与作业、作业与环境、管理与决策高度融合和协调，创造铁路客运自我学习、自我完善、自我进化的智慧生态，实现铁路客运可持续发展。

高铁客服市场和上海铁路局一系列搭载互联网的转型升级做法，使客服中心意识到，传统客服向智慧客服转型升级已是大势所趋，智慧客服规划落实迫在眉睫，紧急需要提上日程。

(三)客户满意度提升的需要

客服中心近年来从方便旅客出行的角度出发，不断改善工作方式，优化服务流程，开通了12306客服热线、"上铁12306"

APP 等服务渠道，开展客运业务、列车正晚点、增开停运、携带品范围、行李包裹、高铁快运等咨询服务，积极拓展团体票预订、动车组订餐、车站免费 WiFi 等新业务，为旅客提供超出预期的增值服务，取得了良好成绩。

但随着社会公众对于铁路系统服务需求的逐步提高，铁路对服务要求的不断升级，结合新一轮发展定位，客服中心面临着咨询方式单一、咨询问题高度集中、咨询服务力量严重不足、旅客咨询需求无法及时响应等问题。主要反应在：服务手段单一，缺乏支持微信、微博、APP、网页等全电子渠道的客户服务。服务能力严重不足，业务繁忙或遭遇突发事件，旅客电话等候时间较长，无法正常接入人工坐席服务，严重影响服务能力。没有统一的知识库系统，客服人员工作时只能通过搜索相关客规、政策文件来回答旅客问题，准确率和效率比较低下。打造智慧客户服务体系是提升客户满意度的需要。

二、成果的内涵和主要做法

新型智慧客户服务体系创建是指，创建智慧客户服务体系，推进市场、运营、服务、保障和管理五大体系建设，全面建成智慧服务、智慧车站、智慧乘务、智慧协同、智慧管理和辅助决策六大系统，打造智能化、信息化、数据化、定制化、全媒化客服中心。升级数据流转管理平台机制，完善工单业务流程，建立客户服务大数据库。拓展非集中式远程客户服务平台，建立远程客户服务标准体系，使远程客户服务团队达到与集中坐席等同的效果。升级人工智能平台服务体系，搭载智能语音服务，语音质检、智能机器人和知识库，创建人工智能标准服务体系，以减少人工坐席压力，提高人工服务质量效率。开发“上铁

12306”手机APP多元化服务，尤其是团体订票和动车组订餐服务，利用高科技给客户带来了极大的便捷。将最先进技术植入客服中心原有系统，进行升级改造，开启了全路首创的新型智慧客户服务体系，实现铁路客运服务不断升级，提高客户满意度，做强做大铁路客运市场。主要做法如下。

（一）创建智慧客户服务体系

1. 指导思想

上海铁路局规划“智慧客运”围绕“强基达标、提质增效”主题教育活动，以服务旅客、提高效率、提升效益为目标，利用先进的信息交换和通信技术手段，运用科学的信息化建设理论方法，整合铁路客运的业务流程和管理流程及相关信息链，推进市场、运营、服务、保障和管理五大体系建设，全面建成智慧服务、智慧车站、智慧乘务、智慧协同、智慧管理和辅助决策六大系统。上海铁路局客户服务中心，根据路局“智慧客运”整体规划，结合发展需求和趋势，对智慧服务的规划进行细化，打造智能化、信息化、数据化、定制化、全媒化客服中心。

客服中心为适应“智慧客运”，构建了智慧客户服务体系，进行了整体规划，组成构建智慧客户服务体系项目组，对客服中心数据流转管理机制进行升级、创新拓展非集中式远程客服以及引入人工智能对接客服管理培训系统和客服系统，打造“互联网＋人工智能”全新上铁客服中心“智慧客户服务体系”。

2. 建设目标

“智慧客户服务体系”的建设目标是：满足旅客服务要求，提升客运经营效率，提高企业发展潜力。建设提高客服总体运营管理水平，以“互联网＋”为导向，培养信息化管理思维，运用人工智能理论方法，整合铁路客服业务和现有管理流程的梳理确认、优化重组、清晰可视，从总体上提高铁路客服的运营管理水平。

通过“智慧客户服务体系”的建设提升客运总体运营管理的效率。通过信息化建设让数据实现互联互通共享，并且让数据做到可视化、直观化，让数据作用最大化，使铁路客运管理更加科学精细、决策更加精准精确，实现旅客体验更佳，作业效率最高，客运资源利用最优，经营效益更好的目标。

3. 体系架构

构建智慧客户服务体系主要分为四个部分：

(1)智慧管理系统体系升级，以建设工单流转管理系统为基础，建立客服大数据库为最终目标的，进行数据化、流程化管理体系的升级。工单管理数据化后，数据处理进入数据库，数据分析人员可以随时抽取工单数据，用以数据分析，而根据这些数据分析的结果，可以随时调整管理的方向，降低管理的难度，提高客服中心服务质量和效率。

(2)智慧人力资源体系升级，拓展非集中式的远程客户服务。远程客服的增加，可以活化人力资源管理，不再是从前单一的人工坐席服务，只要有互联网和基础硬件，就可以根据忙季、应急等特殊时期随时随地随处使用接入客服中心系统，最大化增加了系统使用率，并节约了办公场所和人力资源内耗，进而节约了成本，增加了客服中心服务效率。

(3)智慧客服人工智能体系升级，顺应社会客服发展潮流和上海铁路智慧客运服务理念，客服中心全面接入人工智能，主要包括智能语音服务，智能语音质检，智能机器人，智能知识库四个方面。人工智能的接入，体现了智慧客户服务体系管理引入新思维新理念的创新，也减轻了客服团队的压力，提升了客服的品质。

(4)智慧客运多元化服务，搭载“上铁 12306”，开发上铁客服 APP 特色服务，主要包括遗失物品查询和重点旅客服务，并且为高端旅客提供订票和订餐业务，掌上 APP 系统还包含了智能语音出行问答、列车时刻表、正晚点以及车站商铺、上铁旅游、贵宾服务等各种拓展类的个性化服务，为高端客户、集团客户提供了有针对性的更便捷高效的服务。

(二)升级客服中心数据流转管理机制

1. 升级客服中心服务工单管理平台

随着铁路建设的快速发展，信息化、数据化、智能化将成为铁路现代化发展的标志，信息的整合集成、互联互通和实时共享将成为提高客运服务质量的有力支撑。系统升级之前，客服中心与站段调度应急中心之间、站段调度应急中心与车队(自然站)之间有关遗失物品查找、重点旅客预约、投诉、表扬等工作，仍通过邮件流转和反馈信息，过程繁杂且时效性不强，导致工作效率不高，影响服务质量的深化和提高，对服务工单管理系统进行升级，为解决以上问题，实现信息的快速流转，并且做到数据可视化、流程化，并为数据库提供基础数据，为未来的数据分析打下坚实基础。

2. 完善工单流转业务流程

新升级的信息化工单流转业务流程可以实现：业务流程配置化、流程处理可视化、数据传输实时化、信息处理集中化、统计分析多样化。

三网贯通工单信息化处理效率全面提升，主要体现在，数据传输实时化、业务流程配置化、信息管理集中化、统计分析多样化。即数据传输和发送在站点和客服之间实时完成，并且流程处理可视化，用户在处理业务的过程中，就明了整个业务流程以及自己当前处理业务所处的阶段。而客户可以根据前期录入和后面补充的信息分类，并在处理阶段将它们划分成不同数据区块，方便操作用户集中访问和操作处理。最后还能将各种数据的形式对工单数据进行抽取，使之进入大数据库，便于未来的管理和分析。

（三）拓展非集中式远程客户服务平台

1. 建立远程客户服务平台

客服中心建立远程居家办公式的是全新的管理工作模式。在物理设备上新增 X86 架构的 PC 服务器、互联网接入设备、智能接入终端、话务员耳机耳麦，这些物理设备分别部署在信息所机房与居家坐席办公场地。

2. 建立远程客户服务标准体系

远程居家工作模式降低了对大型呼叫中心和配备支持人员的需求，远程坐席人员让员工队伍有无限增长的可能性，也让多样化的工作安排调度成为可能。为规范远程作业体系，规范作业方式，客服中心建立了远程服务标准体系，包括现有标准中的对客户的态度、语音、用语和礼仪的要求，以及业务专业性和服务技巧，与客户中心坐席客服要求水平一致。在远程坐席标准中，增加了在线时间和考勤时间的内容标准，居家工作人员，需要在家进行打卡上线，并累计完成远程工作时间才算完成远程客服任务。并且为监督远程坐席，通话过程讲全程被录音，并且抽查几率高于固定坐席抽查率的 50%。在设备系统和功能使用上，远程办公流程和使用系统也与现场办公客服要求一致。使远程客服的服务水平和效率毫不低于现场办公客服，这对于提高客服人员效率，减少客服坐席压力有巨大推动作用。

（四）升级人工智能平台服务体系

1. 升级人工智能平台

随着网络化、智能化和自动化的发展趋势，客服中心不再是简单地用电话与客户实现互动，需要通过 Web、APP、微信公众号、E-mail、短信、电话、IM 工具等多媒体通道与客户实现智能化互动。为适应时代潮流，客服中心引进智能机器人，实行 7×24 小时智能服务，缓解人工坐席的工作强度，更快捷地与公众进行信息互动。

客服中心搭载人工智能体系，主要应用于智能语音服务、智能语音质检、智能机器人、智能知识库四个方面。

（1）智能语音服务

利用智能语音识别及分析技术，在传统 IVR 基础上，实时通过语音识别及分析技术构建智能化、人性化、高效率的“智能语音服务系统”，实现 IVR 菜单“扁平化管理”，快捷满足客户需求，提升客户满意度。

用户进入“语音导航系统”，只需“说”出自己的需求，即可获得所需的信息与服务，使得用户充分享受以自然语音作为交互界面的高效、便捷、自然等自助语音服务。

智能语音服务可以通过开放式的提示来询问用户，在交互过程中，用户可以随时说话打断，自然地说出需求，而无需等待提示语结束，使用户和系统间的交流更加快捷、自然。系统能够自动判断用户说话的起止，配合智能打断并及时停止播放提示语。呼叫导航技术具有全面的自然语言理解能力，通过分析用户自然对话中的关键语义，能够自动判断其需求，从而提供最适当的信息或服务。借助这些领先技术，语音自助服务应用可以提供更自然的交互体验，带来更高的客户满意度，并实现更高自动化水平。

(2)智能语音质检

基于语音分析技术，智能语音质检和分析系统提供自动化质检功能，倾听用户心声，挖掘语音价值。通过设置质检策略和规则，对录音数据进行自动筛选，发现服务质量问题，提供给质检人员进行审核确认，以自动化的质检，有效提升质检覆盖率和工作效率。

智能语音分析系统将发挥语音分析的指南针作用，通过对重点关注业务的来电原因分析、通话时长分析、满意度分析、重复来电分析等，及时把握客户需求热点变化趋势，发现服务过程存在问题或服务风险，迅速采取有效应对措施，为推动服务和营销提升提供有力支撑。

(3)智能机器人

智能机器人作为一种全新的智能工具，解决了人工不能解决的问题，并且投入成本低，应用效果好，7×24 小时在线实时回复用户提问。智能机器人透过现有系统载体，如微信、手机APP 等，可以完整的传递文字和语音信息，结合图片、文字、音频、视频等媒体给用户最完整的回复，让用户在同机器人愉快轻松的交流中解决问题。机器人可以解决重复率高达 80%的问题，减轻人工坐席大量负担，实现机器人和人工客服无缝结合，发挥各自所长。

智能机器人具备自动上下文、有序问题、多意图理解、深度推理等能力，能准确地理解用户的问题，快速准确的推送给用户所需的服务。

通过在微信、APP 等互联网电子渠道接入智能机器人，旅客可以跟客服人员平常交流一样，有问题直接说，输入文本或者录入语音，智能机器人即刻答复旅客所需的答案，免去了等候的时间，回答的问题保存在手机上可进行回顾，提高了用户的整体服务体验。

实体机器人是基于语音识别、语义理解、语音合成、人脸识别和跟踪、体感交互、视觉等多种智能人机交互能力的机器人本体系统，拥有智能感知能力、智能认知能力、智能协作能力、逻辑分析能力和情感表达能力。智能机器人核心功能主要有智能语音交互、舞蹈表演、人脸识别游戏、自动迎宾等。

(4)智能知识库

搭载人工智能服务系统，开发客服中心员工智能知识库。采集用相关业务文档，包含结构化和非结构化的数据，包括但不限于档案、文件、卷宗、指南、年鉴等相关音视频、文字材料，通过扫描加工等转成电子文档，形成知识库素材。根据业务办理的流程及要求，把相关素材整理成各类知识，采用智能查找、引擎查找到结构或非结构化知识中的关键词要素，供客服代表查找和参考，形成智能知识库。通过智能算法，自动进行多维度的计算匹配关联知识，形成多维的知识关联路径。通过智能化(智能语义、搜索引擎、机器学习等技术)的知识库，实现客服人员知识的高效应用和管理可控。

而学习培训模块是将企业知识、业务相关内容，以课程培训形式提供给知识使用人员学习，分为课程和培训两部分，课程生成后在被培训者的个人中心显示。

最后，知识库培训考试是基于知识库系统，根据知识库的更新、使用、业务等情况，发起知识的学习、培训和考试，解决传统培训考试与业务学习相互独立、缺少关联的问题，使培训和学习相互促进。

2. 创建人工智能标准服务体系

为规范人工智能作业体系，规范人工智能作业方式，客户服务中心建立了人工智能服务标准体系，包含七个模块。一是作业方式模块。路局客服中心平台作业方式分人工服务和自动服务，该模块实现客服中心话务、居家异地办公等形式人工服务，以及自动语音服务、自助信息推送、机器人解答等形式自助服务功能。二是人力资源管理模块。该模块实现人力资源预测、培训考试、话务排班、考勤、绩效管理、人力资源优化等功能。三是知识库管理模块。该模块实现语义分析、对话管理、可视化分析、智能采集等功能。四是客户管理模块。该模块实现收集存储旅客基本信息、旅客标签管理、常旅客积分、常旅客回访及记录、旅客征信管理、服务黑白名单等功能。五是销售管理模块。该模块功能包括铁路客票的购票、订票、送票等票务及延伸服务，订餐、酒店预订、接送车预订等商务销售，订单状态、执行情况等追踪管理，支付方式、支付状态及退款业务处理等功能。六是服务管理模块。该模块实现遗失物品查找、重点服务预约、会员服务以及投诉、表扬、建议、意见等功能。七是信息服务模块。该模块功能包括客票信息、旅服信息、调度命令、行车信息、站车人员及岗点信息等信息汇聚与集中展现，灵活的时刻表、席位、票价、余票等票务信息查询，列车动态信息查询，出行常识、服务信息发布，实时公告发布等功能。

（五）开发“上铁 12306”手机 APP 多元化服务

随着智能手机和 iPad 等移动终端设备的普及，人们逐渐习惯了使用应用客户端上网的方式。上海铁路局为了方便旅客日常出行，于 2016 年春运首日正式推出“上铁 12306”移动客户端。APP 主要提供服务资讯、列车时刻、正晚点、候乘信息、雷锋服务站、失物招领、代售点等信息查询；提供商铺和旅游等产品展示；提供重点旅客预约、贵宾服务及动车组餐饮预订等服务。为帮助出行旅客获得更好的服务体验，同时提高铁路客运收益，2016 年 9 月客服中心推出订票服务模块，同步推出在线支付及送票上门服务。

1. 团体订票服务

团体订票服务根据高端客户的不同需求，开发了个性化定制服务，团体客户可以足不出户，完成团体票的预定。

团体订票主要为团体客户服务，服务标准与集团客户、大客户服务标准一致，使客户能够享受上门"一对一"精准全方位服务，并且为未来开发大客户，挖掘客户潜力有重要意义。

2. 动车组列车订餐服务

面对越来越多的客户选择乘坐动车出行，为应对客户的个性化需求，动车组列车提供了各式各样的配餐，为便利客户，上铁 APP 升级开发一站式自助服务，特开发了订餐模块，客户可以在需要的菜单中，选择自己钟爱的菜式。

动车组列车配餐遵循价格低廉可视化，营养配餐健康化，方便快捷效率化，使客户即使是在铁路旅行中，也能品尝到可口的饭菜，也能感受到回家的归属感。APP 掌上订餐又给客户带来了无尽的便捷，进一步提高了客户的服务体验。

三、成果实施的效果

经过一年多的探索实践，上海铁路客服中心新型智慧客户服务体系取得了阶段性效果，创造了良好的管理效益、经济效益和社会效益。主要表现在如下几个方面。

(一)全路首创新型智慧铁路客户服务体系模式

智慧客户服务体系是全路首创智慧客户服务体系，突出了适应时代的"互联网＋人工智能"，并融入了上海铁路局"智慧客运"的要求，把铁路行业中最重要的客户服务工作打造成一个完整的体系，并分系列制定了相应的服务标准，使客服中心的工作内容有据可依，有据可查，把客户服务提升到一个标准化流程和体系，是铁路部门的客户服务系统的首创，体现了智慧客户服务体系的创新性。三网贯通工单管理信息化升级处理效率全面提升，信息化工单流转实施后，遗失物品查找成功率提高了20个百分点，重点旅客预约百分之一百兑现。工单流转数据化，促使工单流转数据进入大数据库，大数据库的建立和数据的收集，对客户的出行习惯、出行需求、出行轨迹等进行分析。建立非集中式远程客户服务平台，使人力资源优化利用，使坐席居家办公增至15席，节约成本约180余万元。人工智能的使用，使客服中心日均人工接听电话数较原来减少了2 000余个，人工接听率稳步提升。

（二）提质增效成果显著

通过智慧客户服务体系的搭建，旅客运输取得显著成绩，压缩了客服的成本，提高了服务的效率，提升了服务品质，促进了客运增运增收。2016年完成运输总收入637.12亿元，同比增长17.2%。2017年上半年，全局完成旅客发送3.1亿人次，同比增长11.7%，互联网购票比例达到72%。截至2017年7月，办理团体票38万张，收取服务费190余万元，其中送票5.5万张，收取送票服务费27.5万元。截至2017年7月，共受理动车组旅客餐食预定8.84万份，金额300多万元。2016年，上海局旅客服务第三方测评满意度达到99.20，较2015年的97.80提高了1.40，客服中心在2014—2016连续三年荣获全路“客货运输窗口满意度单位”，也是全路唯一获此殊荣的客服中心，杜绝了严重的责任投诉和服务质量事件，全社会和广大人民群众对铁路工作的满意度、认可度有了进一步提升。

（三）社会效益良好

智慧客户服务体系的搭建，反映了铁路客户服务管理的科学化、人文化。客户服务系统的进一步细化，本着对客户更加负责的态度，通过系统抓取的客户数据，认真研究客户行为，为客户提升更便捷优质的服务，使铁路客服变成一个铁路部门直面客户的窗口，给客户带来更好的服务体验，使客户在旅途路上有归属感，对构建新时代和谐社会有更进一步的意义。另一方面，铁路客服远程居家工作，在国家生育新政策实施后，居家办公对于以女性员工为主的呼叫中心单位具有无法用经济价值衡量的巨大社会价值。居家办公在拥堵的城市中可有效地减少员工上下班的交通时间成本，变相减轻城市负载率，减少大城市拥堵，为城市空气质量提升，城市环境保护贡献绵薄之力。

(四)铁路客运服务品牌形象提升

智慧客户服务体系给客户带来了更高的服务响应速度，提高了客户满意度，使客户更乐于使用铁路客户服务系统。新型智能机器人在科技化站点的设立，也对提升企业形象，增强企业品牌价值有巨大推动作用。APP 中提供的订餐订票功能，为客户提供了方便快捷的乘车体验，使客户更乐于继续使用和推广铁路客户服务系统，有利于积累客户的口碑，客户的口碑是企业品牌形象的原动力，由于服务手段和质量的不断提升，势必将企业品牌形象上升到一个新高度，定能巩固百年铁路的企业品牌形象。

(本成果获 2017 年全国铁道企业管理现代化创新成果二等奖。成果创造人：朱文忠、徐娟霞、陆海锋、陈晓华、余倩茹、杨德威、汤华亮。)

大型枢纽站高铁引入信号改造施工安全风险管理

上海铁路局电务处

近年来，随着铁路“十二五”发展规划的推进实施，铁路新线建设持续展开，路网规模不断扩大。新建铁路尤其是新建高速铁路一般均引入大型枢纽站，在优化完善主要枢纽布局、方便旅客出行的同时，大型枢纽站高铁引入信号改造施工给铁路维护管理部门带来巨大挑战。上海铁路局电务部门立足工作实际，在总结历年信号施工管理经验教训的基础上，积极探索实践大型枢纽站高铁引入信号改造施工安全风险管理方法，顺利完成上海、虹桥、杭州、杭州东、南京、南京南、合肥等多个大型枢纽站高铁引入信号改造施工，确保了京沪、沪昆、宁杭、杭甬、合福(合蚌段)等多条新建高速铁路按期开通运营以及铁路行车安全、人身安全和施工安全，取得良好的经济效益和社会效益。

一、成果实施的背景

开展大型枢纽站高铁引入信号改造施工安全风险管理研究实践，主要基于以下原因。

(一)是适应我国铁路快速发展、实现高铁连线成网的需要

为了优化完善铁路主要枢纽布局、方便旅客出行，新建铁

路项目尤其是新建高速铁路一般都引入既有的大型铁路枢纽站，如沪宁城际高铁引入上海、南京站等，由此引起既有大型站铁路相关设备设施配套新建或改造。作为保证铁路行车安全的技术装备，信号设备也需要在铁路新线引入既有枢纽火车站进行的铁路建设工程中进行设备改造施工。根据党中央、国务院和铁路总公司关于转变铁路发展方式、推进铁路科学发展的部署，以及东部铁路率先实现现代化的战略目标，上海铁路局管内铁路建设快速推进，沪宁、京沪、宁杭、杭甬、合福、沪昆、宁安、杭黄等多条高速铁路引入上海、南京、杭州、合肥等大型枢纽站改造施工陆续展开。这些大型枢纽站高铁引入信号改造施工能否安全顺利实施，直接关系到新建高铁能否按期高质量开通运营，关系到路网的合理布局和高铁的连线成网。如何安全、优质、高效地配合大型枢纽站高铁引入信号改造施工、确保铁路新线早日建成运营，是摆在铁路电务部门面前的重要任务。

（二）是确保既有大型枢纽站旅客出行安全畅通的需要

铁路安全生产事关人民群众的生命财产安全，事关经济社会发展和社会稳定大局，事关党和政府的形象和声誉。由于既有的大型铁路枢纽火车站处于繁忙的运营状态，为尽可能减少或避免对旅客出行产生影响，同时也减少对铁路网运输的干扰，大型枢纽站信号改造施工一般均利用行车间隔，大部分安排在夜间利用运行图“天窗”时间进行。次日凌晨运行图“天窗”时间结束，大型枢纽站又必须立即转入正常运营状态，全面迎接来自全国各地旅客的到达、出行以及枢纽所在城市生产生活物资的运送。由于大型枢纽站行经的列车一般均通达全国大中城市，枢纽的这“一点”不畅将直接影响全国铁路的运输秩序。一旦大型枢纽站高铁引入信号改造夜间“天窗”施工遇到问题，导致改造中的信号设备无法恢复良好使用，将直接干扰大型枢纽站日间的正常运营，严重影响旅客出行的安全畅通。因此，在大型枢纽站高铁引入信号改造施工过程中对一次施工的成功率要求非常高，确保旅客出行安全畅通的压力非常大。既要保障大型枢纽站日常运营，又必须推进新建高速铁路引入大型枢纽站信号改造施工，这给铁路电务部门带来巨大挑战。

（三）是确保既有大型枢纽站信号改造施工安全和质量的需要

虽然大型枢纽站高速铁路引入信号改造施工利用运行图夜间“天窗”时间进行，减少了对旅客出行的干扰，但是存在施工作业时间和空间非常有限、夜间改造施工作业条件和外部环境差等困难，保证施工作业安全和施工质量的难度较大。同时既有铁路线路上仍然通行有少量的长途夜间旅客列车以及货物列车，在大型枢纽站信号改造夜间施工中如何确保铁路运输行车安全以及施工作业人员的人身安全，是摆在铁路电务部门面前的一个巨大挑战。在高速铁路连线成网、铁路信号系统大量使用信息化装备等情况下，任何一个大型枢纽站的信号改造施工将对全程全网的信号系统带来影响（例如上海站的信号改造施工可能影响到南京、杭州等其他车站），另外部分大型枢纽站因数条高速铁路新线陆续引入而需要反复多次进行信号改造施工，安全风险控制难度非常大。既要确保铁路大型枢纽站日常运营的安全和正点，又要确保新建高速铁路引入枢纽站信号改造施工安全和建设任务按期顺利完成，同时还要确保施工作业相关人员的人身安全，难度非常大。

二、成果的内涵和主要做法

为确保人民群众生命财产安全，有效防控大型枢纽站高铁引入信号改造施工安全风险，上海铁路局电务部门通过施工方案设计抓住细致现场调查、严格方案编制、方案专家审核等三大环节，施工现场准备做到实施步骤清晰、责任主体清晰、影响范围清晰、安全措施清晰，施工组织实施盯控行车安全、劳动安全、技术安全、施工质量等四大要素，施工试验验收把牢验收标准制度健全完善、关键核心设备专项盯控、关键节点专家现场把关、功能验证项目齐全准确等四个重点，施工安全保障关注教育培训、奖惩机制、安全措施、后勤保障等四个方面，确保了多条高铁引入大型枢纽站信号改造施工安全顺利实施，为高铁连线成网创造条件，取得良好的社会效益和经济效益，同时形成一套大型枢纽站高铁引入信号改造施工安全风险管理的标准、制度和办法，为国家实施高铁“走出去”战略积累经验。主要做法如下。

（一）施工准备前期排查识别突出安全风险

上海铁路局电务部门采取头脑风暴法、专家诊断法、核对表法、专项调研等工作方法，梳理排查出大型枢纽站高铁引入信号改造施工重点需要防控的安全风险主要有行车安全、劳动安全、结合部安全和应急安全等四大类。

1. 行车安全风险。大型枢纽站高铁引入信号改造施工一般利用列车运行间隙分步组织实施，存在施工次数多、作业面小、时间紧张、影响范围大等问题，尤其是涉及联锁、列控、数据等修改的信号施工需对既有的设备进行针对性改造，施工难度非常大，容易对铁路行车安全造成较大干扰。

2. 劳动安全风险。大型枢纽站一般站型非常复杂，利用列车运行间隙实施施工作业时空间狭小，运行中的列车和施工作业车辆伤害、触电伤害、高处坠落、物体打击等风险较大，另外大型枢纽站高铁引入信号改造施工一般均在夜间实施，存在夜间视线不良、容易疲劳犯困等问题，施工作业人员的人身安全防护难度较大。

3. 结合部安全风险。大型枢纽站信号改造施工一般涉及运输、调度、车务、机务、工务、供电、车辆、通信、信息等多个部门，多个专业相互交织，相互之间的协调配合工作量较大，如果出现结合部问题疏漏或推诿扯皮，将直接导致大型枢纽站高铁引入信号改造施工无法顺利实施，因此结合部安全风险较大。

4. 应急安全风险。由于大型枢纽站日常运输繁忙，高铁引入信号改造施工的每一个分步实施项目、每一次施工作业均务必保证一次成功，一旦发生问题导致无法恢复铁路正常运输生产，对运输安全和运输秩序带来严重影响，因此在确保一次做对的同时，还需在应急处置方面做到快速反应。

(二)施工方案设计抓住三大环节

大型枢纽站高铁引入信号改造施工能否安全顺利实施，施工方案设计是决战决胜的关键。为确保施工方案设计做到依法合规、准确合理、流程清晰、便于实施，重点需抓住施工方案设计的三大环节。

1. 细致现场调查。现场调查的目的是具体掌握大型枢纽站高铁引入信号改造施工的工作量，摸清信号改造施工对既有设备的影响范围和影响程度，了解每一个施工环节所需工作时间、人员配置和分工、材料机具安排、各专业之间以及站与站之间的协同配合等情况。在分步实施大型枢纽站高铁引入信号改造施工过程中，除了施工总体方案设计初次现场调查外，分步实施的施工方案编制都需要开展细致的现场调查，尤其是对其中发生变化的施工作业内容和现场设备需重点调查，确保施工方案设计准确完善。

2. 严格方案编制。大型枢纽站高铁引入信号改造施工的特性决定了它无法一蹴而就，只能分步施工。因此，在编制施工方案时，按照划小施工单元、积小胜为大胜的思路，在现场调查完毕、准确充分掌握施工相关信息后，由施工总负责人牵头组织，安全、调度、技术、信息等专业部门和其他综合部门参与，围绕施工方案编制“十大要素”（表1）细化编制施工方案。在分部门编制、牵头部门按标汇总梳理后形成初步施工方案，经施工领导小组集体研究讨论、相关部门会签审批后形成施工方案付诸实施。针对枢纽改造电务Ⅱ级及以上施工，以及涉及信联闭设备修改的较复杂Ⅲ级施工，组织编制施工预案（施工预案编制“九要素”见表1），经集体研究讨论、会签审批后形成施工方案。

表1 施工方案、施工预案编制要素表

施工方案编制“十大要素”		施工预案编制“九要素”	
1	施工项目基本情况	1	施工依据
2	技术标准	2	施工停用范围
3	运输条件	3	施工内容
4	施工程序及过渡方案	4	施工组织情况
5	施工条件	5	联锁试验方案及卡控措施
6	劳力组织	6	施工中安全卡控措施
7	施工方法和质量	7	施工“两图一表”（施工预案示意图、施工作业流程图、安全关键卡控表）
8	安全措施	8	需其他单位配合事项
9	应急预案	9	质量工艺要求
10	指挥体系		

3. 专家审核把关。发挥集体智慧和力量，组织全局电务系统施工管理、信号专业管理、安全管理等方面专家，在参与现场调查的基础上，对大型枢纽站高铁引入信号改造施工方案具体流程、项目、内容等进行集中审核。各位专家从各自角度充分发表专业意见，优选比对并经集体表决形成一致意见，编发会

议纪要明确重点事项。在对原有施工方案设计内容进行优化完善后，形成最终付诸实施的施工方案。经反复摸索实践，形成大型枢纽站高铁引入信号改造标准化施工方案。

（三）施工现场准备做到四个清晰

由于大型枢纽站高铁引入信号改造施工异常复杂，施工现场准备是否充分、准确，直接影响到大型枢纽站高铁引入信号改造施工方案能否安全顺利实施。在明确施工方案后，由施工负责人组织，各施工项目组的所有施工作业人员参与做好施工现场准备，重点做到四个清晰。

1. 做到实施步骤清晰。按照划小施工单元、积小胜为大胜的工作思路，大型枢纽站高铁引入信号改造施工需多次、多项、逐步实施，环环相扣，稳步递进。如杭长高铁引入杭州东枢纽大施工，必须实施杭州南站由杭甬正线一次性拨接转至杭长正线，并同步启用杭州南杭长场相关联络线和线路所，涉及联锁、列控、CTC（调度指挥系统）、RBC（无线闭塞中心）和 TSRS（临时限速服务器）等软件修改 25 站次，分三个阶段八个步骤推进实施。当中任何一个环节发生问题，都直接影响整体信号改造施工能否顺利实施。因此每一个参与施工的人员须通过现场踏勘、核对等方式，清晰掌握分步实施的具体步骤、程序、项目和内容，避免出现差错导致在有限的时间和空间内施工出现无法预知的后果。

2. 做到责任主体清晰。大型枢纽站高铁引入信号改造施工尤其是在涉及联锁、列控软件数据修改等的施工中，每一次施工均涉及多个专业管理环节，如联锁仿真试验、连挂试验、现场试验等，存在参与人员多、改造设备多、影响范围大等问题。面对复杂的施工内外部环境，只有明确责任、落实责任主体，才能确保施工安全和施工任务有序推进。因此，准确、有效的施工交底显得尤为重要。在施工现场交底中须做到具体明了，细致到每一个施工作业点、每一条配线、每一件施工机具材料，将所有施工相关的内容落实到每一个施工作业人员，明确具体责任，避免遗漏。涉及结合部的相关施工作业，也要落实到具体人员。

3. 做到影响范围清晰。大型枢纽站多条不同线路交织连接不同方向的车站，加上高铁连线成网后全程全网状态下枢纽站信号改造施工会对其他铁路线路上的车站设备出现相互影响，同时在高铁引入信号改造施工中现场设备众多且不容易分辨，极容易发生信号改造施工影响其他既有设备正常使用等问题，因此清晰掌握施工影响范围显得尤为重要。面对大型枢纽站高铁引入信号改造施工复杂环境现状，采取图纸与实物核对、现场调查摸底、"天窗"时间试验验证等措施，确保每一个参与施工的作业人员清晰掌握各自施工作业影响到哪些具体设备、施工影响的具体时间范围等，杜绝超范围施工作业，同时也确保在施工过程中一旦影响其他设备能够有所准备。

4. 做到安全措施清晰。由于大型枢纽高铁引入信号改造施工难度大、安全风险高，因此完备、到位的安全防护措施非常重要。在制定安全措施时，重点在三个方面做到"一个不漏"：一是针对每一个具体施工作业项目和施工安全管控环节都细化制定相应的安全防范措施，详细到每一次施工的每一个作业项目和作业环节，做到一个不漏；二是针对信号改造施工涉及的各种类型设备制定相应的施工安全措施，具体到现场每一类单项设备，做到一个不漏；三是施工方案明确的施工作业时间、作业内容、突出安全风险、安全防范措施和应急处置措施，相关施工作业人员必须清晰掌握，做到一个不漏。

(四)施工组织实施盯控四大要素

大型枢纽站高铁引入信号改造施工安全风险管理的核心在施工组织实施。在施工组织实施过程中,重点需要关注四个方面。

1. 行车安全。由于大型枢纽站高速铁路引入信号改造施工只能利用运行图夜间“天窗”时间进行,部分既有铁路线路上仍然通行列车,而且当日施工结束后施工影响的相关设备必须立即投入正常使用,因此施工安全风险非常大。在确保行车安全的过程中,一方面坚持行车不施工、施工不行车,防止施工作业直接影响耽误行车导致发生安全事故危及人民群众生命财产安全;另一方面加强对既有在用设备的安全防护,防止施工作业过程中伤损既有设备影响行车安全。

2. 劳动人身安全。由于大型枢纽站信号改造施工参与人员众多、大型机械众多,均是夜间施工而且同时通行部分列车(包括施工用的路用列车等),因此劳动人身安全风险非常大。在劳动人身安全防护方面,坚持自控、互控和他控相结合,一方面施工作业人员需做好自身安全防护,防止自身被伤害;另一方面施工作业人员之间相互提醒、相互监督配合;另外,安排专职防护人员盯控列车以及大型施工机械运行情况,及时提醒施工作业人员注意避让。

3. 技术安全。大型枢纽站高速铁路引入信号改造施工涉及信号大量系统设备,如沪杭高铁引入上海站信号改造施工,需修改联锁、列控、CTC、TSRS、RBC、集中监测等多个系统软件,改造道岔、轨道电路、信号机、电缆、信号安全数据网、采集驱动配线、电源屏电源模块、联锁控制台、应答器和现场等众多设备,专业技术安全风险非常大。在信号改造施工过程中,必须坚持“红线”意识,严格执行专业管理制度办法和流程标准,确保各项专业管理要求有效落实。

4. 施工质量。由于大型枢纽站运输繁忙,因信号改造施工已经对日常铁路运输造成影响,留给施工结束后设备整治的时间非常有限,因此每一次、每一点的施工作业都必须保质保量。从多年信号改造施工质量情况看,往往存在信号机械室内配线凌乱、室外电缆布置无序、电缆余量过多、道岔安装不方正、牵引回流不畅烧损电缆、设备标识不清等问题,容易引发信号设备故障甚至导致发生行车安全事故。为消除以上问题,确保大型枢纽信号改造施工安全和质量,重点从两方面加以控制:一是明确施工质量标准和施工工艺标准。贯彻总公司施工质量要求并结合实际制定施工质量标准,针对每项设备施工工艺制定施工样板图,并实施首件定标,做到各项标准具体化、形象化,方便施工人员学习参考并借鉴执行。二是确保施工质量一次成优。一方面施工作业人员在施工作业过程中坚持按标施工,通过自控实现质量达标;另一方面每项工作按不同阶段都建立施工质量监督表,突出施工项目、质量要点、监督责任人等主要内容,并根据现场施工进度逐项盯控,通过过程监督强化施工质量控制。

(五)施工试验验收把牢四个重点

大型枢纽车站一般站场较大,连接线路开通方向多,信号联锁关系复杂,因此试验验收项目多、难度大。在施工试验验收中,关键需要把牢四个重点。

1. 把牢验收标准制度健全完善。一是根据信号改造施工涉及的具体设备情况,贯彻总公司标准并结合专业工作实际制定每一项设备的验收标准,做到每一个系统设备试验验收均有标可依。二是建立平推检查和问题库管理制度。组织专人负责对大型枢纽信号设备改造施工情况开展对标平推检查,发现问题均纳入问题库进行盯控动态管理，确保设备源头质量、安装质量和调试试验质量达标。

2. 把牢关键核心设备专项盯控。吸取以往信号改造施工经验教训，在大型枢纽信号设备改造施工中重点实施隐蔽工程全过程盯控、电气特性标调、道岔设备开展联合整治和精调、联锁和列控改造、安全数据网施工动态盯控等工作，确保核心信号系统设备改造施工项目得到全过程验收，杜绝遗漏。在隐蔽工程全程盯控方面，电缆槽道加盖板前对每根电缆进行检查，发现异常逐一确认整改；在电气特性方面，轨道电路按照调整表逐个区段调整，并比对观察各部电压变化分析；组织对贯通地线引入端牵引回流进行测试，确保良好；核对标调微机监测每项功能及测试数据，确保准确。

3. 把牢关键节点专家现场把关。根据现场施工实际，组织参与施工方案审核的部分专家在关键车站、关键环节进行现场指导和盯控把关，重点对信号联锁试验、列控系统功能验证、多个系统之间的结合部试验等项目内容进行督导帮促，确保关键项点施工作业内容得到准确、全面、有效的验收，同时也为专业管理人才提供实践锻炼的平台，达到锻炼队伍、提高上海铁路局电务施工管理水平的目的。

4. 把牢功能验证项目齐全准确。在大型枢纽信号改造施工后的功能验证中不仅关注各系统设备功能的静态验证，包括道岔位置、信号显示、轨道电路占用出清等联锁关系试验准确，同时还需安排各类型动车组在相关改造设备运行开展列车运行控制系统（包括 CTCS-2、CTCS-3 级等）相关功能的动态试验验证，确保列车运行控制系统所有功能准确无误。一是联锁关系必须绝对正确。通过仿真、现场联挂和动态调试，全过程进行卡控。二是列控、LKJ 基础数据必须精细准确。结合总公司批复里程、工务里程、供电分相里程、LKJ进出站里程,一米不漏全线测量,并及时与设计反馈确认,确保列控报文源头严密无误。三是功能试验必须全面彻底。通过电务处组织的现场接口试验,有效验证列控系统接口功能,结合倒机试验全面完整验证系统功能。

(六)施工安全保障关注四个方面

大型枢纽站高铁引入信号改造施工得到顺利实施,离不开相关的保障工作。在施工安全保障中,重点关注教育培训、安全措施、奖惩机制和后勤保障四个方面。

1. 教育培训。主要做好四个方面:一是组织对施工作业人员进行施工方案培训,答疑解惑,让其清晰掌握具体施工流程、步骤、项目和内容,防止出现差错。二是确保专业施工作业人员资质和能力符合规定。重点组织做好信号联锁试验、列控功能试验等相关人员培训,在满足岗位资格准入条件、做到持证上岗的基础上针对当次施工开展相关培训,让其掌握具体试验工作标准,满足现场试验要求。三是利用施工预想会等平台组织对现场施工人员进行安全知识和应急预案培训,提高安全防范意识和应急处置能力。四是针对信号改造施工中新设备、新工艺、新材料等投入使用情况,组织做好适应性培训,满足实际需求。

2. 安全措施。大型枢纽站高铁引入信号改造施工中,应根据行车安全、劳动安全、技术安全、应急安全和结合部安全等风险管控需要切实制定行之有效的安全措施,并采取实际实用的方式方法促进安全措施有效落实,确保风险动态受控。为避免大型枢纽站高铁引入信号改造施工因各类因素导致出现较长延时等问题,还需重点注意四个方面:一是防止电缆径路防护不到位。确保信号电缆与电力电缆、贯通地线及其分支线不同沟、不交叉重叠，同时在电缆手井、桥梁接缝等关键部位采取有效措施物理隔离。二是防止轨旁设备安装不牢固。对信号机、箱盒、信号标志等轨旁设备加装防松螺丝进行加固，确保轨旁设备安装牢固。三是防止焊配线虚接假焊。对每个焊接端子、万科端子全数记名检查，确保不留隐患。四是防止设备错误运用。大型枢纽站高铁引入信号改造施工采取划小单元、积小胜为大胜的思路，枢纽站内新设备只能分步投入使用，因此每一次施工都需准确掌握启用的新设备和停用的旧设备，准确做好设备管理的登记工作(在“运统—46”登记簿中登记)。

3. 奖惩机制。建立施工安全质量管理评价工作机制，成立检查考核评价组织，根据不同的安全分风险等级明确不同岗位的考核系数，同时围绕大型枢纽站高铁引入信号改造施工安全、任务、质量、管理等方面要求，从施工准备、组织实施、试验验收、综合保障等环节明确对主体施工、配合施工等单位人员的考核评价标准，实施动态检查考评并及时兑现奖惩，促进提高大型枢纽站高铁引入信号改造施工参与人员的积极性和主动性，推动各项工作有效落实并见到实效。

4. 后勤保障。鉴于大型枢纽站高铁引入信号改造施工的复杂性和艰巨性，良好的后勤保障同样非常重要。在后勤保障方面，重点需关注五个方面：一是照明工具。夜间施工作业需要充足的照明条件，因此在施工开始前必须准备好各个作业点所需的照明工具，并确保照明工具能持续运用到施工结束(需防止照明工具设置不当引发事故)。二是通信联系工具。大型枢纽站高铁引入信号改造施工一般一次施工时间达到 4～6 h，因此无线电、天翼手机等联系工具应提前充足电源并储备一定的备用电池，确保施工期间联系畅通。另外，无线频率的选择和使用应尽量避免相互干扰。三是生活保障。一方面应根据季节情况配置常用应急药品，如夏季配置防暑用品、蛇药等，以备不时之需；另一方面，夜间长时间作业应安排一定量的食品以补充体力，满足施工作业需求。四是应急值班。由于夜间参与施工作业人员身体疲劳，不适宜作为施工结束后次日的应急值班人员，因此在信号改造施工前另外安排胜任的应急值班人员，以应对突发事件。五是统筹兼顾。在后勤保障中，应统筹考虑大型枢纽站信号改造施工影响的相邻车站后勤保障，确保全员战斗力。

三、成果实施的效果

成果取得的效果主要有四个方面。

(一)实现三大创新

大型枢纽站高铁引入信号改造施工安全风险管理研究与实践，创建了大型枢纽站高铁引入信号改造标准化施工方案，建立了一套大型枢纽站高铁引入信号改造施工标准和制度，探索出一套大型枢纽站高铁引入信号改造施工安全风险控制办法，为大型枢纽站高铁引入信号改造施工顺利实施提供可参考借鉴的经验。京福高铁引入合肥枢纽、杭长高铁引入杭州枢纽等大型枢纽高铁引入信号改造施工均安全顺利实施，得到铁路总公司表扬和肯定。

(二)实现数条新建高铁按期顺利开通，为高铁连线成网创造条件，取得良好的社会效益和经济效益

大型枢纽站高铁引入信号改造施工安全风险管理在沪宁、沪杭、京沪、宁杭、杭甬、京福(合肥—蚌埠段)等高铁引入上海、虹桥、南京、南京南、杭州、杭州东、合肥等枢纽信号改造施工中实施，确保了多条高铁引入大型枢纽站信号改造施工安全风险

受控,相关高铁新线均按期高质量开通运营,为铁路取得良好经济效益和社会效益。

(三)形成了一套大型枢纽站高铁引入信号改造施工安全风险管理的标准、制度和办法

按照划小施工单元、积小胜为大胜的工作思路,以安全风险排查识别、施工技术方案、施工准备、组织实施、试验验收、综合保障等为核心,以行车安全(包括联锁、列控、数据安全等)、劳动安全、结合部安全和应急安全卡控为重点的大型枢纽站高铁引入信号改造施工安全风险管理方法实用性强,内涵丰富,方便推广借鉴。在2015年全路电务工作会议上,上海铁路局电务处作大型枢纽站高铁引入信号改造施工安全风险管理经验介绍,得到全路专家好评,铁路总公司电务部布置在全路推广运用。

(四)为国家实施高铁“走出去”战略积累了经验

党的十八届三中全会后,国家层面为推进高铁“走出去”战略吹响了号角。当然,实施高铁“走出去”战略面临着诸多的不确定因素,需要多方面的不懈努力。不过,大型枢纽站高铁引入信号改造施工经验的积累和多条高速铁路引入枢纽站改造施工项目顺利开通启用的实践,对于承接国外高铁建设项目、尤其是大型枢纽站高铁引入信号改造施工具有重要意义。

(本成果获2015年上海市企业管理现代化创新成果二等奖。成果创造人:陈伟革、吕永昌、李强、沈顺荣、陈政军、方升炜、胡正明、康毅。)

高速铁路道岔电务智能化维修标准化管理

上海铁路局合肥电务段

合肥电务段现担负合蚌、合福高铁、沪蓉客专以及京九等22条铁路线路共2 211营业公里、196个站及区间信号设备的养护维修任务，信号设备换算数量75 092组。现有职工1 581人，硕士研究生学历11人，本科学历286人，具有高级职称12人，中级职称165人，技能人才队伍中，高级技师24人，技师279人。生产一级具有“双师”资格15人。机关内设行政科室10个，生产车间20个，生产班组131个。

科吉富高速道岔（以下简称法岔）是我国2007年第一次从法国全套进口高速道岔设备，其施工要求精度高，安装结构工艺新，决定了维修标准高难度大。该类型道岔在全国只有宁武、郑西两条高铁在用，国内没有生产制造厂家，设备配件全部需进口，没有成熟的现场经验可供借鉴，必须立足自身，培养一支法岔维修队伍，潜心研究、总结一套完整的高铁有砟道床上道岔维修方法和手段，通过技术和管理创新，破解法岔运用过程中暴露出来的维修难题，提升法岔维修管理水平。

一、成果实施的背景

（一）确保我国首条有砟客运专线安全持续稳定的需要

宁武客专是我国首条有砟客运专线，在我国高铁建设进程中有着重要的意义。自开通以来，一直为广大旅客提供正点、舒适、便捷的出行服务，其社会影响力、战略交通意义非常重大。道岔作为动车组转换运行方向的重要设备，能否安全可靠运用，与铁路的安全畅通密切相关。法岔是我国首次从法国引进的装备，如何确保其安全稳定运用，对电务维修管理部门带来的较大的风险和挑战。由于法岔设备安装有砟线路上受道床及环境因素影响较大，存在许多尚未认知的不导向安全的因素，使得高速道岔在使用初期状态不稳定，出现了很多问题，影响着道岔设备运用质量。为保证高速动车组运行安全，必须尽快摸索出适应国情的法岔设备的维修调整方法，建立标准化管理制度，提高法岔设备运用质量和管理水平。

（二）完善养修手段，满足自主创新的需要

法岔安装在高铁线路上，采用一台转辙机带动多个牵引点转换，维修调整要求精细度高，由于是国外进口设备，设备技术标准、核心技术受到制约，实际维修调整中遇到难题向厂家请教。日常检修作业方法、检修流程也都没有成熟的标准，都要靠自己总结摸索，给日常维修带来较大影响。因此，必须进一步掌握法岔设备维修规律、运用状态、使用周期，创新检修手段，科学合理地确定法岔设备的修程修制。研制测试仪器，实时对设备状况进行全面实时准确的检测监控和分析处理，全面系统掌握法岔所有部件指标性能和变化规律，及早发现设备隐患，制定出科学合理的巡检维护计划，提高设备的防控能力。

（三）实现集约发展，控制高铁维修管理成本的迫切需要

随着设备使用周期延长，法岔锁闭检查器、密贴检查器电气部分密封性逐渐变差，特别是下雨时道岔电缆绝缘全程下降幅度大（晴天＞20 MΩ，雨天下降到 1 MΩ 左右），严重时出现道

岔操纵过程中电气接点短路打火安全隐患,急需更换。此外,冬季冰雪天气,动车底部的冰锥在高速运行过程中容易将锁闭检查器、密贴检查器保护盖或内部接点打坏,造成设备故障,影响高铁安全。由于该类道岔在国内没有配件生产厂家,道岔设备损坏后全部要从法国进口,价格高,造成维修成本居高不下,每年法岔维修成本高达近四百万元;而且采购周期长,从材料提报到运达现场需半年时间,严重影响高铁安全。因此迫切需要在充分研究掌握科吉福道岔结构原理、技术指标和设备特性的基础上,提出研制需求,通过对材质、功能的比对研究,联合国内道岔生产厂家,制作替代进口产品的装置,实现防水和抗击打功能的保护装置,降低维修成本。

(四)锤炼高铁人才队伍,适应高铁发展需求

保证高铁安全的持续可控、长治久安,抓住职工队伍的综合能力提高是一项有效保证。我段宁武高铁的信号工平均年龄仅 28 岁,职工队伍年轻,造成维修质量不高,存在检修按标作业不规范的问题。在宁武高铁初期,设备检修方法都是在国外专家的指导下进行的,之后依靠师傅带徒弟等方式传授维修方法,受到安徽地区高铁大规模建设,全段管内人员流动大的影响,掌握了方法的职工调离工作岗位后,新职工重新掌握维修标准需要一定的时间周期,给维修工作带来一定的影响,迫切需要固化检修模式,通过作业指导书等形式固化作业流程标准,缩短岗位适应周期,快速满足高铁高标准维修的需要。

二、成果内涵和主要做法

在引进吸收消化高铁道岔电务设备的基础上,结合国内高铁运营管理实际,创建适合路情的高速道岔电务智能化检查手段,通过技术创新,研制便携式高速道岔转换力矩测试仪等技

术装备，提高电务设备技术装备水平，建立完善标准化作业管理体系，优化完善技术标准和管理手段，促进高铁电务维修管理水平提升，通过自主研发高速道岔部分部件，实现器材国产化，减少器材对外依赖，建立适应高铁快速发展的人才队伍培训机制，提高职工业务技能，打造高素质的队伍，实现了高铁电务维修管理安全效益和经济效益双促进、双提升。主要做法如下。

(一)创建科吉富高速道岔电务智能化检修体系

随着新设备的上道使用，原有的监测系统、检测手段已不能满足需要，安装在有砟线路上的科吉富道岔极易遭受环境温度、道床起伏等外部因素影响，而导致状态、特性发生变化，影响设备电气和机械性能。为实时掌握现场设备状况，实现现场设备"状态修"，电务段以科技创新为核心，致力于监测系统、检测智能工具的研发，实现了设备的主要电气特性及机械特性全天候监控，转辙机及安装装置等主要部件定期入所检测，大大提高了设备维修的针对性，确保了设备状态持续稳定。

1. 开发高新仪器，创新电务设备智能检测

(1)研制科吉富道岔转辙机综合智能测试台(图 1)

为保证科吉富道岔转辙机的各项性能和指标符合标准，有必要在新设备上道使用及检修出所时对转辙机的各项电气参数及机械性能进行综合测试，目前国内还没有针对该设备的检测装置，难以有效保证设备的良好运用，给新设备的维护工作带来很大的被动。鉴于以上原因，合肥电务段成立了攻关小组，针对科吉富道岔转辙机检测技术进行研究，通过研制用于检修所使用的科吉富道岔转辙机综合智能测试台，能方便、准确地完成科吉富道岔转辙机的各项电气参数、机械特性测试，建立设备特性参数数据库，实现测试数据的打印及管理，全面

监控转辙机的工作状态。解决科吉富道岔转辙机安装和日常维护缺少检测手段的问题,以确保转辙机的正常运行。

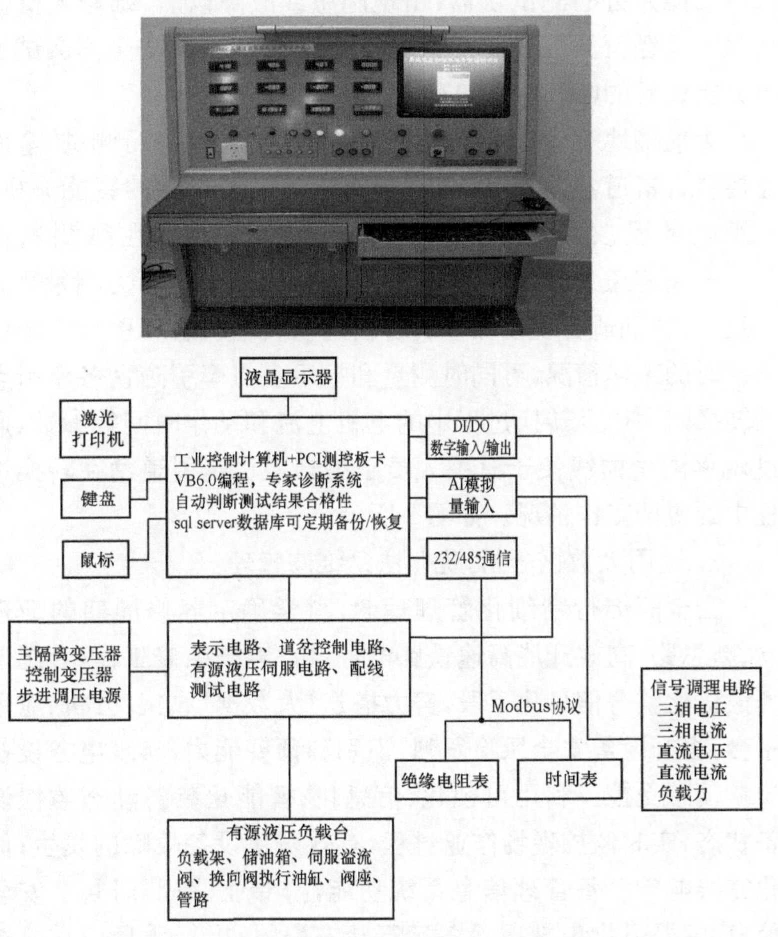

图1　科吉富道岔转辙机综合智能测试台系统结构

(2)研制便携式高速道岔转换力矩测试仪

科吉富道岔转换牵引方式采用一机多点的牵引方式,道岔在转换过程中会存在多个作用力,与传统转换设备在构造性能、安装维护方法及测试手段上存在很大的差异，没有任何经验可以借鉴，在实际应用中，该道岔维护标准要求很高。由于没有功能完备的测试仪器，出现隐患或故障以后，维修人员往往只能凭经验从备品中更换整机或部件，根本无法全面测试了解分析设备的电气特性和有关技术参数。

为准确地对科吉富道岔安装装置机械特性进行测试，全面监控科吉富道岔运用状态，完善对道岔机械特性的智能分析，合肥电务段攻关小组联合厂家研制高速道岔在线测试设备——高速道岔转换力矩测试仪，由于采用多通道力测量和显示技术，特别适合现场测量科吉富道岔转辙机各牵引点在牵引道岔时的工作情况，可同时测量和显示多点牵引道岔各牵引点的转换阻力以及转换过程中的电机电流和动作时间等参数，通过观察测量曲线便于有关人员了解转辙机牵引道岔在转换过程中的协调工作情况。如图 2 所示。

2. 运用大数据分析，优化法岔维修管理

为全面推行精细化管理理念，科学确定养修周期的新理念、新思路，高效开展高速铁路电务设备养护维修工作，合肥电务段优化整合信息化手段，努力搭建“大数据”收集、分析、应用平台，提升设备安全风险研判、识别和预警能力，实现电务设备质量动态受控。利用可视化、信息化、智能化装备动态监控设备状态，实时监控现场作业过程，有效防止设备故障的发生；优化完善电务设备管理信息系统功能，跨专业、跨部门共享安全信息，多渠道收集掌握设备运行状态资料；推行质量信息分级管理，加强统计分析，抓好重点比对，找出设备变化的蛛丝马迹，及时开展预防性调整整治；狠抓质量问题分析评价，针对设备故障，深查根源，严防以现象代替原因、盯控不到底、整治不到位等问题发生，动态健全完善“一岔一档”技术资料，尽最大

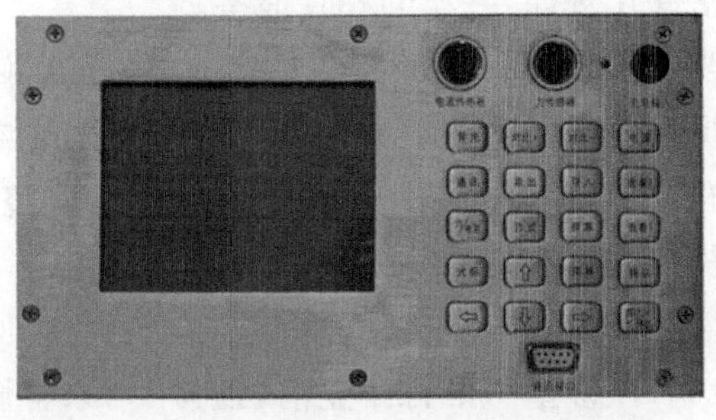

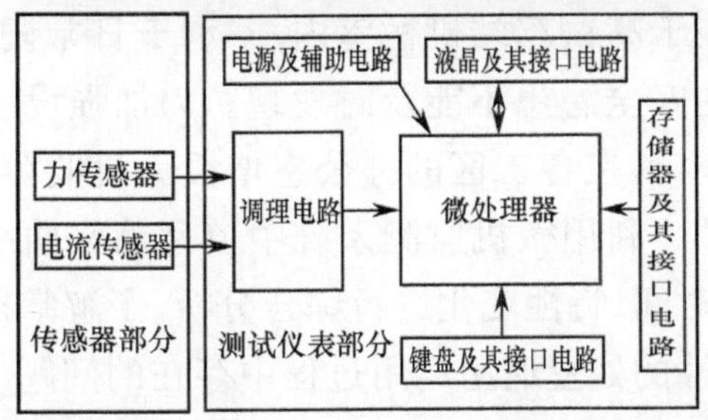

图 2　便携式高速道岔转换力矩测试仪系统结构图

可能掌握设备质量变化规律。联合厂家开发道岔智能化分析系统，通过完善道岔关键数据变化、掌握道岔变化规律，为道岔维护工作提供有效依据。

(1)实现电子档案管理。在道岔智能化分析系统内建立“一岔一档”电子台账，将电务段管内道岔设备履历、各种类型道岔检修技术标准及日常养护检修的各部测试数据、检查发现的问题全部录入系统，建立道岔技术数据库，实现道岔档案管理。

(2)智能分析预警。系统将录入的道岔检修、日常养护的各部测量的基础数据与道岔技术数据库进行自动比对分析，给出诊断报告。将现场检查问题录入系统后，系统会根据道岔数据库的基础信息，通过自动比对分析，将指标合格的项目自动过滤，将超标的项目筛选出来，生成诊断报告，为道岔检修提供整治依据，也让段技术部门掌握道岔运用状况及现场维修情况，摸索道岔变化规律，各车间相互借鉴。

(3)问题分级跟踪。诊断报告网上会诊，整治计划网上生成，上报审批。根据问题的轻重缓急，分别处置，Ⅰ类问题网上钩选后自动生成整治预案，上报审批后自动生成整治计划，Ⅱ类、Ⅲ类问题自动生成整治计划。

3. 完善监测监控体系

一是设立“预诊室”，推行作业前“预诊”。原有微机监测调阅系统均安装于高铁车站机械室内，不利于日常调阅和分析，造成对设备的安全隐患不能及时发现。为加强设备电气特性的日常调阅分析，在各工区的办公室增设微机监测远程终端，设立“预诊室”。利用微机监测系统中道岔动作曲线对道岔动作过程、动作时间、特性变化进行综合分析，了解掌握道岔运用状况，有针对性的处置道岔运用过程中存在的问题。二是加强作业过程监控。在高铁站场安装红外线高清站场视频监控系统，能有效地对站场上相关设备外观、路材路料摆放、轨旁设备固定、人员作业规范化进行实时监控，及时消除因高铁夜间作业瞭望条件差，造成的异物遗留和复查试验不彻底等安全隐患。通过对作业中或作业后设备监控分析，预测设备检修标准是否执行到位。三是加强关键指标控制。为工区配备带动态摄像、静态拍照、同步录音功能的“执法记录仪”，在道岔检修时将道岔测量及复查试验的关键指标进行摄录采集，采集数据储存接入电子工作日志和调度指挥中心大数据“云储存平台”，实现段管理部门对现场作业的设备检修的关键指标等作业过程全覆盖监督、远程监控。

(二)建立完善标准化作业管理体系

1. 开发班组管理系统，实现班前预想、检修过程、班后总结流程模块化。一是规范安全预想流程。按照点名、通报调阅情况、作业布置、学习指导书、安全预想、重点强调及工具材料检查等七项流程组织召开安全预想会，针对不同作业内容、作业项目、天气等开展安全预想；在班前预想会上以作业指导书为基础，学习相关作业标准、标准化作业视频，提高执标能力；二是规范作业流程。根据维修规程、单项设备的维修标准及作业指导书分别制作各单项设备巡检、检修提示卡，将设备检修的技术指标、关键数据和主要作业流程、检查重点提炼成维修作业口诀，便于职工对标准化作业流程的记忆和规范操作，印制在卡片上让职工随身携带，以便在检修时对照检查有无遗漏或不符合标准的现象；三是规范班会总结流程。按照"点名、任务汇报、安全防护汇报、安全总结、当日工作总结"等五项流程进行班后总结，对当日作业未完成工作任务及检查发现的问题录入系统进行盯控闭环。

2. 采用信息化设备，实现作业过程及关键指标控制。为进一步加强现场作业安全控制，提高标准化作业管理水平，电务段积极采用高科技产品，在站场安装高清视频，为工区配备带动态摄像、静态拍照、同步录音功能的"执法记录仪"，采用 4G 系统视频控制，实时传播现场作业，对设备检修关键指标的提取，将其采集数据储存接入电子工作日志和调度指挥中心大数据"云储存平台"，实现段管理部门对现场作业的安全防护、作业标准化执行、设备检修的关键指标等作业过程全覆盖监督、远程监控。

3. 研发工具自动清点管理系统，实现高铁工具系统化管理(图 3)。高铁对工具的管理要求非常高，一旦工具遗漏线路，由于动车组吸力作用，极可能将动车组击打损坏。传统的劳动工器具管理是将工具进行编号，作业前填写劳动工器具清单，人工手动清点数量。这种传统模式存在作业结束容易发生工具遗留现场问题。随着射频识别技术、数字化追踪技术和软件技术的发展，迫切需要基于“移动化”“标准化”“规范化”概念改造传统的劳动工器具管理模式，实现劳动工器具管理工作的电子化、信息化、规范化和智能化。为此，合肥电务段积极探索，利用软件技术，将每件劳动安全工具上贴上一个远距离的 RFID 标签，利用 RFID 标签具有的远距离读取特点，有效读取工具包内的所有设备，每次作业时，对进出库工具自动扫描对比，及时判断工具是否遗漏在现场，从而达到追踪控制劳动安全工具的目的(图 4)。

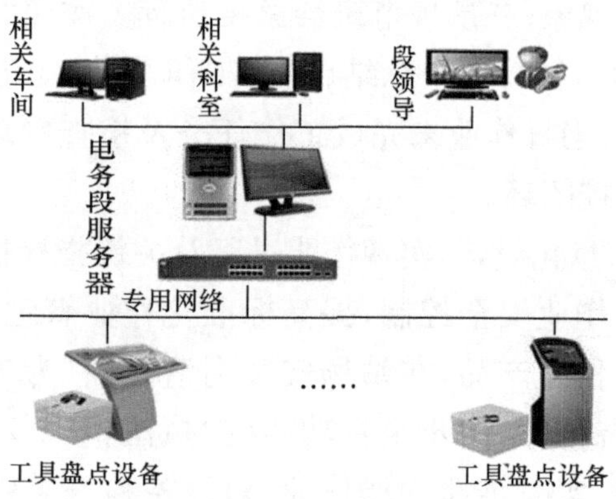

图 3　系统结构图

图 4　工具自动扫描与清点管理系统界面

（三）优化完善技术标准和管理手段

1. 优化技术标准

(1)加固安装托盘。引进初期，科吉富道岔安装装置采用单托盘将牵引点弯杆底座固定在一根枕木上，运行一段时间后，发现存在严重的安全隐患。比如，动车高速运行中，弯杆会随着托盘的上下起伏而发生旷动，造成道岔机械特性经常发生变化；托盘长期上下起伏，接缝处会出现裂纹，道岔安装装置固定不牢靠，严重影响动车运行安全。合肥电务段组织技术人员深入现场，经过调查研究分析，果断采取措施，将原有托盘和枕木进行改造，改进托盘工艺，将牵引点弯杆底座固定在两根枕木上，既确保牵引点弯赶稳定性，也提高了道岔安装装置的机械特性。

(2)改进表示电路。道岔表示电路中，串联在室外的电阻极易受室外环境和列车震动影响而损坏，引发设备故障，影响高铁行车秩序。合肥电务段积极思考、大胆创新，对局部电路进行技术改进，将道岔表示电路中室外单个 300 Ω 电阻改造为两个 600 Ω 电阻并联，并用铝板固定以便散热。因列车震动或固定不良发生一个电阻断线，道岔表示电压虽发生变化，但仍有表示，不影响设备正常使用；同时通过微机监测系统监测道岔电压变化能及时发现单个电阻断线问题，提高了道岔表示电路安全冗余性。该方案不仅能够满足现有技术标准，经试点确认后，发现其安全性和可靠性也极高。自实施该技术以来，从未发生因电阻断线引发的道岔设备故障，有效解决了道岔表示电路室外电阻断线造成断表示的隐患。

(3)调整密贴检查标准。密贴检查器是检查和监督尖轨与基本轨（或心轨与翼轨）的密贴状态，确保道岔在转换到位后尖轨与心轨位置正确。维修规程技术标准中要求“单点牵引道岔牵引点及多点牵引道岔第一牵引点中心线相互密贴，尖轨（芯轨）与基本轨（翼轨）间有 4 mm 及以上水平间隙时，其余密贴段牵引点中心线处有 6 mm 及以上水平间隙时，不应锁闭或接通表示。”而客运专线法岔招标文件中要求密贴检测按照“4 通 5 不通”标准执行，明显两者存在不统一。目前合肥电务段沪蓉线主要安装在有砟线路上，受工务线路影响，执行“4 通 5 不通”密贴检测标准，经常会出现道岔断表示故障。经与道岔生产厂家研究讨论，并与上级部门沟通汇报批准，确定科吉富道岔密贴检查器密贴检测按照“5 通 6 不通”维修规程规定的标准执行。执行该标准后，道岔断表示故障大大降低，满足了安全生产需求。

2. 优化作业标准

（1）修订完善作业指导书。作业指导书是规范现场职工作业行为的基本准则，是考量作业流程是否规范标准的主要依据。针对新型设备科吉富道岔的特殊性，结合现场实际情况，合肥电务段组织专业技术力量，对作业指导书进行实时修订、动态完善；并且作业指导书采用视频和图片的形式，使职工更能理解接受。从实际应用来看，职工通过作业指导书，能熟练掌握科吉富道岔维修作业流程和作业标准，缩短了设备维修技能掌握时间，深受好评。

（2）优化法岔维修调整流程（图 5）。科吉富道岔转换牵引方式采用一机多点的牵引方式，转换系统由单个转辙机、连杆和曲柄、锁闭系统及密贴检查系统组成，通过安装在岔枕上的曲柄连杆来带动其余各点的转换，道岔在转换过程中会存在多个作用点，如果在调整时不能统筹考虑，对某一部位进行调整势必影响其他部位，造成道岔杆件别卡、走行不平顺，极易引发卡阻故障。由于客专线人员均来自既有线，掌握的国内道岔维修方法已不能满足科吉富道岔维修调整需要。在合宁、合武线开通运营初期，科吉富道岔一次不解锁以及操纵不到底等故障频发，给高铁动车组的安全运行造成极大干扰。为确保道岔运用状态良好，积极开展技术攻关，深入现场进行探索研究和调整试验，对科吉富道岔结构组成及转换牵引方式进行分析，摸索适用于科吉富道岔设备的维修调整方法。合肥电务段技术人员通过长期摸索研究和现场试验，以消除道岔阻力点为主攻方向，按照“平、顺、滑、洁、紧”的道岔机械部位调整原则，解决别、卡、磨等问题，总结出一套道岔机械部位检查调整和整治流程（简称法岔“分中”流程），使得复杂的过程流程化，受到职工的一致好评。

3. 优化管理方法

（1）创新道岔阻力整治方法。科吉富道岔转换采用一机多点的牵引方式，道岔在转换过程中会存在多个阻力点，为准确查找道岔转换过程中阻力形成原因，采取有效的阻力整治措施，通过长期现场设备维修总结出“三比对”阻力查找法：一是人体感应比对法。即通过手扳道岔来感知比对道岔运行过程中的阻力变化，来大致确定道岔阻力的大小、阻力变化的位置。二是道岔曲线比对法。即通过来回操纵道岔，调阅道岔电流、功率曲线与参考曲线、前期道岔操纵曲线进行比对，通过模拟量的变化比对分析道岔具体的阻力点。三是拉力测试比对法。即采用高速道岔转换力矩测试仪现场测量科吉富道岔转辙机各牵引点在牵引道岔时的转换阻力以及转换过程中的电机电流和动作时间等参数，与手扳道岔感知道岔阻力、监测调阅曲线等进行综合比对分析，制定道岔阻力整治措施。

（2）打破传统维修方式，实行“预调整”。根据高铁夜间固定天窗、日气温最低的特点，特别是夏季白天与夜晚的温差大，

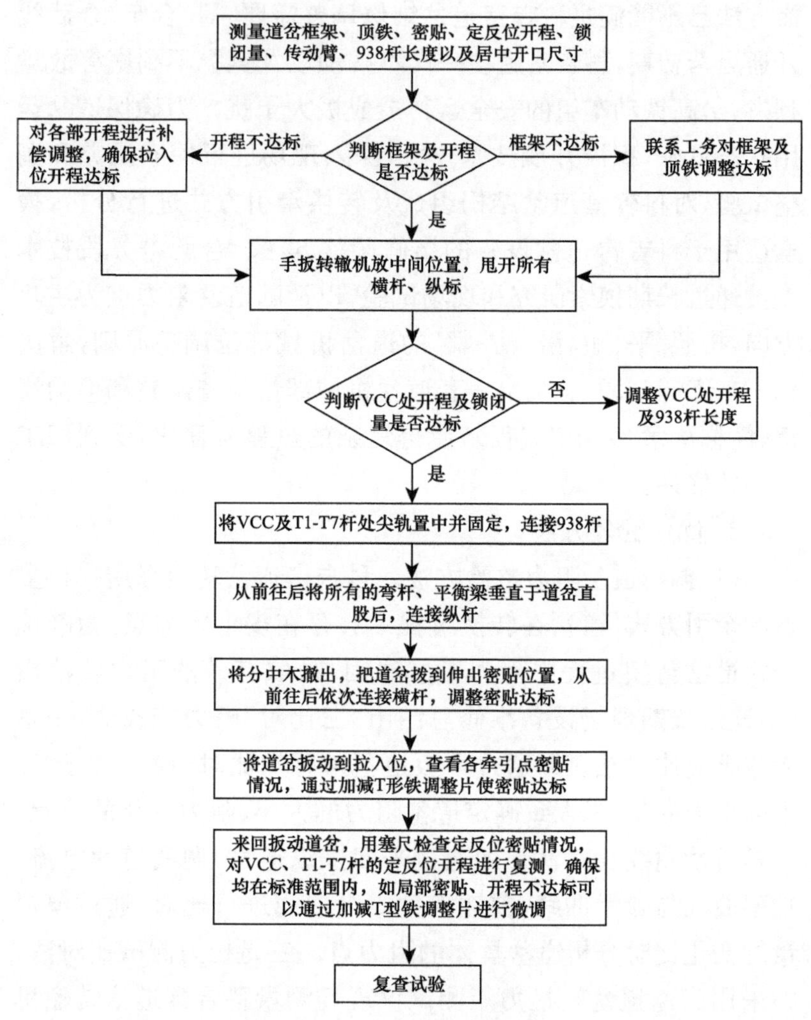

图 5　法岔分中流程

分析道岔密贴随气温的变化趋势，创新了道岔密贴预调整技术，夜间道岔密贴调整根据昼夜最大温差在原有标准基础上调松 0.2～0.5 mm，有效降低了道岔因白天气温高道岔密贴偏紧造成的设备故障。

(3)做好道岔季节性适应调整。由于季节性温度变化，昼夜温差加大，造成钢轨的热胀冷缩引起尖轨爬行、道岔转换设备的材料自身产生应力无法得到释放，影响道岔转换设备的正常使用，为遏制道岔惯性故障的发生，每年的 4 月至 5 月份、10 月至 11 月份，合肥电务段组织开展道岔季节性专项整治活动，重点解决由于气温变化道岔应力得不到放散、道岔密贴偏紧而引起的道岔不解锁或转换不到底故障，加强对道岔密贴松紧程度检查调整，确保锁闭状态时尖轨尖端和基本轨宏观密贴，使用小撬棍插入尖轨与基本轨轨腰间用力拨动时有活动量，确保锁闭检查器锁闭块和 C 臂锁闭头间隙不大于 0.5 mm，道岔密贴达标、松紧适度。

(四)实施以创新为驱动的高速道岔部分部件自主修

由于科吉富道岔在国内没有配件生产厂家，道岔设备损坏后全部要从法国进口，价格高，造成维修成本居高不下，每年法岔维修成本高达近四五百万元；而且采购周期长，从材料提报到运达现场需半年时间，严重影响高铁安全，电务段积极组织技术攻关，加强对科吉富道岔深入研究，在充分掌握科吉福道岔结构原理、技术指标、设备特性的基础上，通过引进、消化、吸收再创新，联合国内厂家自主研发、实现关键技术国产化，同时在维修过程中做好修旧利废，取得较好实践成果，极大降低生产成本。2015 年我段法岔维修成本较 2014 年下降近一百万元。

1. 研发新产品

针对设备防水防击打能力差，造成设备故障，影响高铁安全的情况，合肥电务段技术人员联合国内厂家对锁闭检查器在设计上存在防潮性能差的问题进行改进，自主研发了 VCC、PLV 防水罩、防击打装置。针对现场使用中芯轨调节筒外护套破损、VCC、PLV 防护罩拉簧失效、稳定器变形、T 杆及防护罩、托盘及连杆被击打损坏等问题，对芯轨调节筒外护套、VCC、PLV 防护罩及拉簧、VCC 密封装置等联合国内道岔厂家进行研究分析，实现国产化，投入现场使用效果良好。

2. 定期检测轮修

(1)制定计划。利用科吉富道岔转辙机测试台每 5 年对科吉富道岔转辙机进行入所检测轮修一次；在日常维修过程中发现转辙机运行不正常，及时送所检测。

(2)定期检测。安排检修车间每年组织一次锁闭检查器、密贴检查器接点压力测试，对接点压力超标的组织调整。法岔转辙机每运行一段时间后其扭矩力会发生变化，当测试其扭矩力在 1.5～2 N·m之外时将影响道岔转换，因此每运行 15 000 次或者每 6 个月后对法岔转辙机摩擦力扭矩限制器检查测试并调整一次。

(3)重新组装。道岔检修时对密贴检查器连杆装置、杆件拐轴、芯轨调节筒现场检查转动是否灵活，发现有卡阻及时更换下道送检修车间进行分解，对拐轴内部进行涂油，更换使用中损坏的垫圈等磨损配件并重新组装，实现再利用。

3. 改进工艺

原有的科吉富道岔 VCC、PLV 线环采取橡胶密封措施，在现场长期使用已出现内部线头脱焊、断裂等隐患，日常检查不易发现，多次发生设备故障，影响高铁行车，合肥电务段技术部门对 VCC、PLV 线头工艺进行改进，采用绕线环上端子，加装防松帽，使端子不易松动，日常维修检查方便，便于及时发现内部断裂、脱焊等问题。

4. 修旧利废

由于调整不当或外部击打等原因使科吉富道岔转辙机、

VCC、PLV 接点会出现个别器件或端子损坏，安排检修车间更换个别配件重新组装、调整、改造、检测达标后继续上道使用，控制生产成本。

(五)建立适应高铁快速发展的人才队伍培训机制

1. 强化职工队伍培训

一是邀请法国专家进行现场授课。科吉富道岔上道初期，职工对道岔维修技术标准及调整方法不熟悉，为尽快提高职工法岔维护水平，电务段多次邀请法国厂家技术专家到现场，组织职工法岔日常维护调整及常见问题处置培训，提高职工维修调整水平。二是建立配套练功平台。针对电务人员分散和现场设备不能动的难题，为班组配置了套移动练功平台，解决了小站职工“动手难”的问题。结合合福、宁安高铁新线开通，现场演练设备切换、板件更换、监测调阅等实作项目，让职工自己动手，提升实作技能。三是大力提升职工应急能力。采取编制应急图册、定期组织应急演练、故障处理竞赛等方式，建立零分出动、快速反应机制，不断提升现场应急能力，努力降低对运输的干扰。

2. 强化作业指导书的编制使用

通过组织对科吉富道岔作业指导书的编制并在维修过程中不断完善，以及通过现场演练对作业指导书进行验证，使职工在编制过程中进一步熟练掌握科吉富道岔维修作业流程、作业标准及维修调整方法。以“职工作业唯一依据”为标准，悉心编制了班组的作业指导书，编发了法岔检修、单项器材更换等 12 项标准化作业视频，制作了标准化作业简明“提示卡”，解决了作业指导书“带不出去、记不下来”的问题。

3. 开展法岔维修调整竞赛

为提高职工科吉富道岔维修调整水平和工电结合部病害

问题处理能力，电务段对科吉富道岔维修调整及工电结合部病害处置进行提炼总结，制作道岔维修标准及调整流程、常见道岔结合部病害处理方法、维修重点提示等PPT挂网，由车间组织职工理论培训学习并开展实作演练，现场交流讨论、相互学习借鉴；在组织理论实作培训的基础上，段组织客专车间开展科吉富道岔维修调整竞赛活动，有效提高了职工的道岔维修调整技能。

4. 组织法岔维修质量攻关

自2008年法岔上道使用后，电务段及时成立了由段、车间、工区三级技术管理人员组成的法岔维修技术攻关小组，对法岔维修技术进行攻关。每年年初小组结合年度生产任务，确定攻关项目，制定推进计划，定期召开现场攻关会议，对维修过程中产生的技术难点进行分析，攻坚克难，确保项目顺利实施。几年来技术攻关小组攻克了多个现场维修难题，有效降低了法岔设备故障，为维护设备状态稳定做出了巨大的贡献。

5. 成立专业技术委员会

电务段根据现场生产实际，成立专业技术委员会，全面调研法岔设备维护需求，制定科技攻关规划，按照“先易后难、循序渐进”的原则，每年制定一到两项科技攻关计划，有目标、有规划地开展科技攻关活动。自法岔上道使用后，电务段首先对法岔的维修周期、技术标准及调整方法等进行摸索研究，其后对法岔运用过程中存在的设备隐患进行分析攻关及盯控处置；然后又通过对法岔运用过程中的监测监控分析来开展养修技术研究。通过几年来的努力，在法岔维修技术研究、维修质量提升和监测监控系统功能完善等方面均取得了较好的成效，一些技术和成果被路内和局内同行借鉴、应用。

三、成果实施的效果

(一)完善了我国法岔维修标准化管理体系

通过研究掌握科吉福道岔结构原理、技术指标和设备特性,建立完善了法岔的作业标准、检修流程,形成了标准化管理体系,保证了宁武高铁道岔设备持续可控,为全路有效指导法岔科学维修管理提供了丰富的实践经验。此外,在保持质量稳定的同时,促进了生产精简高效,一组道岔作业人员由原来的4人同时作业减少到3人,有效地提高了作业效率。

(二)推动了法岔国产化进程

在法岔维修管理优化创新实践过程中,取得了一系列技术革新成果,如研制科吉富道岔转辙机综合智能测试台;研制便携式高速道岔转换力矩测试仪、高铁工具清点系统等,通过技术创新,也实现了部分关键设备的国产化,取得了技术创新,节约了维修管理成本,并在郑西高铁推广运用,取得了较好的经济效益和社会效益。

(三)确保了宁武高铁安全持续稳定

通过法岔智能化维修标准化管理实施,进一步夯实了宁武高铁电务安全基础,确保了宁武高铁安全持续稳定,使得故障数量大幅度下降,2014年全年发生故障16件,2015年全年发生故障8件,故障率同比下降50%,2016年1~5月,发生故障3件,故障率大幅度下降,有效地确保了宁武高铁安全生产持续稳定。

(四)职工队伍素质得到显著提升

通过在班组集中学习作业指导书,利用班组练功平台定期开展技术比武,广泛开展职工标准化作业竞赛活动,全体干部职工作业执标、学技练功的自觉性和积极性普遍提高，2015 年合肥电务段在路局季度抽考中取得了 2 次第二名、2 次第一名的好成绩。

（本成果获 2016 年上海市企业管理现代化创新成果二等奖。成果创造人：陈新梅、周胜利、朱伟、王纯杰、刘民传、徐升、徐国胜。）

高铁接触网"互联网+"运行检修管理

南京供电段成立于2005年5月，由原南京、芜湖、蚌埠水电段三段合并组建而成。管辖京沪、宁芜、芜铜、铜九、皖赣、宣杭、新长、海洋线、淮南线9条普速铁路以及京沪高铁、沪宁城际、宁杭高铁、沪汉蓉通道、合宁线、合福高铁、宁安客专、宁启客专8条高速(客专)铁路。管辖电力线路10 075.25 km，10 kV及以上变配电所861座，箱变520台。管辖接触网2 428.92条公里，牵引所亭82座。接触网作业车38辆。全段设有十个行政管理科室，党群口设有党委办公室、工会、团委。全段共有19个车间、83个生产班组，现有职工1 806人。多年被评为上海局集团公司安全优质段，多次获铁路总公司火车头奖杯、江苏省文明单位等荣誉称号。

近年来，南京供电段在段管营业线路不断增加、牵引供电设备日益增多的前提下，始终按照"规范管理、强化基础、盯控关键、狠抓落实"的工作思路，坚持现实安全与安全基础"两手抓"，突出以目标和效果为导向，以创新思维夯实管理基础，以科技引领保障设备安全运行。2015年以来，借助生产信息系统管理平台，逐步引入高铁接触网"互联网+"运行检修管理方式，有效推进人防、物防、技防"三位一体"安全保障体系建设，提高安全管理水平，有效确保安全生产持续稳定。

一、成果实施的背景

(一)提升高铁供电设备运行安全的重要性

近年来,随着国家高速铁路的飞快发展,高铁牵引供电安全的重要性日益凸显,其基本任务是对牵引供电设备实施有效管理,实现安全、不间断供电前提下的经济运行。而接触网作为电气化铁路重要的直接行车设备、高铁牵引供电的重要组成部分,是向电力机车安全可靠供电的特殊输电线路,具有点多线长、工作环境恶劣、使用条件苛刻、无备用设备、技术参数要求高的特点,并且一旦故障停电,将导致中断行车的严重后果。这些因素,体现了高铁接触网运行安全的重要性以及对接触网设备检修管理的必要性和严格性。

(二)适应高铁维修体制改革的必要性

伴随着牵引供电技术的不断发展、各项管理制度的不断更新,在设备检修管理上,新的维修制度改革与发展势在必行。对于牵引设备的维护上,原本的周期修程制,即按时间周期及项目内容,定期定量进行检修的不足日趋明显。各供电段(维管段)管辖范围越来越大、占用资源越来越多、维修人员日趋不足、不能及时掌握接触网的设备状态,这些隐患都影响着高铁供电安全的稳定性。而现推行的状态修是一种预测性的检修,它是根据对接触网设备检测、监测数据的分析结果,诊断出设备的劣化程度,找出相应的原因,进行针对性的检修。状态修是一种新型的科学管理方法和检修模式,需要通过创新管理模式作为有效支撑,让维修工作更科学、合理、有效,使管理工作从静态管理进入动态管理。

(三)提高高铁精细化管理水平的紧迫性

在加强接触网供电安全和加快推进修制修程改革的同时,

专业管理上，应积极应用新技术、新科技，打破粗放式管理模式，不断向精细化管理发展。2014 年至今，总公司高度重视信息化建设，多次提出信息化建设指导意见，发布《铁路信息化总体规划》《高速铁路接触网一杆一档系统技术要求》等管理文件，提出信息化"统一规划、统一标准、统一平台"的建设原则以及具体目标。上海局集团公司紧跟上级要求，在《上海铁路局2014—2020 年信息化发展规划》中，对于专业领域信息化建设提出了"大力加强专业领域信息化覆盖，提高专业领域基础信息化应用水平，推进专业领域信息资源整合集成"的要求。建立一体化信息集成平台，以信息化提高生产经营能力，不断提升精细化管理水平，使管理更加高效。

二、成果的内涵和主要做法

南京供电段在高铁接触网检修管理上，深刻理解设备管理的痛点以及高铁供电安全的重要性，着眼现场实际，紧紧围绕如何确保现场设备履历准确性、提升管理干部专业管理能力及解放一线职工无用工作上去思考，不断创新，强化专业管理基础，提升检修管理水平，努力构建以计划管理为前提、以安全风险管理为保证、以检修巡视管理为核心、以问题闭环管理为载体、以生产信息系统管理平台为支撑的高铁接触网"互联网+"检修管理模式，为高铁供电安全提供坚强有力的保障。主要做法如下。

(一)建立生产信息系统管理平台

生产信息系统管理平台的建设是一个庞大而复杂的综合性系统工程，在包含高铁接触网检修管理的同时，涵盖了供电段所有业务部门的作业支撑以及对铁路供电业务未来发展的信息化展望，所以在段规划伊始就充分学习研究了铁路总公司信息化总体规划以及生产业务相关规程、规范，并于 2016 年 2 月启动生产管理系统业务部门调研及顶层设计，通过反复研讨基本形成了“一平台四中心”的蓝图规划(图 1)。

图 1　生产信息系统管理平台

1. 建设数据中心

基于履历、作业和缺陷三大基础信息，集中存储和管理所有生产作业相关动静态数据，整合外围应用和接口数据源，采集、挖掘、汇总、清理各类生产数据和资源，为管理决策提供精确的数据辅助。以设备基础履历入手，结合当前物联网技术，按照接触网一杆一档技术系统要求，建立了所有设备的电子标识，录入相应设备履历信息，基本实现了设备履历电子化的目标。2016 年至今，共完成了 4 万余张接触网设备电子标签的张贴，形成接触网设备履历 74 302 个。

2. 建设流程中心

结合高铁供电生产规程，通过规范系统流程和固化生产管理过程，充分理解业务需求，把每项工作形成一支支流程，让所有工作以流程形式进行流转，保障供电段、车间、工区三级互联互通，使各业务部门的管理形成统一的整体，提升工作效率和运营管理能力。严格执行本级审核制度，流程处理中无法越级处理，严把过程控制，并且在闭环流程管理中，从计划管理、作业过程、安全卡控到新线验收、巡视记录，严格按照流程闭环控制，专业管理干部利用流程闭环管理，了解现场作业情况，确保现场作业按标执行。

3. 建设业务中心

围绕生产管理核心业务，以设备履历为中心，将设备履历与生产计划相对接，并将现场作业工作票与设备直接关联，从生产计划、工作票、检修保养、缺陷问题库等供电生产过程进行设备全生命周期的管理。并借助移动互联网、物联网和 GPS 定位技术，克服时间和空间的影响，实现供电生产现场的移动化作业和安全管控，提升供电作业运行管理的精准化程度。从而实现基础履历至现场作业过程，实时动态关联，使原来的静态孤岛数据，真正动态掌握，使设备基础数据处于动态更新状态，实现设备履历全生命周期的动态管理。

4. 建设决策中心

负责抽取数据中心的业务数据和管理数据，进行统计分析、管理监督、决策辅助工作，以个性化、图形化动态展示各类信息和数据，提供更直观的接触网运行状况，加快决策响应速度。

系统以 SOA 开发平台为基础进行平台开发，根据现场业务、管理文件的不断变化，系统可适时迅速调整，并能灵活对接其他应用，有效实现生产业务与其他接口系统的信息集成和交换共享。该系统具有标准统一、易于开发、灵活多变的特点，充分降低研发成本，打造了一个标准化、协同化、移动化的企业级信息集成平台。2016 年 5 月正式启动生产管理系统实施工作，经过 10 个月的项目实施，2017 年 3 月管理平台正式上线使用。系统实施完成功能模块 95 个，功能点 4 100 项，PC 端及移动端功能界面 5 000 余个，底层数据模型 906 个，全面保障高铁接触网各类运行检修管理工作。

（二）建立“互联网＋”计划管理

接触网检修计划是接触网设备管理的重要依据，接触网的全面检修工作均围绕着检修计划执行。建立“互联网＋”计划管理，实现了生产计划统一管理、动态管理，改变了过去现场作业班组通过邮件上报电子表格的传统管理模式，不断优化计划管理。

1. 提高计划管理准确性

目前的接触网检修计划管理，主要通过电子表格在接触网工区、车间至段三级中进行流转，其间需要大量的整理与统计，电子表格间的多次传递、表单的重叠极易出现统计的漏项、重复等错误的情况，在计划管理过程中造成较多不便。借助生产信息系统管理平台，充分利用检修计划与设备履历的关联性，各工区按照检修项目选择具体设备，设备选定后，自动形成各工区的检修计划，系统可自动对形成的检修计划进行合理性判断，识别设备重复、遗漏以及检修周期紊乱等情况，有效确保计划上报的准确性。同时建立了计划提报的流程管理，落实逐级审批制度，并自动对各工区、车间的检修计划进行统计汇总，减轻了业务科室在计划审核方面的重复性工作，也保证了各班组提报计划的唯一性与准确性。

2. 提高计划调整准确性

在接触网设备检修管理中需要根据实际进度对每月检修计划进行相应的调整，按照目前使用电子表格的管理模式，接触网工区、车间、段管理部门要对调整后的计划进行反复审核，并且人工调整，操作繁琐、工作效率较低，给计划管理带来了诸多不便。而利用生产信息系统管理平台，使检修计划的调整可自动在多个月份间进行同步处理，当月计划调整后，会相应地调整设备存在的原有计划，并且能够自动审核调整后的计划是否符合年度检修计划任务量，解放了原有的工作模式，提高了工作效率。同时调整后计划将自动下发至相关车间、接触网工区，杜绝了检修计划下达过程的错误信息，大大提升了计划调整的准确性。

3. 实现计划下达自动化

目前日计划管理，采用集团公司—段—车间—工区的传输模式，基本以点对点的单线传递，需要段调度员及时查看集团公司每日计划下达情况，进行相应计划的逐级转发，牵扯了调度员的较多精力与时间，并且易出现查看不及时、不到位而导致的遗漏现象，一定程度上影响检修工作的开展效率。现通过与集团公司相关计划管理系统的接口对接，自动获取有效信息，通过数据识别匹配，调度员对获取到的集团公司公布的施工维修日计划自动按线别下发至各工区，无需再通过挂网公布或以邮件及其他即时通信软件将日计划手动传递至作业工区，提高了计划管理的准确性；并且通过流程机制，能够及时查看计划下发签收情况，免去了电话确认的下达跟踪步骤，提升了计划管理的效率。经测算，日计划的下发流转从原本 1～2 h 的传递时间，已可有效控制在 15 min 内自动处理，切实提升了调度生产计划的管理效率。

（三）建立"互联网＋"检修管理

接触网系统作为高铁动车组列车动力的唯一来源，其设备质量的好坏直接影响到高速铁路的运输能力，而接触网检修作业是保障设备运行稳定的重要手段。为此，铁路总公司、上海局集团公司对接触网系统的设备检修制定了详细的检修标准，对其包含的4类基本零部件、17项单体设备逐项编制了作业标准及相应的检修记录表格，严格确保检修质量。通过“互联网+”检修管理，在严格按照相关要求的前提下，重塑作业过程，卡控作业标准，提高检修质量与效率。

1. 提升现场作业标准化

在作业过程中，引入“互联网+”应用技术，充分利用手持终端，将需要填写的众多表单项目进行有效固化，规范填写标准。同时将手持终端的时间信息纳入填写过程中，及时有效掌握现场作业动态，规范工作步骤，严格按照要求进行流程化操作。在系统数据库中将接触网设备与作业指导书及相关技术资料相关联，在作业过程中现场作业人员可随时调取查看，有效地指导现场检修工作，提升设备检修质量。

2. 提升信息录入效率

接触网工区人员在对接触网设备的检修过程中，需对每项设备进行详细检查并将设备状况填写在纸质记录中，待回到办公驻地后再将其录入电子表格。据统计，在检修工作后，接触网工区人员需对14种接触网电子表格、10项工作票令进行汇总统计，大量的统计工作费时费力，并且出现重复填写、数据准确性不高的问题。而利用手持终端可将工作票、卡控表、停电工作命令及相关设备检修信息全部与数据库进行实时对接，全面实现作业现场一次录入，避免回到工区驻地后的二次填写情况，充分利用释放生产力、提高工作效率，使工区人员能够全心投入到提高设备质量的工作中去。

3. 提升设备检修质量管理

在检修作业过程中，作业人员可通过系统数据库调阅接触网设备的相关历史数据，从前期的检修保养数据、6C问题库数据、巡视问题库数据，全方面了解设备运行状态，为高质量的检修工作提供数据依据。实现基础履历与现场作业间的动态关联，从单点的设备检修转换为有计划、有重点的作业模式，对可能出现的倾向性缺陷提前预判，将设备隐患消灭在萌芽状态，进一步促进设备检修质量的提升。

（四）建立“互联网＋”巡视管理

接触网具有分布线路长、设备和部件多、管理和维护任务繁重、作业地点不定等特点，因此巡视是对接触网进行检测的重要方式。巡视时如果发现设备有缺陷时，缺陷要纳入问题库，已完成设备缺陷的闭环处理。

1. 实现管内设备全覆盖，避免漏巡

通过运用“互联网＋”巡视管理，专业管理干部可以将所有接触网设备的月度巡视计划按照周期性的要求提前录入系统，系统每月按照巡视计划自动进行提示，作业人员通过手持终端扫描现场设备电子标签，自动完成进度统计，未完成的巡视工作量也可在系统进行查询，避免了漏巡现象发生。

2. 实现设备状态实时查询，随时进行比对

通过运用“互联网＋”巡视管理，可以将每次动检列车或添乘巡视的视频图像信息上传系统终端，作业人员能够在系统中随时调取所需视频和图片信息，通过比对分析及时找出隐患处所，为下一步问题整改提供依据，大大提高了巡视的质量。

3. 实现问题库的自动生成梳理，提高运用水平

通过运用“互联网＋”巡视管理，所有巡视问题都可在现场进行录入，录入后，系统将按照线别、缺陷等级、缺陷类别等自动上传系统问题库中，进行梳理，并在下次本区段检修时提醒现场作业人员落实整改，实现缺陷问题的闭环管理，提高了问

题库运用的水平。

(五)建立“互联网＋”新线验收管理

近年来段管营业线不断增加，先后接管合福高铁、宁安客专、宁启客专，2018年杭黄高铁进入验收阶段。在新线接管方面，段积极思考，引用高铁接触网“互联网＋”新线管理，提早介入，确保新线验收、接管各项工作有序开展。

1. 缩短统计周期

原有的新线验收工作，需以人工检查设备、记录设备缺陷、转录电子表格、汇总上报归档几个步骤。其中缺陷信息的转录工作占用了大量的有效时间，并且错误率较高，缺乏准确的归类，对现场人员的责任心有一定的依赖。而采用“互联网＋”新线管理后，减少中间环节，将设备检查缺陷利用手持终端录入缺陷问题数据库，系统自动分析、汇总，形成报表，使现场检查与录入信息同步完成，改变了原有的工作模式，大大缩短统计周期，以宁安线验收工作与淮南线验收工作相对比，宁安线验收工作现场时间利用情况统计：现场检查8 h，转录缺陷信息工作为4～7 h；采用“互联网＋”新线验收管理方式后，淮南线验收工作现场时间利用情况统计：现场检查用时4 h，现场检查时同步进行转录缺陷信息工作，大大地提高了工作效率。

2. 提高统计信息的准确性

在录入缺陷信息的过程中，建立统一表述方式，加强标准化管理，增加线索距离、线管距离等具体数据，提高统计信息准确性。比如非支导线与工支定位管的距离这一信息，原有现场填写为“距离不足”，那么录入人员对具体是多少没有判断。建立统一的输入方式，在手持终端操作界面上增加了填写数据这一项点，促使现场人员准确记录。并且加入上传图片信息，使文字与图片相匹配，在一定程度上起到可追溯的作用，提升了缺陷信息的准确性,加强了验收管理的标准化作业。

3. 提高分析缺陷的效率

原有的工作模式需要分析人员梳理缺陷信息的准确性,而后归类整理,最终判断其设备安装质量,管理人员会根据分析结果去组织下一步缺陷整改工作。现在统计时间的缩短、统计准确性的提升,大大提升专业管理干部分析缺陷效率,为下一步完善设备质量管理工作提供了保障。

4. 提高设备履历的完整性

在新线验收工作结束后,现场收集的各类数据将自动与生产系统的履历数据对接,留存验收时的缺陷问题、测量数据、现场照片、地理信息等,为接管运行的车间、工区提供了全数字化的基础台账资料,为接触网全生命周期管理提供工程建设时期历史数据,提升了设备履历管理的规范性。

(六)完善"互联网+"安全风险控制管理

安全风险控制是作业过程中确保人身、设备安全的重要手段,集团公司在上下道、停送电、命令传递等方面有着非常细致的管理要求。段对其进行了全面的梳理,并通过"互联网+"的安全风险控制,全面固化了安全卡控措施。各岗位作业人员在作业过程中必须严格落实相应的标准化流程,并且通过手持终端进行实时确认,确保各工区作业规范化、标准化。

1. 进一步规范工作票令审核管理

将工作票与日计划相关联,除应急故障处理需临时提报的工作票以外,所有工作票的提报均需与正式日计划关联,确保一张工作票对应一条日计划,系统对工作票中的作业地点、停电单元等安全关键信息与日计划相匹配,从源头卡控作业安全。同时在工作票审核阶段,全面落实工作领导人—车间管理人员—段调度逐级审核制度,锁定工作票在工区层面的修订权限,确保工作票令在各层级的唯一性，杜绝票令不一致情况的发生。

2. 实时掌握作业安全卡控过程

通过接触网“互联网＋”安全卡控管理，固化卡控措施，在作业过程中必须按照相应措施进行执行，通过手持终端进行实时确认。若未按要求落实安全措施，检修工作将无法有效进行下去，确保各工区作业规范化、标准化，真正发挥现场卡控表的作用。同时在作业开始后，段调度、车间、作业组成员均可以通过 PC 端或手持终端查看现场安全措施的执行情况，全面掌握现场作业过程，及时、有效地对作业过程中可能发生的安全风险进行提前预警，增强作业现场安全卡控力度。

3. 有效降低车辆伤害安全风险

在站区等设备较复杂场所进行接触网作业时，由于部分作业组成员对现场设备不熟悉，极易出现越出封锁范围的问题。为了确保作业组成员的防车辆伤害风险控制，系统充分利用 GIS 地理信息技术，将作业范围与接触网电子标签地理位置信息相关联，对检修作业范围实行严格卡控，若作业人员出现工作区间偏离情况，系统将对全体人员进行实时报警，督促作业组成员严格按计划范围落实接触网检修作业，再次加强了现场作业的安全卡控机制。

(七)建立“互联网＋”问题闭环管理

接触网检修缺陷管理是设备管理的重要组成部分，通过对接触网设备的检修缺陷分析，可全面反映接触网的设备状态及变化趋势，为设备检修提供明确的指导性建议。实现缺陷问题闭环管理，如同设备就医全面会诊，排除相应设备隐患，确保设备达到最优状态下的稳定运行。

1. 构建设备缺陷动态管理

充分整合数据资料，打通信息壁垒，形成资源共享，把设备履历与问题缺陷相关联，达到数据的重新整合，让设备履历从新线验收问题库到巡视问题库以及 6C 分析问题库全部关联，建立相应问题库档案，做到设备全生命周期管理。通过对历史数据库的分析，可直观地反映缺陷相对集中的区段及相关的倾向性缺陷，进一步提升接触网设备的质量评定体系，为后续的检修任务编排、检修重点等工作提供真实、有效的管理依据。

2. 实现缺陷问题智能下发

在目前的管理方式中，缺陷问题的下发需要专业管理人员对相应的缺陷问题进行统计汇总再分别下发到各个工区。现通过“互联网＋”问题闭环管理，结合生产信息系统，让设备履历与缺陷问题相关联，要求缺陷问题自动统计下发。以 6C 问题库为例，原有 6C 分析组在分析 3C 缺陷问题时，需要专人盯控 3C 缺陷系统，在问题下发后对相应问题与设备履历进行比对，根据设备所处位置进行相应问题下发，过程需要盯控，各级需要分级统计汇总，需要大量的统计时间，现在管理通过自动化的获取缺陷，自动下达工区，同步推送至处理人手持终端，并与近期测量数据相关联，形成导高波形图，自动根据缺陷等级关联计划提报，支撑状态全流程管理。

3. 达到缺陷问题闭环控制

在日常的管理工作中，缺陷问题的闭环管理需要各级人员的有效盯控。而现在的管理方式，让缺陷问题与检修计划相关联，以流程化管理方式完善闭环管理，缺陷问题下发后，缺陷问题自动关联相应检修计划进行任务布置，管理干部只需查看流程进展情况，就能全面掌握缺陷整改进度；在检修过程中，自动提醒相应工区落实缺陷整改，并且在检修维护完成后，及时消耗相关问题，达到问题库闭环管理。

（八）建立“互联网＋”数据分析中心

随着接触网周期修到状态修的维修管理体制的改革，需要准确的数据支撑，为管理干部提供决策服务。为有效地支撑高铁接触网“互联网＋”运行检修管理，段建立数据分析中心，以大数据理念驱动各项管理工作，进一步数据挖掘，采集时空数据，多维度运用，打造全过程数据管理。

1. 搭设数据分析中心

段根据上海局集团公司大数据应用平台建设规划，建设供电大数据分析中心。随着生产信息系统管理平台应用的深入和业务的发展，随之产生的数据会呈几何形式增长，数据的类型也会从结构化数据向非结构化数据延伸，除生产管理过程产生的数据之外，6C 监测数据、电能电量数据、天气数据等都会以不同的形式对接至生产信息管理平台，积累巨大的数据资源，管理者可以通过对大数据的挖掘和研究，获得生产管理的评估和参考依据。

2. 加强大数据手段运用

大数据以应用为导向，首先是数据准备，其次是对数据的抽取、清洗和标注，进一步对数据进行探索性可视化分析，根据对业务的了解，选择适合的机器学习工具对数据进行相关的特征工程或数据降维处理，最后利用监督学习、非监督学习、深度学习等算法，对数据进行处理，得到我们所需要的结果。数据分析中心的搭建，为大数据提供了重要的数据来源。

3. 数据可视化分析

管理平台将大量检修数据转化成直观形象的图表，灵活的图表可以自由切换。管理人员可以找到最适合的数据类型图表，利用数据可视化分析方法，结合趋势性、规律性、关联性、聚类性和异常性的大数据特点，直观提取各接触网区段运行状态，为管理人员提供管理决策服务。比如，在检修完成情况，段调度可以利用年度检修计划中的已完成量和总量的关系，利用图形和表格等形式，直观地表现出相关检修工作的进度情况，让专业管理干部全面掌握现场检修工作进度，指导现场检修工作；专业科室利用数据分析中心，有效预判管辖范围各车间、工区安全情况，各设备的运行状态，让专业管理干部有效监督安全问题隐患、密切关注重点设备。

（九）建立高铁接触网“互联网＋”运行检修管理保障机制

南京供电段在逐步推行高铁接触网“互联网＋”运行检修管理的基础上，不断强化管理机制、加大人才队伍建设、落实相应考评制度，多方面建立保障机制，确保高铁运行检修管理的顺利实施。

1. 不断强化管理机制

围绕新的管理模式，段技术科及时更新各类管理文件，明确各部门的管理职责和标准，确保新的检修管理方式能够无缝融入，从而在制度上保障新的管理方式能够平稳运行。同时根据接触网作业流程调整、卡控机制变化等方面，重新修订作业标准，共计修订作业指导书 175 本，确保作业指导书的准确性、实用性和科学性。

2. 加大人才队伍建设

为切实有效地推进检修管理的变革，有针对性地组织干部职工培训，努力打造接触网检修高素质人才队伍。利用远程视频教学组织全体职工统一学习；组织专业管理干部集中培训；深入班组一线，现场指导培训；纳入月度学习计划，反复学习，形成了全方位、多层次的培训体系，2017 年至今，共组织培训 178 次，听课人数达到 478 人，覆盖全段接触网专业干部职工。

3. 建立相应运管制度

对照标准化创建工作及安全机制、岗位履职等考评标准，把高铁接触网“互联网＋”检修管理融入各类考评机制中，重新公布《南京供电段牵引供电设备质量检查验收评定办法》等考评办法，以评促管，完善约束机制，从而使管理得到良性发展。并且建立激励机制，对系统及管理方式进行不断完善，积极推进可持续化改进意见工作，对改革管理方式及完善系统应用提出建议得到采纳，给予一定奖励，激励全段职工，参与管理、促进发展。

三、成果实施的效果

高铁接触网“互联网＋”运行检修管理，使南京供电段在业务处理智能化、任务分配明确化、工作票流转自动化、生产作业数据化等方面取得了非常好的成效，真正实现了接触网运行检修管理的流程化、标准化、制度化、规范化。

（一）全路率先构建生产信息系统管理平台

近几年，各基层单位在牵引供电管理上都做出了很多努力，已经开始了相关业务的信息化和网络化的工作，但是现有的这些信息化和网络化的相关运用手段和技术手段，都只是运用在单个工作和业务当中，所能影响和处理的工作和数据都极为有限，而且相关系统之间并不兼容，还没有一个整体系统能够全面准确处理牵引供电管理的所有业务。南京供电段创新开发的生产信息系统管理平台实现了过程可监控、安全可保障、结果可追溯、管理可落实的目标，建成了上海局集团公司供电段牵引供电生产平台应用示范工程。并且该平台具有可复制、易修改的特点，对供电系统其他专业同样适用。局内其他跨专业兄弟单位来段进行交流学习，也在其他集团公司进行了应用推广，充分反映了高铁接触网“互联网+”检修管理创新经验的推广应用价值。

(二)检修质量有效提高,安全管理全面提升

1. 检修工作效率提高

通过手持终端进行运用,利用互联网、物联网设备,使工作数据实现实时、快捷传输,优化了检修工作流程,执行科学合理的生产计划,接触网检修效率显著提高。截至2018年,共完成79 728个设备的检修保养工作,实施完成3 036张工作票,记录并跟踪设备缺陷问题1 544条,调度GIS平台实时推送89 231条信息。

2. 现场作业安全可控

通过固化作业流程,使工作步骤严格按照流程化执行,检修扫码现场电子标签、APP采集地理信息与GIS平台相对接、卡控作业范围、超限报警等手段,实现牵引供电现场作业精细化管理,确保了作业过程的全控制、全跟踪、全监管,有效消除了事故苗头,同时节省投入人力进行安全监管。

(三)专业管理水平显著提升

1. 实现设备履历全生命周期管理

建立接触网电子设备履历,与电子标签相关联,全生命周期管理设备履历,准确掌握设备情况,全面了解设备历史,为设备检修、故障处理提供全面、准确的数据资料。

2. 实现台账管理自动化

电子履历的建立、生产过程的信息化都为专业管理干部提供了大量的数据。系统报表的自动生成,让管理干部省去了大量的数据统计工作,能够专心投入到数据分析工作中去。

3. 为管理决策提供科学依据

目前南京供电段通过高铁接触网“互联网+”检修管理,已

积累了月度工作量统计、单天窗检修效率分析、作业效率分析、工区工作量对比分析等大量生产数据以及各类设备履历、接触网 6C 问题库综合统计、月度缺陷分类分析等大量静态数据，通过对生产数据的统计分析，为管理者决策提供判断依据。

（四）提升社会效益、强化供电安全保障

南京供电段地处长三角经济发达地区，负责多条高铁运营线路。而近年来，旅客运输市场需求旺盛，高铁客流保持年均30％左右的增幅。高铁接触网“互联网＋”检修管理的构建和实施，切实有效地提高了高铁接触安全运行稳定。据统计，新的管理方式变革以来，管内故障率下降 60％，为打造一流供电单位、打造高铁品牌提供了安全保障。

（本成果获 2018 年上海市企业管理现代化创新成果二等奖。成果创造人：徐伟、方海龙、刘建新、陈圣堂、杨昱旻、杨树青、洪诗树、王宁、丁道华、顾峰、申曈。）

高铁调度指挥管理体系的构建与实施

上海铁路局调度所

上海铁路局调度所担负我国经济最发达地区的铁路调度指挥重任，辖区跨江浙皖沪三省一市，全国六大繁忙干线中京沪、陇海、京九、沪昆四大干线穿越管内。近年来，东部地区高速铁路建设率先发展，2008 年 4 月合宁客运专线正式竣工通车，调度所首开客运专线 CTC 调度集中指挥工作先河；2009 年合武、甬台温、温福 3 条客运专线相继开通；2010 年 7 月沪宁城际高铁在世博会期间顺利运营；同年 10 月，沪杭高铁正式开通；2011 年 7 月，举世瞩目的京沪高速铁路正式投入运营。至此，调度指挥实现真正意义上的 CTC 集中管理模式，掀起了 300 km/h 高铁运营管理新篇章，标志着上海铁路局正式跨入高铁时代。截至 2012 年 6 月，上海铁路局管内时速 200 km 及以上高速铁路营业里程达到 1 798.7 km，其中时速 300 km 及以上高速铁路营业里程达到 1 152 km。到 2012 年底，将有杭甬、宁杭、合蚌、宁安铁路等几条客运专线陆续投入运营。届时，高速铁路营业里程将达到 3 600 余 km，发达完善的东部高速铁路网基本建成。

一、成果实施的背景

高速铁路的运营不仅需要高性能、高质量的基础设施与移动设备，还需要一个与之相适应的现代化铁路调度指挥管理体系，以实现对运输过程的高效组织、对运力资源的合理运用，以便及时处理各类突发事件，确保高速铁路及整个铁路网络的运输安全、正常秩序和高效节能，充分满足市场对铁路运输的需求。主要体现在以下三点。

1. 适应高铁安全风险管理需要

高速列车运行速度高、行车密度大，一旦发生事故，后果将不堪设想。因此必须确保高铁的绝对安全，高铁安全是重中之重。从安全风险管理角度出发，高铁大量新技术、新装备的使用，新的作业组织方式，新的规章办法，隐含着多重风险。高铁调度指挥系统要能适应高铁运营动态变化的特点，能不断发现、修补系统中的隐患点并制定相适应的对策，确保高铁平稳安全运营。这就要求调度指挥体系能够实时掌握列车运行情况及各种行车设备状态，及时接收各类危及行车安全的信息，并做出正确的判断与决策，迅速有效地处置各种异常情况，保证列车运行安全和正常运输秩序。

2. 适应高铁运营管理需要

随着中国高速铁路建设的不断发展，调度指挥体系应能够适应高速铁路发展的需要，在纵向上能够实现控制中心对现场固定、移动设备的直接管理和控制，在横向上能够对计划、行车、供电、动车、客运、维修等进行集成，并且能够根据管理的需要实现对管理范围、管理内容、人员机构的动态优化管理，不断提高铁路运输经营效率。

3. 适应高铁客运服务需求

高铁运营就是要满足旅客出行需求，这就要求高速铁路的运输组织和调度指挥应能够适应运输市场的快速变化，满足旅客需求，并具备特殊情况下快速制订各种疏运方案的能力，有效满足不同层次客流运输需求，实现高速铁路旅客服务安全、正点、舒适、便捷的目标。

二、成果的内涵和主要做法

高铁的运营调度指挥管理成为一门崭新的课题。从既有线到高铁，从 TDCS 到 CTC，高铁对调度指挥系统提出了更快、更高的要求。面对挑战，面对各种新技术、新设备、新知识，需要不断地探索，从组织、管理、作业、培训、监督体系建设等各方面入手，建立高铁运营调度指挥管理体系，并要在实践的过程中不断优化、改进，使之日趋成熟。高铁运营调度指挥管理体系能够保证高铁的安全运营，同时能创造出巨大的经济、社会效益。

高铁一流的设备、一流的技术需要紧紧围绕高铁运营带来的调度指挥新变化、新标准和新要求，去探索和构建高铁运营调度指挥体系，确保高铁运营安全高效，这是高铁发展的内在需求，主要做法如下。

（一）组织体系建设

人员是最重要的资源，高铁调度运营指挥体系首先把人员组织作为第一资源，按照可持续发展的要求，建立人员组织体系。

1. 优化设置调度组织结构

高铁调度指挥系统作为高铁运营指挥中枢，其组织结构最主要体现就是实现了调度集中控制，调度指挥系统组织趋于扁平。为此，必须要打破了传统思想束缚，正确树立通过 CTC 系统进行运输调度指挥的自动集中控制和所站车一体化管理的理念。首次在高铁列车调度台设主调和助调岗位，主调主要负责管辖区段的列车运行调整及调度指挥工作，助调主要负责办理接发列车、调车、施工维修作业工作。同时，相应设置客调台和动车、供电、施工、综控调度台，并优化相关职责：客调台负责与各站客运部门、动车组列车长交流信息；动车台负责高速动车组运行交路的制定与调整、车底出入库以及应急处置等；供电调度台要确保运营期间和施工天窗修时间的供电设备零故障；施工台负责施工天窗修计划的审核、发布、实施以及做好综合维修作业及动车组确认列车检查信息的相关分析工作；综控台负责高铁车站闸机开放、旅客乘车指引以及旅客交流工作。在此基础上，设置高铁值班副主任岗位，主要职责是在值班主任的领导下，掌握高铁列车安全正点情况，对高铁非正常行车组织、应急处置等事宜进行安全盯控。

沪宁、沪杭高铁开通运营后，为实现现场与调度所间信息的快速传递，还特别设置了动车信息台。该台人员由各机务段经验丰富的司机担当，主要负责在高铁非正常行车过程中对现场司机进行专业技术指导，动车信息台的设置在全路属于首创，运作经验受到铁道部肯定。在铁道部新的高铁岗位设置及职责文件中，已正式将动车信息台列入调度所管理。京沪高铁开通运营后，根据有关岗位管理范围及工作量，又及时增加了一名助调，并明确了主调和两名助调之间的作业办法，有效确保了京沪高铁的安全运营。这些不断优化设置的调度组织使得高铁调度指挥趋于整体、高效、快速化，实现高铁运输集中统一指挥、基础设施维修一体化管理。

2. 高标准配备调度人员

(1)制定高铁调度人员标准。按照高起点、高标准的要求配备高铁调度人员，坚持按照新的管理体制、作业流程设置岗位、配备人员，人员配备必须精干高效，体现兼职并岗、一岗多能的特点。其中列车调度员要具备既有客专、CTCS-2、电气化、动车组运营、防灾安全系统和 CTC 系统操作等知识，并具有大学本科学历水平，还兼有双线自动闭塞区段列车调度员岗位经历。同时，主调岗位突出应急处置能力和实践经验，助调岗位则突出对 CTC 调度平台设备的操作运用熟练程度以及作业的标准化。

(2)严格把好人员入口关。坚持优中选优、高标准把好人员入口关，严格从既有线和生产骨干队伍中择优选拔。采取自愿报名、统一考试考核、择优录取的制度。首先通过理论考试选拔预选调度员，理论考试出题范围全覆盖高铁调度相关规章，经过集中组织的理论考试，按照成绩排序，再综合申报人员的工作经历，结合民主评议、工作表现以及调度应急处置能力水平，按照 1∶1.2 比例择优预录选高铁调度人员。然后进行三个月的全日脱产培训，包括参加由铁道部组织的高铁调度人员集中培训课程，由调度所技术教育室人员组织的规章学习，设备厂家模拟系统上进行操作训练，自学过程中的疑难点集中解答，并通过严格的考试和考核，结合理论考试成绩、设备操作鉴定，最终确定高铁调度员人选。

(二)管理体系建设

1. 总结高铁联调联试的经验。在联调联试过程中成立临时调度所，通过积极配合设备管理、施工单位的高铁试运行组织情况，提前掌握高铁设备使用、新技术原理、列车运行特点、作业组织方式、劳动体制等，提前制定高铁运营调度安全卡控措施、作业办法、作业标准、作业流程，并充分预想，结合实际，不断完善高铁运营管理体系。

2. 研讨和梳理规章制度。根据调度集中和高铁调度指挥的需要，由技术教育室牵头，建立健全相关规章制度、作业标准，确保技术资料准确、及时提供。对调度指挥过程中暴露出的规章盲点和难点问题，要及时制定应对措施和细化办法，同时采取定期研讨和梳理的方式，及时清理临时性制度办法。

3. 优化信息管理平台。《调度信息管理系统》立项路局重点科技开发项目。其中的技术管理平台主要是为适应高铁新设备、新技术、新规章的管理需要，通过梳理、整合、建册、更新、维护，将其分门归类进行实时管理，还增加设计应急预案和行车规章字段查询功能，并在调度所网页上公布，便于调度员查询和学习。该项目投入使用已达一年多，提高了工作效率，受到了调度员的普遍好评。该项目经路局专家鉴定，已达到路内领先水平，实现了行车规章、技术资料管理一体化。

（三）作业体系建设

1. 规范日常作业流程

以常态管理为主，根据高铁设备、作业、劳动组织新格局，科学合理地制定岗位职责，并制定作业制度、作业办法、作业流程，突出一日作业、一次作业、一项工作等管理标准，使得高铁调度员在日常指挥中有章可循、有标可对。同时，围绕高铁运营计划、组织、协调、控制和考核管理创建管理标准，使之实现闭环的动态管理，每月初统一公布各专业调度室的安全考核情况，并作为年终评选优秀调度员的相关参考依据。

2. 规范应急作业流程

成立了高铁应急调度台，该调度台由调度所值班领导担任总指挥，铁路局各业务处室派人 24 小时值班，一旦发生非正常情况，客专值班主任立即向高铁应急调度台汇报，由应急调度台启动应急处置预案，各业务处室值班人员共同商议处置办法，正确指导应急救援工作。调度所相应成立技术指导组，技教室、行车室、安全室等专业科室派员及时到高铁调度台盯控，指导调度人员做好行车指挥、交路调整、救援组织等工作。同时畅通信息反馈渠道，发生事故时，由客专值班副主任牵头，及时准确地将安全信息通报到铁道部及相关单位。

3. 细化应急作业措施

铁路局应急预案是应急管理工作的标准和依据，调度所指派专人负责应急处置办法"修废补建"工作，将调度应急处置办法按照"通用办法""客专通用办法""时速 200～250 km 办法""时速 300～350 km 办法"分门别类，并制作应急处置卡片，方便调度员学习掌握，遇到问题时快速理顺处置思路，做到应急处置果断正确。同时，调度应急预案是对路局管理预案的细化和补充，在实践中越具体，细化措施才能事半功倍。针对高铁列控设备故障时由此可能导致的动车组在区间被迫停车、CTC调度指挥设备故障、集控站信号设备故障、线路设备故障、接触网故障及突发自然灾害等，分门别类地细化作业流程并制定相关细化措施。

(1)合理筹划，避免措施之间相互孤立、交叉和矛盾或不符合实际，从不同影响范围的层次和级别出发充分考虑。

(2)按应急处置的每一项工作、每一次作业标准时间、步骤顺序、处理内容、发布的命令内容和模板等规范，分别修订完善高铁应急救援管理办法，细化高铁防灾应急预案，形成系统、完整、准确、一致的预案，制定各工种应急处置流程指导书和安全卡控表，使应急处置预案一目了然、切实可行，用以指导现场应急处置工作，以安全、快速、高效的应急处置，满足高铁对运行秩序的高品质要求。

(3)通过强化特殊情况下的应急处置能力的锻炼，加大模拟演练的频次和范围，切实检验各工种调度协同指挥、应急处置突发情况的能力。同时也检验了应急预案在执行过程中的效果，通过取长补短、触类旁通以及难点攻关等有效形式，立足持续改进，坚持在实践中边摸索、边总结、边完善。

(4)在实施调度指挥安全生产中，对现有高铁规章、文电没有明确或涉及的规定和办法，积极反馈给上级规章管理部门，并结合新技术、新设备的要求集中调度所各调度室技术管理人员力量，专题研究，以导向安全、固化作业标准为出发点，制定高铁调度指挥5类16项和应急处置21项典型案例。

(5)由调度室技术人员主持高铁调度人员交接班会议，对每班高铁调度指挥中在设备、操作、规章运用、应急处置、安全卡控、作业流程等方面的不足、经验、建议进行作业人员互动交流，使得每一个调度人员能及时汲取先进的经验、接受教训、解开谜团、活学活用。

4. 规范施工组织管理

施工管理不规范问题是诱发行车事故的重要因素，特别是因施工安全管理不规范和调度命令内容存在错误，引发性质严重的事故，教训十分深刻。例如，调度员发布调度命令不规范、天窗修与供电维修调度命令格式混用，危及现场施工人员的人身安全。施工调度台施工命令管理中，施工项目所对应的施工限速缺失或不准确，容易造成漏发限速命令。由于施工主体单位不切实际，盲目误报，施工调度台没有严格审核，造成施工计划下达错误，在施工天窗外施工，调度员不注意时，容易将尚有动车组运行的供电单元，准许电调停电，造成运行事故。

(1)实现施工管理信息化。为使施工实现安全、有序、可控，可将调度施工管理纳入信息化管理轨道，建立了施工日计划计算机管理系统，利用计算机高速处理数据的能力以及网络平台，实现铁路局范围内施工日计划上报、审批、调度命令拟定、施工日计划下达、接受确认、施工计划查询和施工情况分析等方面的计算机网络管理。制定规范的调度命令编辑、审核、发布、传递、接受、回执等作业流程，确保调度命令内容和传递准确无误。施工中严格执行登记、销记制度，严格执行单一指挥的原则。把握好威胁运输安全的3个时段：施工开始的时候、施工完了进行调试的时候、设备临时故障的时候。对涉及慢行的施工命令，做到专人负责编制，两人核对。同时注重列控限速原理、本岗位列控限速设置盲点的培训，加强对列控限速的安全卡控。

(2)完善施工作业管理。高铁作业体系下，车站不再参与行车工作。施工维修的登销记工作都在列车调度台完成。为确保每日施工维修作业安全顺利完成，调度所与上海客专维修基地建立了工作联系制度。每日施工维修作业内容的确认，施工维修所需路用列车的转线运行计划，都要反复调整优化。施工维修结束后，及时交流作业组织中存在的问题，探讨优化作业办法，不断提高夜间天窗利用效率。为更好掌握现场设备状态，从强化列车调度员运统—46登销记的培训入手，相关部门定期检查考核，及时提出整改意见。作业中将车站控制状态转换、路用列车调车转线为风险点，客专值班副主任亲自上台把关，确保施工安全。

(四)培训体系建设

1. 制定高铁全日制调度人员的培养方案

《高速铁路运输调度规则》对高铁主调和助调提出了明确的学历要求和任职经历要求。为此调度所近几年补充了大批全日制本科大学生。为使他们尽快熟悉行车工作，适应岗位要求，精心制定了培养方案。通过与人事处、编组站、客运站多次协商，详细制定了他们的车站值班员岗位培养计划，安排他们在车站值班员岗位上锻炼一年，使其熟悉联锁闭塞及通信信号设备的使用方法、熟知系统操纵按钮的作用和使用方法、熟知车站行车闭塞方法和接发列车作业程序及用语、非正常情况下办理行车和调车有关作业等具体项点。还要求掌握车站能力紧张时股道灵活运用技能，熟悉和实践有关规章制度，胜任非正常行车和岗位要求。经过现场锻炼，他们都顺利通过值班员岗位资格鉴定，然后又安排他们到非繁忙干线学习列车调度员，独立定岗具备相关调度指挥经验后，安排到繁忙干线学习并承担起骨干力量，再到高铁调度台从事助理调度员岗位，在具备相应调度指挥经验后再安排到主调岗位。通过签订师徒合同、跟踪培养考核等方式促其经受历练、不断快速成长。最后做到所有高铁调度员必须通过由铁道部组织的考试、考评合格，并取得合格证后方能上岗。

2. 多渠道、多角度创新高铁运营培训方式

(1)周密安排培训计划并按时间节点落实到位，组织对高铁新知识的学习。其中高速铁路技术概论包括线路、通信信号、牵引供电、动车组、行车闭塞、列车控制系统、列控限速系统等，运输组织知识包括运输组织模式、列车开行方案、动车组运用、施工组织、列车调度指挥等。

(2)充分利用现场资源实时组织调度员下现场进行观摩学习。例如，沪宁城际、沪杭客专、京沪高铁联调联试阶段分批组织相应调度员深入沿线车站实地查看股道、线路，登乘动车司机室体验，在增强他们感性认识的同时，掌握科学调度的第一手资料。

(3)多渠道充实培训师资力量。聘请铁道部科学研究院专家、同济大学教授、路局学科带头人、郑西高铁、武广高铁调度管理专家、高铁设备单位技术人员等对高铁调度员进行专题培训。同时，邀请铁路局管理专家以及党校教师，对管理科学、心理压力疏导、核心价值观等内容进行讲解以适应高铁调度岗位的要求。

(4)选送调度骨干人员参加铁道部、铁路局组织的培训班。几年来围绕供电、动车车辆、运营调度等方面，共选送人员100多人次。为让调度员尽快掌握高铁调度技术，我们与调度设备生产厂家联系，聘请厂方技术骨干为专职教师，采取送员入厂、封闭培训、计算机模拟操作等形式，全程指导高铁调度人员实际操作，提高调度人员实际操作水平。

(5)对调度指挥系统和列控、防灾系统设备的安装、调试，安排技术人员配合路局业务处室、设备厂家全程介入，逐项验收，确保调度指挥系统设备投入使用后的稳定性、可靠性，注重使用中对设备存在的不足、缺陷进行跟踪登记造册，并提交相关管理单位，实行销号制度，确保高铁安全运营。从中根据设备运用的性质与特点，对制定作业标准、安全控制措施奠定了物质基础。

(6)组建一支有前期客专联调联试经验的调度专业队伍，成立临时调度所积极配合设备管理、施工单位精心组织设备联调联试，确保高铁设备设施质量动态达标、系统集成功能整体最优，在联调联试过程中锻炼高铁调度队伍。

(7)集中对规章难点、疑点进行讨论研究强化培训，并编写了高速铁路调度员培训教材，打破了调度技能培训没有教材的历史，同时在培训过程中精心编制教案，采取多媒体的方式定期组织调度人员学习讨论、总结经验，使培训效果事半功倍。

(五)监督体系建设

1. 成立监护专项小组

成立以调度所主任、书记为组长，调度所主管基础副主任为副组长，业务调度室骨干技术人员为组员的高速铁路运营期间行车安全调度指挥监护专项小组，上网公布每日主任、安全、行车、技教、供电、施工六个室的值班人员名单。制定调度所内部高铁调度作业各项安全卡控措施，并结合高铁运营前期建设、联调联试、试运行过程中出现的问题不断完善，以图文并举的形式公布。严格落实、监督安全卡控制度执行情况，实现全程盯控，提高第一时间的反应和处置能力，一旦高铁出现突发情况，即可实现多专业同步响应，最大限度缩短应急反应时间，确保调度指挥安全。

2. 完善内部监督体系

通过完善班组管理制度，明确各值班主任的岗位责任制，完善奖惩约束制度，强调团结协作和职责互补，优先保证高铁的人员需求，将优秀的调度员安排到高铁工作，实现对调度班组安全生产，尤其是对高铁安全的有序可控。建立并完善了调度所自控型班组建设的有关管理办法，健全调度班组管理制度，规范班组管理行为。通过"安质效"考核办法的改革，增强了班组成员的集体荣誉感和归属感，在提高了运输生产效率的同时，提高班组的综合素质。

3. 细化安全评价机制

比起既有线，高铁行车事故的不确定性、复杂性、突发性、破坏性显得更为深刻，必须要牢牢抓住高铁运营安全这个最关键、最核心、最本质的问题，以"应急处置"为核心，加大应急演练力度，创建高铁安全管理模式，确保高铁安全持续稳定。

(1)有目的地进行应急演练

围绕高铁设备故障模拟、非常态运行组织、安全薄弱环节，有针对性、有计划地组织应急演练，检查应对各种可能发生的紧急情况的适应性及各工种调度员之间的相互协作与协调程度，检查信息沟通渠道是否完善、各部门间协调机制运转是否顺畅。验证了应急预案是否可行，也发现了预案中存在的问题，并找出科学根据修正预案，从而增强信心，提高高铁调度员技术及业务能力。根据CTC调度指挥系统分散自律状态下的特点，进行了列车与调车进路手工排列、相关调度命令的发布、调车联控用语规范等方面的演练，切实肩负车站值班员和助理值班员职责，这也是适应高铁调度指挥真正实现分散自律作业的内在需要。通过演练讲评和总结，暴露预案中未曾考虑到的问题并找出改正的措施，不断完善预案的可操作性。例如，沪宁城际细化应急演练21项、京沪高铁细化应急演练12项，涵盖设备故障、非正常行车、突发交通事故、抢险救援等方面，形成了涉及层面多、可操作性强的应急演练体系。通过演练，使得调度员在突发情况下能够处变不惊、正确处置，在调度指挥实践中发挥了重要作用。

(2)组织安全隐患专题会诊

每次应急处置结束后，通过对应急处置事前预防、准备和处置过程中，诸如规章运用、作业环节、操作规范、命令发布、处置办法等问题加以会诊分析，总结其中的经验与教训，完善相关卡控措施、处置预案、作业流程等，做到不刨根到底不放过，防患于未然。同时，组织高铁调度员交流应急处置的经验，不断提升“迅速完成信息采集、危机判断、多谋善断、决策分析、命令布置、协调指挥、排险救援”等能力。

(3)重点解决设备故障

硬件设备是保证安全的重要基础。动车组、线路及配套设施的高可靠度、高性能是高速铁路运行安全的根本保证。CTC调度集中在全路的调度工作中得到广泛应用，同时大量新设备也不断地投入到调度工作中。由于设备自身的属性，在正常或异常使用过程中会产生机械疲劳、耗损，造成设备故障，从而影响高速铁路的正常运营。尤其是CTC设备故障严重时，甚至将危及行车安全。综合已经开通的合武客专、沿海铁路、沪宁城际、沪杭客专、京沪高铁线，高速铁路比较常见的设备故障见表1。针对每类故障，都有相应的解决措施。为加强调度设备“用管修”管理，尤其在高铁开通运营初期设备不稳定的情况下，及时联系设备管理单位和厂家，处理临时故障；并配合厂家根据调度实际需求开发新的设备功能，提高调度安全系数和工作效率。

表1　高速铁路常见故障分类表

故障类型	常见故障	备　注
CTC终端、调监终端故障	自律机通信中断	CTC设备类故障
	CTC自动排路故障	
	调度台、车站终端故障	
	列车径路序列预告信息缺失	
	车次号丢失、异常	
信联闭设备故障	轨道电路故障	区间、站内轨道电路故障
	线路分路不良	线路开通前期较多
	道岔无表示	
	应答器信息丢失、异常	
其他	列控中心故障	含设备、通信通道故障
	无线调度命令传输通道不畅	
	防灾系统误报警	开通前期发生频率较高
	动车组故障	ATP、空调故障、受电弓、牵引变流器、车门故障等
	接触网故障	接触网断线、接触网异物等

(4)构建安全风险管理体系

传统的安全管理采用“事故管理”方式，即当事故发生后进行事故分析，排查故障，消除隐患，确保不再发生此类事故。但高铁事故的严重性和不确定性，要求不能坐等事故的发生，再进行安全分析。为把安全风险降到最低，构建了新型安全管理体系，即安全风险源(点)识别。同时把安全工作重心放到“隐患管理”“过程控制”上，将安全关口前移，从传统的“事故管理”向“隐患管理”转变。围绕高铁、客车等安全关键，从设备设施、安全管理、人员素质、规章制度、外部环境、自然灾害等方面，深入挖掘，研究识别、不断收集在高铁运营中存在的安全风险源(点)，通过识别风险、风险评估、制定措施、控制风险四个阶段的组织实施，形成调度《安全风险源(点)库》，实行动态管理和日常掌控，不断提高风险识别、控制和管理的能力，大大提高了高铁调度安全管理水平，也将高铁安全风险降到最低。

三、成果实施的效果

(一)安全效益

通过对高铁运营调度指挥管理体系的构建与实施，高铁运输生产整体安全稳定，全年消灭了责任较大及以上铁路交通事故，实现了时速 250 km 的合宁、合武和沿海客运专线以及 300 km 的沪宁城际、沪杭客运专线和京沪高铁线的安全运营。自去年 6 月 30 日正式开通运营以来(截至 2012 年 6 月 5 日)，上海铁路局管内京沪高铁累计开行高速动车组列车 21 870 对，日均 64 对。始发、运行正点率分别达到 99.6%和 98.0%，其中运行正点率比全局整体水平高 4 个百分点。

(二)经济和社会效益

上海局管内高速铁路行车密度高，运营速度高，其中沪宁城际行车密度、京沪高铁运营里程居全路乃至世界高铁之首。高速铁路整体运行秩序安全平稳，经济、社会效益显著。另外，根据客流情况，周末、黄金周等节假日还将增开临客，地方政府和社会各界均给予高度评价，取得了显著的经济效益和社会效益。

(三)人员培养成果

通过高铁调度员从无到有、从非专业到专业的蜕变,建立了一支高素质的高铁列车调度员队伍,这只队伍招之即来、来之能战,其中2名女列车调度员更是全路仅有。同时,通过对新职调度人员加强教育培训,为他们提供了展示的舞台,创造发展的机遇,发挥所长,尽其所能,促其实现个性化发展,为调度所注入了新的活力。

(本成果获2012年铁道部企业管理现代化创新成果三等奖。成果创造人:徐汉强、承迎庆、姜桂平、卢万胜、余则仁、周强、黄华、曲思源。)